中小学语文教学中的爱国主义教育实践探究

姚春霞 著

图书在版编目（CIP）数据

中小学语文教学中的爱国主义教育实践探究 / 姚春霞著 . -- 北京：现代出版社，2023.8

ISBN 978-7-5231-0497-2

Ⅰ.①中… Ⅱ.①姚… Ⅲ.①语文课-教学研究-中小学 Ⅳ.①G633.302

中国国家版本馆 CIP 数据核字（2023）第 152449 号

中小学语文教学中的爱国主义教育实践探究

作　　者	姚春霞
责任编辑	刘　刚
出版发行	现代出版社
地　　址	北京市朝阳区安外安华里 504 号
邮　　编	10011
电　　话	010-64267325　64245264（传真）
网　　址	www.1980xcl.com
印　　刷	三河市宏达印刷有限公司
版　　次	2023 年 8 月第 1 版　2023 年 8 月第 1 次印刷
开　　本	185 毫米×260 毫米　1/16
印　　张	11
字　　数	246 千字
书　　号	ISBN 978-7-5231-0497-2
定　　价	68.00 元

版权所有，侵权必究，未经许可，不得转载

前　言

开展爱国主义教育，不仅可以帮助学生关注社会和了解世界，从而形成正确的世界观、人生观、价值观，还可以培养学生的爱国主义情怀，营造良好的校园文化氛围。中小学阶段正是人生成长的黄金期，是世界观、人生观形成的重要阶段，更是中小学生心理成长的重要阶段，为此，在中小学语文教学中要尽最大努力、最大限度地挖掘语文教材中的爱国主义素材，以践行"童蒙养正"之道，培育"有文化、有理想、有纪律、有道德"的时代新人。

本书首先对中小学语文的内涵、特点、教学理念与目的和爱国主义教育基本理论进行了阐述，然后结合小学和初中语文教学中爱国主义教育的基本内容，针对小学和初中语文教学中爱国主义教育存在的问题，提出将爱国主义教育融入中小学语文教学中的策略，接着结合小学语文古诗词教学中渗透传统文化教育、小学语文教材中家国情怀培育的教学、初中语文教材中的爱国主义人物形象研究、初中"名著导读"教学中的民族精神培育指向等示例加以分析，最后针对岭南地区探讨了将爱国主义资源融入初中语文教学的策略。本书本理论结合实际，具有较强的专业性和实践性，是一本值得研读的著作。

在本书的写作过程中，笔者参考和借鉴了大量相关专著、论文等理论研究成果，从这些论文、专著中，作者受益匪浅，在此，对相关作者表示诚挚的谢意。在本书写作过程中，笔者虽力求完美无瑕，但恐有不足之处，对此，望各位专家学者以及读者批评指正，并提出宝贵意见，以便本书不断完善。

作者

2023 年 4 月

目 录

第一章　中小学语文教学概述 ··· 1

　　第一节　语文教学的内涵和特点 ································· 1
　　第二节　语文教学的基本理念 ····································· 9
　　第三节　中小学语文教学的目的 ································· 26

第二章　爱国主义教育基本理论 ····································· 28

　　第一节　爱国主义教育的思想溯源 ······························· 28
　　第二节　当前爱国主义教育的时代背景 ··························· 32
　　第三节　新时代爱国主义教育的核心要义和基本内容 ··············· 34
　　第四节　爱国主义教育融入中小学语文教学的必要性 ··············· 41

第三章　小学语文教学中的爱国主义教育策略探究 ··················· 44

　　第一节　小学语文教材中爱国主义教育的内容 ····················· 44
　　第二节　小学语文教学中爱国主义教育存在的问题 ················· 54
　　第三节　爱国主义教育融入小学语文教学的策略 ··················· 57

第四章　初中语文教学中的爱国主义教育策略研究 ··················· 67

　　第一节　初中语文教材中爱国主义教育的内容 ····················· 67
　　第二节　初中语文教学中爱国主义教育存在的问题 ················· 72
　　第三节　爱国主义教育融入初中语文教学的策略 ··················· 74

第五章 语文教学中的爱国主义教育具体示例以人教版义务教育阶段中小学语文教材为例 85

第一节 小学语文古诗词教学中渗透传统文化教育 85

第二节 小学语文教材中家国情怀培育的教学 94

第三节 初中语文教材中的爱国主义人物形象研究 110

第四节 初中"名著导读"教学中的民族精神培育指向 129

第六章 爱国主义资源融入初中语文教学以岭南地区为例 143

第一节 岭南地区爱国主义资源的界定 143

第二节 岭南爱国主义资源融入初中语文教学的可行性分析 145

第三节 初中语文教材中岭南爱国主义资源的内容 150

第四节 岭南爱国主义资源融入初中语文教学的策略 156

参考文献 166

第一章
中小学语文教学概述

第一节 语文教学的内涵和特点

一、语文学科教学的内涵

（一）语文学科的性质

对于语文学科的性质这个问题，长期以来，没有定论。有一性说，语文学科是工具性学科；有两性说，语文学科既有工具性，又有思想性；有三性说，除了工具性、思想性，语文学科还有文学性；还有多性说，认为语文学科具有工具性、思想性、实践性、综合性。还有把语文学科的性质分为工具性、基础性、思想性等基本性质和文学性、知识性、社会性等从属性质两个层次。其中，有两点是比较一致的，这就是语文学科的工具性和思想性。

平常说的话叫口头语言，写到纸面上叫书面语言。语就是口头语言，文就是书面语言。把口头语言和书面语言连在一起说，就叫语文。这个名称是从 1949 年下半年用起来的。中华人民共和国成立以前，这个学科的名称，小学叫国语，中学叫国文，中华人民共和国成立以后才统称"语文"。

语文＝语＋文＝口头语言＋书面语言＝（口头＋书面）语言，语文是广义的语言。而语言本身是没有阶级性的。语言是人类最重要的交际工具。语言是工具、武器，人们利用它来互相交际、交流思想，达到互相了解的目的。

这些揭示了语文的本质意义，同时也证明，工具性是语文学科的本质属性。语文虽然是工具，却并非从事物质生产的工具，而是一种表情达意的工具；语文本身虽无阶级性，但是一经人们使用，它就被赋予了思想情感。"语言是思想的直接现实"，语言是思想的物质外壳，是思想和思维活动的物化。更何况语文教材大多是古今中外脍炙人口的名家名篇，强烈的思想情感自然流露，跃然纸上。可见思想性是语文学科的显著特点。

因此，语文学科是以工具性为本质属性，以思想性为显著特点，是工具性和思想性相辅相成、辩证统一的基础学科。这就是语文学科性质的定义。正确把握这一性质，语文教学设计就必然注意到：既然具有工具性，就应当培养学生掌握并运用这一工具的能力，即理解语文和运用语文的能力，也就是听、说、读、写的能力；既然具有思想性，就应当因势利导、水乳交融地对学生进行思想教育和美感熏陶。

（二）语文教学目的

教育是有目的的行为，是教育者有计划地对受教育者施加影响的过程。语文教学目的是语文教学的缘起和归宿。语文教学的全部过程、所有层面和一切工作都要服从并服务于语文教学目的的实现。语文教学的目的主要是由语文学科的性质以及总体教育目的和社会发展需求所决定的。语文学科的工具性要求语文教学加强基础知识教学和基本技能训练，语文学科的思想性要求语文教学加强学生的思想品德培养，语文学科的科学化和现代化要求语文教学加强智力开发。双基教学、品德培养和智能开发三要素的有机组合，构成语文教学三维结构的整体。当然，不同社会形态和不同历史时期对语文功能有不同的要求，对语文教学目的也就有不同的表述。

（三）语文教学的原则

语文教学原则是从语文教学实践中概括出来，又反过来指导语文教学实践的理论，是语文教学中最主要、最本质的内在规律的集中体现，是语文教师处理教材、组织教学必须遵循的法度和准则。

1. 语文"习得性"教学原则

语言学家研究认为，语文中的语言与言语是不同的两个概念。语言是言语的总结和系统化，是由语音、词汇和语法等部分构成的理论体系。言语是个体在特定情境中为完成特定的交际任务对语言的使用。换句话说，言语是人们掌握和运用的语言。

语文教学就是语言和言语的教学。语文课既向学生传授语言知识（如语音、词汇、文字、语法、修辞、逻辑等方面的基础知识），更要发展学生的言语（口头言语和书面言语）能力。所谓言语能力即学生的朗读、默读、复述、背诵、看图说话、对话、发言演讲、写话、作文等方面的实际操作语言的能力。而这种言语能力的培养主要靠实践、训练习得。这就是语文教学首先遵循"习得性"原则的原因所在。语文"习得性"原则在语文教学中具体表现在语文听、说、读、写能力的训练上。由于听、说、读、写能力的整体性、互补性特点。在语文教学中我们除了对学生进行单项训练外，还应对学生进行听、说、读、写能力的综合训练。读写、说写、听说、听写、听读、读说、听说读写等相结合训练，以求达到学生"习得"言语的目的。

语文教学"习得性"原则是符合美国教育家奥萨贝尔"有意义言语学习"理论和美国教育家布卢姆"掌握学习"理论的。奥萨贝尔认为学生通过"有意义言语"的习得，然后保持、内化，同时就可以输出。这一心理学的分析揭示了言语"习得性"的规律，为我们语文课"习得性"原则提供了心理学、生理学上的依据。布卢姆认为学习是学习过程，教学是教学生学，通过树立目标、群体教学、评价、矫正，学生就可以掌握学习。这一理论，强调的是学习的实践性、训练性，重过程、重掌握，为语文"为会使用母语而教"的目标教学提供了很好的理论佐证。

总之，教学是教学生学会学习。把教学的重心放在学生"会学"上，才是现代教学。语文教学是教学生学会使用言语，把教学重心放在学生"会言语"上，才是现代语文教学。皮特·科德说得好："我们应当做的是教人们一种语言，而不是教给他们关于语言的知识。""我们要培养的是使用语言的人而不是语言学家，是能'用这种语言讲话'的人而不是'谈论这种语言'的人"①。这是语文教学的实质，是语文教学的方向。

语文"习得性"原则还要求语文教师十分重视学生语感培养。所谓"语感"，就是社会的人对语言的感觉，就是在视听条件下不假思索从感知语音、字形而立刻理解语音、字形所表示的意义的能力。这种能力当然是靠实践、训练习得的。

2. 语文"开放性"教学原则

20 世纪 80 年代中期，河北特级教师张孝纯提出了"大语文教育"主张，并进行了长达 10 年的教改实验。他在《一条广阔的语文教改之路》中阐述了"大语文教育"的构想。他认为，语文教学应是"一体两翼"的，"一体"即课堂教学主体，"两翼"即配合主体的语文课外活动和家庭、社会生活的语文学习。这一思想符合语文学科的社会性、生活性的特点。美国教育家科勒涅克说："语文学习的外延与生活的外延相等。"② 这一句话说明了这样的一个道理：语文教学的对象是处在生活网络上的学生，语文教学的内容是存在于生活网络上的活生生的言语，语文教学的目的是教会学生正确理解和使用生活言语。因此，语文教学与其他学科就有本质的区别，它除了学校课堂的教学外，更应走向广阔的社会生活，充分利用一切有利的语言环境、言语生态来训练学生的语文能力。语文教学"开放性"原则要求语文教师更加重视语文的课外活动、语文的课外阅读。不仅如此，语文教师还要有目的、有计划、有针对性地开设"语文活动课"，促进学生在生动活泼的过程中学会言语、使用言语，

---

①[英] S. 皮特·科德. 应用语言学导论 [M]. 上海：上海教育出版社，1983：36.
②转引韦志成. 作文教学论 [M]. 南宁：广西教育出版社，1998：12.

让学生走向生活、走向社会、走向自然、走向心灵，做生活的主人。

在贯彻这一原则时，一要"得法于课内，受益于课外"，教学生学习方法，培养自学能力，养成良好的语文学习习惯；二要体现语文学习"多师性""随时性""随地性""终身性"的特点，走开放性、长期性的语文教学道路；三要引导、教育学生从我做起，共同创造良好的语言环境，与那些不文明的语言现象做斗争。

3. 语文"创新性"教学原则

所谓语文创新性原则，是指在语文教学中教师要充分利用教材发挥学生的积极性、主动性，开动脑筋发现、分析、解决教学中的新问题，培养创新性思维的教学原则。

这一教学原则提出的依据是：第一，语文学科思维性特点及语文学科"开发智力"的教学任务。第二，素质教育的需要，"为创新而教"已成为学校的主要目标。第三，社会发展的要求，当今世界科学技术突飞猛进、知识经济初见端倪、国力竞争日趋激烈，时代呼唤创新人才，培养创新人才靠创新教育。

传统的语文教育，存在太多的弊端，封闭、单一、被动、停滞的教学，传授型、满堂灌、填鸭式的课堂，压制了太多的人才。在这样的背景下，提出语文教学的"创新性"原则，显得尤为重要。

语文创新性教学的主要目标是培养富有创新思维的人才。所谓"创新思维"就是"创造过程中的思维活动"。它包括发现新事物、揭示新规律、创造新方法、建立新理论、解决新问题、获得新成果等思维过程。语文教学的新方法、新模式、新观点、新措施、新媒体、新角度，都是创新教育。

"创新性"教学原则还要求语文教师尊重学生学习的主体地位，让学生积极主动地思考，形成一种主动适应、开放多样、向前发展的教学新局面。要激发学生学习语文的兴趣，调动学习的积极性和主动性，反对注入式，提倡启发式。通过多种方式，引导学生积极思考，鼓励他们进行创造性思维活动，让他们自己动脑、动口、动手，在学习语文的实践中，自觉地提高认识、获取知识、增强能力、发展智力。

教育的最终目的不是传授已有的东西，而是把人的创造力量诱导出来，这也是语文教学的真正意义。

实施这一原则，语文教学要做到：第一，尊重学生的主体地位，发挥教师的主导作用。第二，培养学生求异、求新、求优意识、能力。第三，启发诱导，鼓励学生积极探索。第四，因材施教，扬长避短，发展个性；第五，引导学生在创造实践活动中学习创新，强调学生多动脑、动口、动手。

4. 语文"审美化"教学原则

语文审美化教学原则，也称"语文艺术化"教学原则。它是指施教者按一定时代的审美意识，充分发掘施教媒介的审美因素，向受教者施加审美影响，从而开启其内在情智的一种教学原则。

它的要求与传统的学科只重视"传道、受业、解惑"有着明显的区别。因为传统的语文教学是注重"认知规律"的教学，因而平淡枯燥、缺乏情趣。审美化的语文教学是现代语文教学鲜明的特点，它不仅重视"认知规律"，更重视"美学规律"，按美学原理、艺术原则从事语文教学，因此比传统语文教学更加富有形象性、感染性、愉悦性、和谐性、新奇性和情趣性。学生因在课堂上得到的不仅是知识，由此更直接、更深刻地得到震惊感、倾慕感、景仰感、欣慰感、荣誉感等各种美的感受。[①]

审美化的语文教学原则要求语文教师尽可能发掘教学媒介，主要是教材中的自然美、科学美、社会美、艺术美，努力提高学生的感知美、理解美、评价美、欣赏美、创造美的能力，从而塑造学生美的心灵，培养学生对完美人格的涵养和对美的人生境界的追求。

语文审美化教学作为一大原则，它指导着语文教学的方方面面。一方面，审美教育是语文教学的目的之一，语文教学要尽可能让学生身心得到愉悦，情操得到陶冶，心灵得到净化，从而增强发现美、欣赏美、创造美的能力；另一方面，审美教育作为手段，贯穿于整个语文教学的进程，施教者以美的语言、美的形式在课堂上发现美，引导学生感知美、理解美、评价美，在学生主动参与、情感愉悦的同时掌握知识、培养能力、发展智力。语文教育家阎立钦说得好："教育是科学，也是艺术。教育理论若不包括美育的研究，就是不完备的理论。语文学科教育缺乏美的教育，将是贫乏的教育。"[②]

5. 语文"个性化"教学原则

21世纪是一个"知识化时代"和"学习化时代"。为了适应这个时代，教育工作者的重点，不再是教给学习者固定的知识，而应转向塑造学习者新型的自由人格。学校教育的根本任务是培养个性化的主体，培养独特的、独立的个体，身心和谐统一的个体。在这一背景下，语文"个性化"的教学原则应运而生。

素质教育是针对"升学教育"提出的教学理念。它要彻底打破升学主义的束缚，在人人成功的教育原则下，主张多价值教育；根据每个学生的特点、性格、兴趣爱好、需要、天赋等来培养和发展学生。语文教学是实行素质教育的主要途径。因此，语文教学必须走"个性化"的道路。

所谓语文"个性化"教学原则，有两个含义：其一，语文的教学要尊重受教育者的个性，挖掘教材的"个性""人格"等因素，对学生因材施教，培养学生独立的人格。其

[①] 曹明海，张永昊，周均平. 感应与塑造：语文审美教育论 [M]. 青岛：青岛海洋大学出版社，1998：56.
[②] 阎立钦. 语文教育学引论 [M]. 北京：高等教育山版社，1996：20.

二，语文教学"个性化"还表现在语文教师教学艺术的个性化，即语文教学积极追求教学风格的多样化，形成不同的风格流派。风格的形成是教师成熟的标志，流派的产生是教育繁荣的征兆。我们倡导语文教学的风格化、个性化。目前，我国出现以钱梦龙为代表的"导读派"、以魏书生为代表的"自学派"、以于漪为代表的"情感派"、以陆继椿为代表的"得派"、以段力佩为代表的"茶馆派"等是语文教学流派的典型代表，是语文教学个性化的典型例子。

苏联的《统一劳动学校基本原则》也指出："社会主义的教育原则是要把努力培养集体意识同灵活的个别化结合起来，最终做到，每个人都以能发挥自己的一切才能为整体服务而感到自豪。"[①] 可见个性教育的重要意义。

"个性化"教学原则要求教师必须尊重个体发展的特征，服从个体身心变化的发展规律，借文质皆美的课文塑造富有个性的人格。这一原则还要求语文教师走自己的路，创造富有自己独特风格的教学方法，形成自己的"个性化教学"风格。

6. 语文"民主化"教学原则

世界正加紧"民主化"进程，教育正加速"民主化"的步伐。现代"民主化"教育要求教育机会均等和教育平等，要求恢复人类求知的自然动力。

传统上，教师是课堂的主宰，是学生的"警察"，课堂上"专制"，一味地"满堂灌"，师道尊严，学生没有积极性、主动性，更谈不上自觉性。因此培养出来的学生听话、守规矩，没有个性，更没有创造性，这样的教育是违背初衷的。教育的目的在于全面开发人、发展人，教师因而应是学生的引导者、伙伴、朋友，与学生平等相处，尊重学生的个性，发展他们的个性。这一"民主化"教育思想应该树立。

语文教学更讲民主。言语学习讲究语感、语境，追求美感、愉悦，因此它要求施教者与被教者平等相处，形成和谐、宽松、活泼的课堂气氛。只有这样，语文课才能真正做到潜移默化、熏陶感染。当年魏书生打出"科学""民主"的口号进行教学改革，取得了令人瞩目的成功，值得我们深深思索。

"民主化"教学原则，要求教育者尊重受教育者独立人格，树立为他们服务的思想。"没有独立的人格，也就失去了作为人的根本特性，更谈不上自由的创造性和德行。"[②] 学生是学习的主人，他们享有自由发展的权利。只有学生主动学语文，语文才能真正学好，这是不争的事实。因此，我们提倡师生共同协商、平等相处。反对师道尊严。上课要求语文教师态度温和、语言幽默、方法灵活、手段多，提倡使用富有现代化民主思想的问题教

---

① 瞿葆奎. 教育学文集 18 卷苏联教育改革（上）[M]. 北京：人民教育出版社，1993：7.
② 邓志伟. 个性化教学论 [M]. 上海：上海教育出版社，2002：2.

学法、谈话法、讨论法、辩证法。上海育才中学校长段力佩当年倡导的"有领导的茶馆式"教学的成功，就是教学"民主"思想的实践的成功，值得学习、推广。

以上是我们根据时代的要求、语文教学的特点提出的六大教学原则。我们相信，它将成为语文教学的方向、现代语文教师的教学指南。我们盼望着语文教学的春天早日到来。

这六条原则，实际上反映了语文教学最基本的内在规律，是语文教学所要遵循的最起码的教学原理。

语文教学的过程实质上是一个矛盾运动的过程。语文教学的每一条原则，都反映了语文教学过程中彼此对立而又相互联系的两个方面，体现了既矛盾又统一的辩证关系。在语文教学原则的具体表述上，或曰"相统一"，或谓"相促进"，或称"相结合"，无一例外地都体现出一种正确处理语文教学过程中矛盾运动的辩证思想。这给语文教学设计以深刻的启迪：语文教学要用辩证思维，要讲辩证法。因此，站在哲学的高度，运用辩证唯物主义的认识论和方法论，正确认识和处理语文教学中人和书、师和生、文和道、知和能、内和外诸种矛盾关系，便是语文教师教学设计的匠心所在。

（四）语文教学的活动对象

教育是人的活动。人，不仅是生产力中最基本、最活跃的一个因素，而且也是教育结构中最本质、最活跃的一个因素。教学过程是师生双边活动的过程。无论是作为施教者的教师，还是作为受教者的学生，都是教育教学活动的主人。

教学，就是教学生学。学生在语文教学过程中是认识和发展的主体。教会学生学习，是语文教学的出发点和落脚点。如何教学生学？教学方法从何而来？何时需要引导，如何进行启发？这就需要了解学生、熟悉学生，以期充分调动学生学习语文的积极性、主动性、自觉性和创造性。

二、语文教学的特点

（一）语文教学的人文性

语文属于人文学科，它与数学、物理、化学、生物等自然学科不同。自然学科可以由原理、公式、定理、法则等组成。这些原理、公式、定理、法则是人们对客观世界的认识，具有客观真理性。语文则不同，一方面，它是对人们精神领域起作用，而且对人们精神领域的影响又是深远的；另一方面，许多语文材料本身就是多义的，具有丰富的内容和很强的启发性，人们对语文材料的反应往往也是多元的。

重视语文的熏陶感染作用，通过优秀作品的浸染，感化人的性情，提高人的人格和道德水准。语文对人的影响是深广的,有时是隐性的、长期的、潜移默化的,短时期不容易看出来,而且常常是"有意栽花花不开,无心插柳柳成荫",因而不能指望立竿见影,不能急功近利。如果像理科学习那样,围绕知识点、能力点做大量的练习,难以让学生领悟语文丰富的人文内涵。

注意教学内容的价值取向。学生学习语文,接触大量语文材料的过程也是一个文化建构的过程。语文对人的影响往往是终生的,其影响之深广不可低估。语文课程应该从对人的发展负责、对国家未来负责的高度来选择教学的内容。

尊重学生的独特体验。学生的多元反应是正常的,也是非常珍贵的。尊重学生在语文学习过程中的独特体验,是对学生的尊重和鼓励,也是对真理的尊重。这是语文特点所决定的。

(二) 语文教学的实践性

在人文学科中,语文与哲学、历史等学科有所不同。哲学可以由概念、范畴、法则、方法等构成一个知识体系,历史则是由大量的史实和历史观构成历史知识,而语文课程却具有很强的实践性。阅读与表达本身既是一种实践的行为,又体现了实践的能力。着重培养学生的语文实践能力,这包括识字、写字、阅读、写作、口语交际、收集处理信息的能力以及良好的语感等。

重视学生的语文实践活动,在语文实践中培养语文实践能力。靠传授阅读的知识来培养阅读能力,不如让学生多读书;学生记住了一整套完整的写作知识,而没有写作的实践,也难以形成写作的能力;学生背诵了许多语法规则,而没有在大量的语言实践中形成良好的语感,还是说不好话。这些都是很明白的道理。这样的知识没有实践的环节是难以转化为能力的。因此,语文实践能力应主要在语文实践中培养,而不能片面强调"知识为先导"。

义务教育阶段不宜刻意追求语文知识的系统和完整。语文知识是需要的,但是诸如语法修辞之类的知识,在初中阶段不必讲授过多,也不必追求系统和完整。这一时期学生还处于感性的时期,应该让学生多接触感性材料,参加感性的实践活动,在实践中提高实践能力,把握语文规律。

语文课程要注意学习的生活化,这是与实践性联系在一起的。语文是母语课程,它与外语不同。学生进校前都有一定的语言基础,因而,不必像学外语那样从零开始,花很多气力去记忆大量的词汇,掌握语法的规则。学生生活在母语环境中,生活中处处都是语文学习的资源,时时都有学习语文的机会。因而,应该充分利用这些资源,在生活中学习语文、运用语文,在大量实践中接触大量的语文材料,丰富语言积累,形成良好的语感,培养阅读与表达的能力。应强调日常生活中的习得,强调日积月累。尤其是在高中阶段,更要注重语文应用、审美和探究能力的培养,是实践性的深化,可以更好地促进学生均衡而有个性的发展。

(三)语文教学的民族性

语文课程应该考虑汉语言文字的特点,考虑这些特点对识字、阅读、写作、口语交际和思维发展等方面的影响。

汉语特别具有个性,它是具象的、灵活的、富有弹性的,可创造的空间特别大。汉语没有多少强制的规矩,应该说它是一种真正从人的思维与表达的需要出发的以人为本的语言。这种语言宜乎在模糊中求准确,用西方语言的条条框框来分析汉语实在是勉为其难。所以,传统的汉语教学词类讲虚实二分,句法重语序,修辞讲比兴二法。

汉语的文化性也特别强,尤其是它的词汇和词组系统具有非常深厚的文化底蕴。与这些相联系,我国文学以抒情性强而著称于世。中国的诗歌代表了中国的艺术精神,可以说,中国的文化就是诗性的文化。

中国语文重视积累、感悟、熏陶和语感,提倡多读、多写;应该克服浮躁焦虑的心态,不能急功近利,不能期望立竿见影;不应照搬西方分析的思维方法,要重视培养整体把握的能力。

第二节 语文教学的基本理念

所谓理念,是指人们观察问题、分析问题和解决问题所依据的原理和观念,或者说是原则和准则。语文教学理念就是语文教学活动的指导思想和行为准则。

一、语文教学的人文关怀

语文教学要促进个体的身心和谐发展,要使个体的发展过程获得精神上的价值和人生上的意义。也就是说,个体通过在语言上的学习和训练,文学上的熏陶和感染,不仅要获得各种知识和技能,而且还要体验到各种深刻的人类情感,唤起自身的主体意识,从而追问人生的意义、探寻人生的道路,形成独特的人生态度。我们把语文教学的这种功能称为语文教学的人文关怀。

语文教学目标是整个基础教育目标的有机组成部分,对于培养德、智、体、美、劳全面发展的社会主义建设者和接班人具有重要的导向作用。语文作为一种兼具人文性和工具性的综合性学科，在人的发展过程中起着核心性的决定作用。同其他学科相比，语文教学除了要完成一般学科必须共同承担的智育任务之外，还要密切关注审美教育、人生观教育与人格教育，并以此作为自己的最高价值追求。语文学科这种人文关怀的功能是标示其学科独特性的根本要素，也是语文教学目标的最高追求。我们把语文教学的人文关怀的功能提到这么高的位置，一方面，取决于对语文学科性质的深刻洞察；另一方面，取决于对人的最终发展目标的深刻认识。人的发展的最高境界是精神上的自由和解放、人格上的完善与独立，而所有为此目的所进行的知识的学习、技能的训练、能力的获得及社会生活的实践等工具性行为都必须服从这一最高目的。要实现人作为发展手段的工具价值到作为发展目的的精神价值的飞跃，必须通过人文教育的洗礼。在现行基础教育体制中，语文教学只有自觉地承担起人文教育这一历史使命，把人文教育贯穿到整个语文教学过程中去，关注人的精神世界的构建和人格的养成，才能为人的全面发展开辟道路。

（一）语文教学的人文精神价值

人文精神不是徜徉流溢在语文教学本体之外的美丽动人的幻影，而是发自语文文本之中的人性之光。它飘忽不定、难以捉摸，是因为它只对那些敏感睿智、关注内心精神生活的心灵展现自己的魅力。它至刚至大、吐纳宇宙，是因为它超然于万物之上，寄身于纯真、至善、完美之境。

语文教学的人文价值，从静态的文本分析来看，文学与人生的关系是它的集中体现。文学与人生这种水乳交融、血肉一体的内在联系，使文学成为人生的另一种存在，尽管它不是社会现实自身，却比社会现实更加真实、深刻、感人。人们更多的是从文学艺术创作这面镜子中发现并认识了人自身，因此，文学就是人学。

文学把人的精神不断地引向光明和崇高，是文学在维护着人类那脆弱的社会良知和道德心，也是文学在不断地拓展着感性人生的丰富性与多元性，捍卫着人类理性的尊严和纯洁。因此，语文教学一定要重视文学作品的人文教育价值，把语文教学从工具中心论中解救出来，还其人文教育的本来面目。

语文教学的人文价值，从动态的教学过程来看，其人文性主要体现在师生关系的民主性、文本解读的多元性、写作训练的生活化上。只有以民主化的师生关系作为教学的前提，才能充分激发调动师生两方面的积极性，使语文教学充满生命的张力，从而对文本展开开放性、多元化、个性化的阐释，释放出文学作品中深层的人性力量，引发情感上的共鸣，启迪思想上的解悟。

（二）语文教学目标的人文追求

语文教学成为人文精神之载体。因此，人文关怀理应成为语文教学的目标。语文教学目标是一个有机的整体，按现在比较流行的观点来看，它由德育目标、智育目标、美育目标三部分构成，而这三个目标之内又有更细致的分目标。人文关怀同它们之间是一种什么关系呢？这是我们应该解决的根本性问题。

人文关怀作为语文教学的最高目标，它不等同于技术操作层面的教学要求，而是着眼于语文教学根本性的价值导向。也就是说，人文关怀与现行的语文教学目标体系不属于同一层面的问题。前者植根于语文教学本体论，后者立足于语文教学方法论；前者制约语文教学的根本价值取向，后者决定语文教学实践的进程与开展。因此，人文关怀不可能以技术化、操作化的方式单独地起作用，它只能以精神导引的方式进入语文教学目标体系，通过影响语文教学目标系统的内在调节与协作间接地发挥作用。

坚持语文教学的人文精神的价值取向，那么，语文教学的德育目标除了重视传统的政治品质、思想品质、道德品质、个性心理品质等发展目标之外，还要关注人的主体性发展、人格的完善、精神生活的和谐。在智育目标上，除了重视传统的知识、能力、智力发展之外，还要注意智力与非智力因素的协调发展、情感陶冶与生命体验。在美育目标上，除了重视传统的审美知识、审美能力的发展目标之外，还要尊重个体的审美经验、审美感受，激励个体的审美想象、审美创造以及倡导对人生的审美观照、对人格的审美塑造。也就是说，人文关怀是一切语文教学手段与工具的灵魂，人的精神发展是所有操作性目标的最终归宿。

语文教学人文关怀目标不是空洞的口号，它既具有悠久的精神价值传统，又具有生动具体的时代内涵。作为一种优良的文化传统，它孕育了生生不息的人类文明；作为一种新兴的社会思潮，它发出了振聋发聩的时代呼声。吴宓提出的文学教育八个方面的作用，可以作为传统语文教学人文关怀目标的历史性总结：涵养心性、培植道德，通晓人情、洞悉世事，表现国民性，增长爱国心，确定政策，转移风俗，造成大同世界，促进真正文明。面对 21 世纪风起云涌的社会变革，人文精神的时代风貌也将经历时代性的变换。

英格尔斯提出现代人应具备的 14 个特征，归纳起来主要有三个方面[①]。第一，现代人具有开放性，乐于接受新事物。他们准备和乐于接受他们未经历过的新的生活经验、新的思想观念，准备接受社会的改革和变化。他们思路开阔、头脑开放，尊重并考虑各方面不同的意见和看法。第二，现代人具有自主性、进取性和创造性。他们注重现在和未来，守时惜时。他们有强烈的个人效能感，对人和社会的能力充满信心，办事讲求效率。他们尊重事实和验证，注意科学实验，认真探索未知领域，不固执己见。第三，现代人对社会有责任感，能正确对待别人和自己。他们能相互理解，能自尊并尊重别人。他们有可依赖性

---

① 王宛磐，郭奇. 语文教学通论[M]. 开封：河南大学出版社，2003：84.

和信任感，不相信命运不可改变，而认为依靠社会力量能使人生活得更好。语文教学的人文性应着眼于21世纪创业者人文素养的培植。

我们把新时代的人文精神的内涵概括为以下八个方面：人格健康、高创造力、主体意识、求实求真、乐于竞争与善于合作、个性和谐、乐观开放、热爱生活。这八个方面是新价值观的具体体现，也是未来人才培养的方向和标准。以此为基础，语文教学的人文价值应包含以下几个方面：

第一，引导学生走近生活、观察社会、体悟人生。帮助他们形成乐观开放、乐于竞争与合作的人生态度。

第二，培养学生的人文品质，继承民族文化传统，汲取现代文化精髓，奠定文化底蕴。

第三，陶冶学生的情操，启迪学生的悟性，培养学生的批判思维和创造性思维，形成健全独立的人格。

第四，培养学生的主体意识，确立学生在教学过程中的主体地位，发挥学生学习的主动性、能动性与创造性。

（三）人文意蕴的开掘

语文教学中人文价值目标的最终实现取决于语文教学实践的正确走向。从语文教学过程的展开来看，选择文质兼美的教材，加强语文教学过程的审美性，立足现实生活激发学生的自我表现与表达，是开掘语文教学人文价值的有效途径。是否符合文质兼美的标准，是制约语文教学人文关怀目标实现与否的关键因素。选文是否具有深刻的思想文化内涵、广阔的文学视野、浓郁的人文情怀，直接决定着语文教学人文性的深度、广度和力度。文质兼美的选文作为人文精神最好的寄寓之所，对于培养学生的人文精神具有本源性决定作用。

我们认为，文质兼美应包含以下几层基本含义：

1. 文道兼美，一多并举

我们不仅要求选文的思想内容与语言表达做到有机统一，而且还要求选文在思想内容上具有深刻的文化意义、人文意蕴和审美价值，在语言表达上生动准确、隽永晓畅、富有个性。这样的文道观对于语文教材的选文标准才具有真正的实际意义。

文道兼美的选文标准，并不意味着把文道关系限定在狭窄的意识形态、伦理道德和正统文论的域界，而是应该一多并举。从"道"的标准来讲，"一"指的是教材选文应体现人类所崇尚的以真善美为代表的终极精神价值；"多"指的是选文要体现人类思想文化的丰富性、多元性、开放性。我们应以一种博大的文化胸襟和高远的发展眼光来看待文章的思想文化内涵，切忌鼠目寸光、意识狭窄。在选文中，既要有传统的政治伦理教化内容，还要有体现人类普遍的精神价值追求的内容；既要有以明道为旨归的皇皇之论，还要有抒发个人性灵的小品佳作。从"文"的标准来看，"一"指的是选文的语言表达，必须规范、准确，具有代表性、示范性，思想内涵必须源于生活、积极向上；"多"则是强调语言艺术特色的多样化、个性化和风格化，文化内容的开放化、立体化、层次化。唯其文思泉涌、灿烂其华，方能风行水上、自然成文、行而广远，也只有放眼宇宙、博采万物之精华，才能广开眼界、启人心智、有益身心。

2. 内外兼顾，和谐统一

教材选文，作为语言学习与文化陶冶的范本，应具有内外两个方面的价值，或曰本体价值与工具价值，即精神陶冶价值和语言教育价值。只有做到这两种价值的有机统一，才能体现文质兼美的全面要求。选文的语言教育价值体现在对学生听、说、读、写等基本语文能力的培养上，而精神陶冶价值则立足于学生的精神发展、人格完善上。这两者是相辅相成、互为依存的。因为，从文章本身的统一性来看，语言因素与思想因素是水乳交融、不可分割的。没有思想的语言表达没有实际意义，脱离了语言轨道人的思想同样难以表达。从学生语文学习过程的综合性、复杂性来看，学生的语言发展同学生的思维发展、思想成熟、精神成长有内在统一性。它们之间相互影响、相互作用，和谐共存、共同发展。脱离开思想教育、精神陶冶的语言训练会使语文教学变得枯燥乏味、机械生硬；而脱离语言训练的思想教育同样会把语文教学变成迂阔的道德说教、政治灌输。因此，选文的这两种价值标准不可偏颇，应当兼顾。

3. 兼顾选文内外价值的和谐统一

除了独具慧眼外，还要具备科学的编辑加工能力。选文的编排、教材体例的选择、语文知识的穿插、课后作业的设计等环节，都应该体现选文内外教育价值的统一。既要避免唯知识智能训练为中心，也要防止唯主题思想分析推理至上。教材的编辑加工向来不被重视，只被看作是一种技术性的工作。其实这是一种错误的看法。它是展开语文教学价值、实现语文教学目标的重要途径，它需要以正确的哲学观、教育观、心理观为指导，以语文教学的内在规律、师生相互作用的互动模式作为依据，并要对语文知识掌握、能力发展与精神发展的内在统一关系有深刻的洞察与理解。它既需要有哲学的眼光，又需要有科学的程序，还需要有艺术的手法。从选文到编排，从封面到插图，从设计到印刷，所有步骤都关系到教材的质量和生命。因此，文质兼美不只是一种对文本的内在要求，还是一种指导具体编辑工作的根本原则。

4. 开放思维，审美观照

人文精神从某种意义上讲又可以理解为人类对真善美孜孜不倦的价值追求。因为真善美代表了人类精神的最高境界。这种追求不仅包括对知识形态的科学、道德、美学领域的探索，它还指向人类在获取这些知识的过程中所孕育滋生出来的科学精神、道德意识和审美体验。其中，审美体验不仅具有相对独立的价值意蕴，而且还是科学精神与道德意识所追求的最高境界。美存在于自然之中，而科学的发现，不仅指向知识，还要关注审美体验。在道德与审美的关系上，审美同样是道德境界的需求。只有把抽象的道德规范和理念渗透到由文学语言所塑造的美好的道德理想人格形象中，才能使个体获得道德实践的驱动力。审美是沟通知识和德行的津梁，是培植人文精神的必由之路。语文教学要走向人文关怀，就必须通过开掘隐含在文本中的真善美精神价值以唤醒激励学生的求知、向善、爱美之心，通过审美教育塑造他们的人文精神。

5. 语文教学的审美观照，尤以阅读教学为重

语文阅读活动中的审美教育是美学在阅读活动中的具体应用。它的任务和作用是按照美的规律，用美的信息去激发、引导阅读活动的主体——学生的审美心理和情感，培养学生符合人类崇高理想的审美意识，帮助学生获得健美的心灵和高尚的审美情趣，使他们在开放的语文阅读活动过程中逐步形成正确的审美观念和健康的审美品质，把握辨真伪、识善恶、分美丑的正确的审美，提高学生的审美素质和审美能力，以培养全面发展的人。语文阅读活动与审美教育有着难解难分、血脉相承的特别关系。加强审美教育有助于提高语文阅读质量，深化语文阅读效果。语文教材编选的课文，大都是依照美的法则创造出来的"文质兼美"的典范佳作，是集中反映社会、艺术、科学、语言等客观美的结晶。文章精美的语言，展示出崇高的美的艺术境界，而好的艺术境界本身，又丰富并加强了语言的艺术表现力。在阅读活动中，一方面，可以抓住精彩传神的关键性字词、语句，把学生引进它所展示的优美境界，使他们在美的艺术享受中受到熏陶，提高审美能力；另一方面，又可以抓住令人心灵颤动的意象、情境和形象，引导学生反转过来深入体味、领悟文章中高超的语言艺术技巧，提高运用语言表情达意的能力。语文教师要充分利用文章的美学意境，创设审美情境，善于敏锐地发掘文章中的美点，揭示深蕴其中的审美情趣；要善于借助审美意象，启发学生的审美想象，根据文本的特点设计审美议题，以诱发学生的审美体验；还要确定审美目标，指导学生展开审美鉴赏活动。调动各种手段，把学生引入美的艺术境界，诱发学生联想探求、观察体验，既对学生进行了审美教育，又把审美教育和语文阅读活动有机地交融在一起，使学生深入理解了课文，提高了阅读效果和质量。在这种活动中，教师要从各种不同的审美角度、不同的审美层面引导学生深入地分析和理解。这样

既可以使学生受到审美教育，又有助于学生对课文从表层性的体味感知到深层性的领悟理解。

二、语文教学的个性发展

（一）语文教学个性发展的内涵

人的发展的核心是个性的和谐发展。语文教学在学生的良好个性的形成与发展中扮演着主导性角色。传统语文教学在这方面存在着一定的缺陷，没有认识到语文教学对个性培养的重要意义，在教育理念和实践中都陷入了机械化的教育模式，过分追求语文教学的应试价值，忽视了语文教学在个性培养方面的积极作用。

教育日新，放眼海内外，个性教育已成为世界教育改革所关注的重大主题。"儿童中心教育学"认为，"每个儿童有其独特的特性、兴趣、能力和学习需要"，儿童之间存在差异是"正常的"[1]。因此，学习必须据此来适应儿童的需要，而不是儿童去适应预先规定的、有关学习过程的速度和性质的假设，儿童中心教育学有益于所有的学生，其结果将有益于作为整体的社会。

我们认为，"儿童中心教育学"概念的重申，表明国际社会在宏观的教育理念和教育政策上确立起了个性发展的方向。

1. 个性是完整的，创造力、想象力等品质是个性健全发展的表现

把一个人在体力、智力、情绪、伦理各方面的因素综合起来，使他成为一个完善的人，这就是对教育基本目的的一个广义的界说。因此，个性是道德、体力、智力、审美意识、敏感性、精神价值等品质的综合，是一种"复合体"，即一个完整的人，不能把某一种或某几种品质从完整的人分离出来孤立地培养。所以，为了培养人的想象力和创造性应首先培养"自由的人"，这应该向青少年提供一切可能的美学、艺术、体育、科学、文化和社会方面的发现和实验机会，而不应该局限于短视的功利需求。

2. 个性是独立的、具体的、特殊的

尽管个性发展离不开与他人交往，但每一个个性都首先具有内在的独立性。每一个人都有其独特的发展史，因此每一个人都是具体的、特殊的、活生生的。每个人都有自己的历史，这个历史是不能和任何别人的历史混淆的。每个人都有自己的个性，这种个性随着年龄的增长而越来越被一个由许多因素组成的复合体所决定。这个复合体是由生物的、生理的、地理的、社会的、经济的、文化的和职业的因素所组成的。

---

[1] 孙善丽. 语文教学方法创新与文学艺术思维培养 [M]. 长春：吉林人民出版社，2020：15.

3. 个性发展内在地包含社会性的发展

每个人的发展必然带来整个社会的发展,把个性发展与社会性发展、每个人的发展与整个社会的发展孤立起来、对立起来或并列起来,都是二元论思维方式的产物,都不能正确理解个性发展的本质。

4. 个性发展是一个无止境的完善过程

人和其他生物的一个重要区别是人的"未完成性",是说人的生存是一个无止境的完善过程和学习过程。终身学习不只是社会要求,还有个性发展的内在需求。由此看来,追求学习者的个性发展是世界教育改革或课程变革的重要趋势。从本原上看,每一个性都是完整的,亦是独立的、具体的、特殊的。因此,培养个性应尊重个性的完整性、独立性。个性发展内在包含了社会性,因此个性的成长是在生活中、在持续的社会交往中进行的。个性发展是无止境的完善过程,因此终身学习应成为每一个人的内在需求。在我国,当代教育改革也在20世纪80年代后期把个性培养列为教育的主题与使命之一。把发展人的个性作为教育的培养目标,因为教育在今天只有赢得了个性和个性发展,才能赢得社会发展的未来。个性教育,就是真正的、具体的、独特的人的教育,就是使一个生物意义上的实体不仅获得社会性、文化性,更是获得自身独特性、自我确认性的过程。因此,语文教学凭借其自身的人文学科优势理应成为个性教育的核心,发挥中流砥柱的作用。

(二) 语文个性教育的作用

1. 语文个性教育的价值追求

语文个性教育的价值观是语文教学功能观的直接反映。汉语文教学有其独特的功能和价值,其功能和价值又具有多层次复合性。

功利本位与人文本位是最能概括当前各种对立观点的一对范畴。功利本位论强调把语文教学的功利性放在首要地位,把学生对汉语的听、说、读、写水平和能力作为语文教学追求的根本目的,突出语文教学的工具价值。在此前提下,他们一般不反对语文教学的人文价值,甚至也十分强调语文教学的教化作用。人文本位论则认为语文教学的最大功用在于教化,最大价值在于弘扬人类和民族的优秀传统文化和人文精神,培养学生健康的人格。在此前提下,他们一般也不反对语文教学的工具追求和工具价值,甚至认为人类精神传递的前提是对语言文字工具的掌握。

语文教学的特点决定了汉语文教学的功能绝非单功能,而是复合功能。所谓复合功能,就是将语文教学的各种功能有机地整合为一体的功能。汉语文教学的复合功能由两大类要素组成,即由工具性要素和人文性要素组成为复合功能球形图,两类要素组合不存在孰先孰后、孰上孰下的问题。

工具性要素的主要内涵是：听说读写、知识方法、思维。人文要素的主要内涵是：情思、审美、伦理、历史文化。工具性要素和人文性要素之所以能够合二为一，关键在于中介要素的作用，中介要素就是汉字和汉文，其作用就是语文教学过程。通过汉字汉语的教育，使要素之内涵发生联动和整合，使两大类要素产生有机连接和整合。汉语文教学的复合功能是一个有机的开放的组合系统，是一种弹性机制，它在信息交换过程中不断地做出自己的选择和应对，系统也会因此发生相应的变化。汉语文教学的复合功能铸就了我国民族文化特性，发挥了全面综合的素质教育作用。汉语文的复合功能观念对于语文个性教育价值观的构建起了决定性的作用。语文个性教育的核心就是要通过语文教学促进学生的个性和谐健康发展。它打破了以往单功能观的狭隘视野，把语文教学置于一个更为广阔互动的历史文化背景之中，突出强调了语文功利性价值与人文性价值之间互为依存、相辅相成的血脉一体的内在联系，从而为人的个性发展铺就了一条更为切实、明确、广远的通道。

语文教学的多功能整合观很好地协调了语文教学的工具性价值和人文性价值、内在价值与外在价值，把个性教育与社会需求有机地结合起来，这对于培养符合社会需要的良好个性品质起到了积极的促进作用。因此，多功能复合的语文教学价值观是语文个性教育的重要理论基石，在当代具有重要的现实意义。如今，语文个性教育的价值追求表现在受教育者的素质规格上，就是要重视个人的自由发展，尤其是人格的健康成长。这一点具有世界性、终极性意义。通过教育，尤其是以人文性为核心特征的语文教学，重塑现代人的人格精神，是促使社会和个人协调发展、可持续发展的重要基础。

2. 语文个性教育在个体人格的塑造方面应发挥积极的作用

通过对自身的人文价值、文化底蕴、思想内涵的充分释放和展开，为个体的精神发展、人格形成创设一个良好的成长环境。语文个性教育在人格塑造方面要坚持以下三方面的价值追求：

第一，重塑人格基础，由关注知识技能转向关注个性整体发展，并主要关注精神世界的构建。语文教学要重塑人格的基础，必须正视这一现实，努力扭转这种不良局面与风气，重新把语文教学的重心放在对个性人格的塑造与培养上。要实现语文教学的根本价值，促进个性的和谐发展与人格的健康成长，必须做到两个转变。从理论上要转变对语文教学本体价值的认识，树立起牢固的多功能复合价值观，真正理解汉语文本体的质的规定性对语文教学多功能复合价值观的内在的决定作用。在实践上要处理好语文知识技能掌握与文学熏陶、精神启迪、审美体验等隐性因素的关系，使前后两种因素相互联系、相互支持、相互转化。一方面，把语文知识、技能因素融入个体精神活动、人格意识、行为模式的整体中去，使其有所附加；另一方面，则把个体的精神世界建构在牢固的语文知识技能之上，为个性的发展打下坚实的语文基础和文化根底。

  第二，重塑人格形成机制，由关注教学目标转向关注教育目的，将人文关怀贯彻到教学实践中去。现在的语文教学过分追求教学目标的细目化、可操作性、确定性、完整性等行为性标准，相对忽视了情感性、体验性、审美性、情境性等隐性目标。这种目标教学的偏颇在应试教育模式中表现得尤其突出，忽视了学生的主动性和创造性。我们知道，语文教学的目的着眼于个性的全面和谐发展，尤其是个体人格与精神的发展。它是整个语文教学的立足点，也是归宿，对具体的教学实践具有终极性的决定意义与规范价值。语文教学目标则是为了便于实践操作而从教育目的中分化出来的，它对加强语文教学的程序性、规范化具有实际的指导作用。但是，这并不意味着在教学实践中按部就班地完成了各种具体的教学目标就能够达到教育目的的要求。按照教学系统论的观点，教育目的的内涵要高于各种具体教学目标。因此，个体个性的自由、充分的发展，精神世界的积极构建，要以教学目标的实现为基础和媒介，又要超越其上，对其进行积极的转化、扬弃和提升，使其获得个性的特征、人格的意义。各种语文教学目标所规定的知识、技能、思想、文化等学习内容，必须通过个体自我意识的同化，顺应的整合、行为模式的内化与外现的转化，才可能真正地变成个性的有机组成部分。这一过程的实现，一方面，要以各种具体语文教学目标的实现为前提；另一方面，又要借助于特定的教育环境，通过个体的自我教育、自我发展、自我提升来实现。教育环境除了包括课堂学习，更重要的是心理氛围、情境诱导、教师的人格魅力及教学活动的潜在影响等隐性因素。因此，语文教学要重塑人格养成机制，必须标本兼治、内外双修，为个性的和谐发展创设良好的教育环境。

  第三，重塑人格境界，由"功利人生"的定位提升到"审美人生"的设计。应试教育以其功利主义价值取向为主，忽视了语文教学的审美价值，把文学教育驱逐出语文课堂。语文教学要重塑人格境界，必须加强审美教育。因为只有审美教育，才能为个性的精神世界创造一个超越功利的自由发展空间，才能使个体认识到人生就是一件弥足珍贵的艺术品，从而唤醒他们热爱美、向往美、创造美的美好情感。因此，语文教学只有成为审美教育的过程，才可能充分释放汉语言文字及文学作品中的美感，把学生的精神引向纯净、高尚、理想之境。

（三）语文个性教育的实践走向

  语文个性教育价值观的确立为语文个性教育实践指明了方向。语文教学在教学实践中应始终坚持以个性的和谐发展、人格的健康成长为指针。个性的发展、人格的形成是多方面、多层次、多方位的，其中创造性是核心因素。从某种意义上说，个性教育就是创新教育或创造性教育。我们知道，个性独特性是个性得以确立的根本依据，个性教育就是要立足于客观存在的学生的个别差异性，通过因材施教，充分调动每一个学生的积极性、主动性、创造性，让每个学生都体会到成功的快乐，体验到作为学习主体的自主感、成就感，从而释放每个人的学习热情和创造能量，培养出个性鲜明、朝气蓬勃、积极进取、勇于创新的社会主体。只有承认学生的个性差异和客观事物的多元性，才能真正地培养出学生的创造性。因此，个性教育必定是创新教育，而创新教育又是促进个性发展的关键因素。语文教学多功能复合价值观决定了语文创新教育内涵的丰富性、多元性。一方面，作为工具学科，语文教学对培养学生独特的个人语言表达能力、语言风格具有促进作用；另一方面，作为人文学科，语文教学对培养学生独特的人格精神、审美意趣、道德素养又具有重要意义。因此，语文个性教育的创造性就是要培养学生的良好语感、独特的语言风格、语文思维创造性以及积极向上的创造性人格。

1. 语感教学与语言风格的养成

一个人的语言往往就是他的精神世界的表征。尤其是以文字为表达手段的书面语，更能较系统、全面、深刻地反映一个人的文化修养、价值取向、审美趣味以及精神追求。而语言风格又是标示一个人语言独特性的重要因素，它是一个人的符号化外貌。语言风格的形成有赖于个体语言的积累与语感生成，良好语感的获得是形成个人语言风格的根本前提。因此，语感教育是语文创新教育的重要内容。

2. 语感的性质及语感教学

语感是一种修养，是在长期的规范语言应用和训练中养成的一种对语言文字（包括口头语言、书面语言）比较直接、迅速、灵敏的领会和感悟能力。它具有敏锐性、直觉性、完整性、联想性、体验性。语感虽然具有模糊性、会意性等非理性化的特点，但可以将它做科学的、辩证的分解，分项确定其训练目标。从大处看，语感可以分为听感、说感、读感、写感。从语文理解的过程及方式的角度来看，一个人的语感能力大致可以分解为相互关联的两种判断力：一是对语言对象在语言知识方面的判断能力，包括语音感、语义感、语法感和语气感，这是直觉性语感；二是对语言对象在内容上真伪是非与形式上美丑的判断能力，它包括思想观念、情感意志、人格状态、审美鉴赏等，这是理解性语感。老一代语文学家把语感和语感教学看作是语文教学的本质和核心，是语文教学的最终目的。

3. 语感训练的途径和方法

语感之"感"源于所感之"语"。它是客观语言对象对人的语言器官长期雕琢、不断积淀的结果。因此，要培养准确、敏捷的语感必须注重语言的积累，加强语感的实践训练。第一，培养学生对字词的感受力。要做到有效的语言积累，多看多记。多看，既看生活,又看书本。多记就是要在理解的基础上背诵一定数量的名篇佳作。第二,强调诵读。第三,凭借生活经验获取语感。第四,依靠对语言行为意义的感知。语感实际上是经由言语、通过言语又超越言语去感受语言使用者的内心情感和他的思维。

语感分析训练是提高语言感受力、加强语言意象积累的重要手段。语感的分析侧重是在对文本整体感性理解与把握的基础上,针对某些具有文学解读意味的句子或词语进行深层次的理性分析。语感分析最大的难点是把握语言的隐含信息、语言的自我表达。语言的自我表达能力是语文教学所要培养的重要技能,它集中地体现了个体的语言个性、创造性和独特风格。

语言表达能力的培养并不仅仅是一种简单的技能训练,它是同个性的思想发展、精神成长、人格追求紧密相关的。促进语言表达能力的发展,必须从促进个性精神和谐发展入手。自我表现是个性精神发展的一个重要方面,它对个体的语言表达能力的发展起决定性作用。激励学生勇于表现自我,敢于发表自己的见解,抒发自我的生活感悟,这是提高个体语言表达能力的重要原则。

(四) 语文思维创造性培养

语文能力的核心是思维能力,思维能力的最高层次是创造性思维。创造性思维是一种具有开创意义的高智能的思维活动。它既具有一般的思维基本性质,又具有自身的独创性、突破性和新颖性。

语文学科作为基础教育中的基础学科,对培养学生的创新意识和创造能力具有决定性的意义。这也是深化语文教学改革、实施语文素质教育、实现语文教学个性化的关键。培养学生创造性思维能力的途径和方法主要有:

1. 立足个性差异,培养求异思维

由于每个学生先天遗传特质和后天所受的教育及经历不同,心理发展又不处于同一水平,思维能力便有较大的差异。所以,发展学生的创新能力,就必须承认学生的个性差异和客观事物的多元性。传统的语文教学往往忽视学生的个性差异,按照一种整齐划一的僵化模式对待个性迥异的学生。这不仅损害了学生的自主性和积极性,也抹杀了他们的创造欲望。因此,加强语文个性教育,就必须积极培养学生的求异思维,发展学生的个性,鼓励他们的创造性。

2. 深挖教材内蕴,积极诱导启发

学生作为学习的主体,对同一篇文章的感受是不同的。因此,教学切忌求同过多,而应尽量引导学生用发散眼光,立体地、全方位地审视文章的立意、题材、结构和语言,尽

可能地激发学生去感受体味、大胆想象，形成自己的独特见解。教师只有用全新的、多角度的眼光分析教材，才能开阔学生的视野，使他们运用与众不同的思维方式对问题进行分析、比较、抽象和概括。我们应鼓励学生去思考、去发现，从而在潜移默化中提高自己的鉴赏力、创造力。

3. 激发求知兴趣，鼓励创新精神

创造性思维能力的培养，是以激发求知兴趣为前提的。《论语》中有"不愤不启，不悱不发"的启发性教学原则。语文教学应坚持启发性原则，提问设疑，强烈刺激学生的学习情绪，活跃思维，使学生振奋起来，产生积极探求新知的欲望。激发学生的学习兴趣，关键在于精心设疑。问题是创新之源，疑问是探究思索的动因。在语文教学中，基础知识训练、阅读和写作等均可通过精心设疑来激发学生的学习兴趣和创新精神。

4. 丰富想象能力，捕捉直觉灵感

直觉思维是人脑对事物及其本质和规律做出迅速的识别、敏锐的观察、直接的理解和整体判断的思维过程，它是构成创造性思维活动的必要因素，培养创造性思维能力，就必须加强直觉思维能力的培养。

一要通过阅读教学，发展学生的想象能力。二要加强朗读和进行语感训练。汉语重语言主体的心理因素，强调直观感受。这种直观感受正是直觉思维力强的表现。加强朗读，进行语感训练，正是凭借着阅读活动的经验直觉对言语做出敏锐感受，从而瞬时性地感知和领悟言语，是培养直觉体味语言的重要途径之一。三要创设情境，触发创新灵感。创设情境是触发创新灵感的有效手段。生活展示、实物演示、表演体会、音乐暗示等手段都是触发灵感的重要手段。在语文教学中应注意发挥这些因素的作用。

（五）创造性人格的养成

语文创新教育不仅仅是语文创新能力的培养问题，创新人才培养的最核心问题其实是自由精神的培植、创造性人格的养成。创造性与其说是一种能力，毋宁说是一种精神气质、人格倾向。自由精神是一个人创造力的灵魂，它体现在教育管理者、教师与学生三个层面。创新教育不仅要求学生做好知识、技能及思想上的准备，而且还要求教育管理者和教师具有开放的意识、民主的管理、勇于探索的精神，使创造性成为教育的一种自觉的价值追求。培养创造性的关键是教师要站在学术的前沿，切实了解社会的发展及学生发展的需要，灵活多变地调整自己的教学计划与教学设计，以激发学生的创造力为旨归。教师要通过设置特定的问题情境，让学生感受到问题的现实挑战，诱发他们克服困难的内驱力、意志力和人格信念，从而使创新教育与人格的发展联系起来。

语文个性教育要通过语言载体，充分挖掘依附其中的人文精神、价值意蕴，去引导学生求真、求善、求美，培植其主体性，鼓励其自由创造精神，真正把创造性教育与个性的人格发展融合起来，使创造教育获得持久稳定的内驱力。

三、语文教学的生活归属

面对信息社会、知识经济时代挑战的教育使命，课程脱离生活世界，学生缺乏承担社会义务的态度和参与社会实践的能力的现实，国内外一系列课程改革呼吁，把教育回归生活世界、培养社会实践能力作为强调的重点之一。

终身教育的宗旨是"四种基本学习"（"四个知识支柱"）：学会认知、学会做事、学会共同生活、学会生存。

传统教育过分倚重"学会认知"，然而教育新概念应谋求"这'四个知识支柱'中的每一个应得到同等重视"，谋求这四者的整合。这四个支柱中，"学会做事""学会共同生活"和"学会生存"集中体现了教育、课程回归生活世界的发展取向。"学会做事"绝不只是熟练某些操作技能、学会某些重复不变的实践方法。"学会做事"意味着要特别重视发展处理人际关系的能力，也就是说"人格智力"在知识经济时代具有特别重要的意义。"学会共同生活、学会与他人一起生活"，是信息社会对教育的又一挑战，因为日益发展的信息技术虽然便于人与人的交往，但也可能造成"地球村"里人的孤独和疏离。因此，教育应采取两种相互补充的方法，既要教学生逐步"发现他人"，懂得人类的多样性和差异性，又要通过从事一些社会公益活动而帮助学生寻找人类的共同基础。当人们"学会做事""学会共同生活"的时候，就能够在人类社会生活中"学会生存"。

教育在社会生活中的主体地位，指出"教育处于社会的核心位置"。认为教育是与家庭生活、社区环境、职业界、个人生活、社会传媒融为一体的，但教育并非被动适应纷繁复杂、良莠并蓄的社会生活，而要对社会进行主体参与式回归，要通过培养每个人的判断能力而对社会进行批判与超越。由此看来，回归生活世界是课程变革的重要趋势。回归生活世界的课程在目标上意味着培养在生活世界中会生存的人，即会做事、会与他人共同生活的人。

这种人既具有健全发展的自主性，善于自知，又具有健全发展的社会性，善于发现他人。回归生活世界的课程在内容上意味着要突破狭隘的科学世界的束缚，除了科学以外，艺术、道德、个人世界、自由的日常交往都是重要的课程资源，这些资源在教育价值上丝毫不亚于科学，而且只有当科学与这些资源整合起来的时候它才能在走向"完善的人"的心路历程上发挥作用。要秉持一种"课程生态学"的视野，寻求学校课程、家庭课程、社区课程之间的内在整合。

（一）语文教学必须贴近生活

语文是最重要的交际工具。语文是工具性极强的基础学科。它既是人们交际的工具、学习的工具、生活的工具，还是人类文化的重要组成部分、文明程度的标志、历史文化的结晶。在当代信息社会，语文能力更成为一个人获取、加工、输出信息，进行思维创新的重要工具。语文教学必须贴近生活，这是由社会生活所具有的独特的语文教育作用所决定的。

首先，丰富多彩的社会生活是语文课文的源头活水。语文课在学生面前打开了现实生活的一扇窗口，通过它的选择和过滤，学生们可以自由地观察这个千变万化的世界，洞察生活的秘密，领悟人生的真谛。所以，生活是语文的来源，是学生学习的内容，语文教育不应忽视学生的自主发展对社会生活的内在需求。

其次，现实生活为学生的语言交际活动提供了直接经验的情境和基本的发展动力。儿童最初的语言能力是从现实生活中习得的。语言能力在某种程度上可以说就是一种基本的生活能力。现实生活为学生言语交往设置了特定的对话情境，激发了交流的欲望，使学生的言语交流能够获得一种持续的稳定的内驱力。在生活中学生所进行的这种语言上的交流深刻地反映了个体语言学习的内在规律：语言学习需要特定的情境来提供背景信息的支持以创造交流的可能性；同时，语言交流又必须是有所指的、定向的，交流的动力来自某种生活情境而产生的思想和思维上的碰撞或冲突。正是现实生活中所存在的各种矛盾、冲突和问题，才引发了学生语言交流的动机，促进了其思想的发展以及语言水平的提高。所以，语文教学要重视生活情境在教学过程中的暗示、激励作用，为语言能力的发展铺设坚实的生活基础。

最后，语文的工具性决定了语文教学的生活化方向。语言作为理解的工具，不仅为个体与个体之间的思想情感交流创造了可能、提供了手段，而且在个体与历史、个体与传统之间架起了一座沟通的桥梁，个体通过它把历史与文化灌注进自己的精神生活和生命意识之中。历史和传统之所以能够进入到当代并影响到个人生活，就是由于语言的作用。

语文教育既要满足个体生活的工具性需要，又要关注个体精神生活的发展，在生活中沟通历史传统与现实，探索理想的人生价值，构建生命的终极意义。所以，语文教育必须贴近生活、关注生活。

（二）语文教学必须植根生活

学生语言学习的规律表现在三个方面：一是语言的发展与思维的发展紧密相连、相辅相成，而思维的发展起源于动作与活动，是一种经验的建构过程；二是语言的习得必须借助于特定的生活情境，语言能力不是一种抽象的形式，它必须包含实质性的生活经验与价值体验；三是语言的学习是实践性的，它的途径不应局限于课堂教学，而应面向生活实际，因为生活的变化对语言学习具有实质性的影响。这三个基本规律，基本上体现了语文教学与生活之间的密切联系。

认知心理学的研究成果已经证明，儿童的语言与思维的发展同儿童自身的动作与活动具有实质性的联系。从发展过程来看，人的思维的发展要经历动作思维、形象思维与抽象思维几个阶段，个体在与环境相互作用的过程中思维能力不断地由低级阶段向高级阶段发展。在儿童思维发展的早期阶段，儿童自身的动作是沟通环境与主体之间意义联系的桥梁。儿童通过自身动作，在动作中进行思维，借助于动作表达思维的成果，在成人的语言的引导下，儿童逐步把语音刺激与动作建立起稳定的联系，从而使思维获得了最初的语言表现形式。随着儿童动作的复杂化以及活动范围的日益扩大，儿童的形象思维开始发生，并不断地向前发展，形成抽象思维能力。儿童的语言能力也相应地从感性水平发展到理性水平。

在这一过程中，儿童不断地修正所习得的概念，从而使语言能力不断地发展变化，逐步形成了一定的语感。教师要使学生所习得的语言获得实质性意义，具有经验上的价值，就必须加强语言学习与生活经验的联系，在生活的经验中使语言及概念获得稳定、准确、真实的意义，从而使个体的思维水平不断地由动作思维、形象思维向理性思维转化，不断地由即时性、联想性向推理性过渡，也就是说，生活经验在思想与语言之间架起了一座沟通的桥梁。因此，语言学习在本质上与生活相连，只有通过生活，并在生活中学习语言，才可能真正培养学生的听、说、读、写能力，使其获得真正的发展。

语言学习必须借助一定的生活情境，才能形成积极有效的思想沟通。语言学习之所以需要一定的情境，是因为情境能创造语言交流的可能性，还可以提供语言交流所必需的背景信息，此外它又构成了语言交流的动力基础。学生掌握语言的过程其实是一种心理图式不断建构的过程，这种建构需要特定的生活情境提供发生的契机。在特定情境的诱发和激励下，个体才可能形成一定的问题意识和思维定向，促进思维的发生和发展。思维的过程其实就是概念的运算过程。因为生活情境变动不居，个体的思维活动就会处于不断适应与调整状态。思维的适应与调整的过程，就是内部言语不断地生成、转化、运作、发展的过程。

从生活的发展变化对于语言学习的影响来看，语文教学必须联系现实生活，使学生的语言发展获得源头活水，变得生机勃勃。语言系统相对于社会生活，是一个相对静止的封闭的系统。社会生活不断发展，尤其是现代信息社会瞬息万变，必然对语言系统产生重要的影响，促使其做出相应的反应、调整和变化。除了语言学习自身的规律要求语文教学要生活化外，在语文教学中学生对各种文化知识的掌握、对价值观念的习得、对精神世界的探究等方面都要求学生具有深厚的生活经验作为基础。因为生活的切实经验不仅提供了各种学习的初步的感性知识基础,而且还孕育了学习的直接兴趣与心理动力,培植了学生基本的生活态度与价值观念。因此,生活化是语文教育走向深入的必然选择。

(三) 语文教学必须聚焦生活

语文学科课程向生活化发展的方向,应该由原来的重视语文知识的教学转向对语文能力的培养,特别是对生活实践中运用语言能力的培养,这是编写语文教科书应掌握的重要原则。语文教材通过广泛取材、兼收并蓄、沙中淘金,成为社会生活的聚焦,人生智慧的结晶。在编写语文学科教材时,应充分拓展语文教材的生活价值、发展价值,处理好以下几个关系:

1. 处理好语文知识序列、个体心理发展序列和个体生活序列的关系

理想的语文教材应该是语文知识序列、个体心理发展序列与个体生活序列的有机统一。三者之间应是相互渗透、相互促进、相辅相成的关系。也就是说,语文教材的编写既要考虑到语文知识的系统性、逻辑性和完整性,又要考虑学生心理发展的阶段性、递进性、反复性,还要考虑学生实际生活的需要与社会生活的需要。

语文教育的一个根本任务就是要发展学生的语文能力,而学生语文能力的发展是同认知能力,尤其是思维能力的发展紧密相连的,而个体的思维能力的发展又具有普遍的序列性和规律性,即要经历动作思维、形象思维与抽象思维的过程。因此,学生语文能力的发展也必然具有一个基本的序列,这个序列理应成为我们设置语文知识与技能阶段性目标的依据,成为不同学段语文教材选文的标准。另外,学生的实际生活经验对语文的学习具有重要影响,不同年龄阶段的学生具有不同的亚文化特征,往往形成不同的生活经验序列。

我们应以学生的心理发展序列为基础,以学生的实际生活序列为指导,以语文知识的可接受性为标准,以语文能力的发展为目标,设计生活化的语文教材。

2. 要处理好阅读、写作与生活的关系

阅读和写作并不是一一对应的线性因果关系,而是由量变到质变的过程。阅读是学生感知、吸收、消化并理解语言材料的过程,它是写作的必要准备。因此要提高学生的写作能力,就必须扩大学生的阅读量,开阔学生的视野,使学生积累大量的语言材料,获得丰富的语感刺激,形成一定的思维能力。写作不仅需要学生的阅读能力,它还需要以个体的生活感悟作为催化剂。否则,语言就失去了生命力与创造性,写作就会陷入痛苦的技术制作之中。学生只有通过对生活的独到的观察、切身的体悟、深刻的反思,才可能激活头脑中已有的知识经验、事物形象和语言材料,才可能文思泉涌、下笔千言、一气呵成。

因此,语文教材一方面要扩大信息量,加大阅读的力度;另一方面又要设计一些引导学生观察社会、体验生活、思考人生的课堂语文活动，以激发学生写作的欲望，创造学生写作的契机。

3. 要处理好语文知识学习与语文能力发展的关系

语文课程生活化，意味着要在语文知识与语文能力之间架构生活化的桥梁，使语文知识的学习为语文生活能力的发展服务。学生语文能力的发展并不是单纯地由语文知识转化而来的，它还要借助于个体的生活经验、语言交际的经验以及模仿他人语言的学习经验等多方面的因素的支持和作用才可能获得发展。因此，语文课程生活化要在坚持语文知识基础地位的同时，加强对语文能力的训练，突出语文生活经验对语文能力发展的重要作用。

4. 要处理好文言文和白话文的关系

语文课程的生活化，要以白话为主体，但这并不意味着否定文言文的生活经验价值。文言文作为古典文化的载体，它是历史生活生动、逼真的写照，具有极其丰富的生活教育价值。因此，语文课程生活化不但不应排斥文言文教学，而且还要在适当的范围内加强它。文言文内容的选取要充分尊重历史的真实性与现实性，不可以政治功利主义的眼光武断地、不负责任地对经典文献进行肆意的歪曲、附会与篡改，使文言典籍中的传统精神遭到肢解和割裂。文言文的教学要采取渗透原则。文言与白话之间存在着千丝万缕的内在联系，白话中有不少有生命力的文言，因此，在白话文中渗透文言文教学，不仅是可能的，而且是可行的。文言文教学要从现行的以语言文字的学习为中心的课程目标转化为以古典文化的学习为中心的课程目标，处理好语言与文化之间具有的既有机统一又分主次本末的关系。对于学生来讲文言文主要是认读经典的工具，对文言表达能力不做要求，因此，切不可以枯燥的古典语言文字学的要求和标准设计语文课程，以免误导学生对文言文的学习。

我们所追求的是使学生通过文言文的学习，获得基本文言阅读能力和对传统文化经典基本思想的掌握，并在学习过程中获得传统文化的陶冶、感染和精神的教育，而不是培养专门的古汉语文字学家。

第三节 中小学语文教学的目的

信息技术高速发展的现代，人们的精神世界趋于冷漠，人生意义愈来愈趋向功利化，人与人之间的冷漠，人对自然的征服以及对神性的驱逐，面临着"上不在天，下不在地，外不在人，内不在己"的精神困境。德国哲学代表海德格尔基于诗人荷尔德林的诗"人充满劳绩，但还诗意地栖居于大地上"，提出了"诗意地栖居"理论①。海德格尔"诗意地栖居"理论逻辑在于：诸神退散，人性物化，急需诗人作诗连接天、地、人、神，寻求至善至美的境界，将诗意融入、超越日常生活，从而能够诗意地栖居在大地上。海德格尔"诗意地栖居"中诗的本质是"天、地、人、神"四元组成了和谐的世界，这与我国传统价值观念"天人合一"是有着相通之处的，实际上海德格尔也是受到了中国道家的影响。因而"诗意地栖居"理论显得并不是那么"西方"，而更多地呈现出了一种对"诗意"的东方审美追求。"诗意地栖居"理论涵盖着当下教育缺失的某种特质，这一特质指向的是理想与诗意。即当今教育需要人文性与灵性，激活学生生命力量，促进学生的"自生长"。"诗意地栖居"理论中有一个重要前提，即"一种栖居之所以能够是非诗意的，只是由于栖居本质上是诗意的"，教育本身应是关注人本身的，应是素质教育的，因而其处在应试教育的牢笼中。要还原其本真状态，激活学生在传统教育中缺失的生命之灵性，最终导向学生道德境界发展与素养养成。

当下的教育旨归应该更多地引导人去追寻自身的人生目的。所以，中小学语文的教育目的应该无限接近于理想与理智的结合，以美促人、以美化人，中小学阶段正是学生思维、情感、能力形成的关键时期，对于日后价值观的形成有着不可磨灭的作用，我们应该促进学生独有个性的发展，支持学生的想法，魏晋时期的自由解放促进了建安风骨的形成，当下的语文教育如果能够注重提升人生境界，促进人性的解放，培养出的人就会有自己的人生目的。

因而，中小学语文教育应关注人本身的发展，关注精神状态，关注学生在学习过程中无形的成长与收获，帮助学生树立正确的人生观与价值观，帮助学生找到自己的人生价值与人生意义。

---

①赵迪阳. 小学语文教学目的的偏离与探寻［J］. 2022（2）：19-20.

第二章
爱国主义教育基本理论

第一节　爱国主义教育的思想溯源

爱国主义是一个世界性的现象，爱国主义教育是一个世界性的话题。无论是从世界历史上看还是从中国历史上看，爱国主义教育都具有长期的演进和发展过程。新时代爱国主义教育是爱国主义教育的一个新阶段，是在以往理论政策和实践基础上适应新的时代要求而实施的一项战略工程。从历史发展的角度看，新时代爱国主义教育具有深厚的思想理论渊源，其理论根基在于马克思主义的爱国主义思想和中国共产党人的爱国主义思想，历史渊源在于中华民族爱国主义优良传统。新时代爱国主义教育正是在深厚的理论根基和历史渊源的基础上，逐渐形成和持续发展的当代的爱国主义教育理论和爱国主义教育实践。

一、爱国主义教育的理论根基

马克思主义的爱国主义思想和中国共产党人的爱国主义思想是爱国主义教育的理论根基。爱国主义是指个人或集体对祖国的一种积极支持的态度。爱国主义的基本要求是发自内心地维护国家的主权、统一和尊严，自觉融入推动国家经济社会发展的实践当中。马克思主义是在近现代社会化大生产、人类社会全球大视野条件下产生的理论，是迄今为止最科学、最严谨、最有生命力的思想体系。马克思主义国家观是基于马克思主义世界观和方法论而形成的对国家的基本看法和根本观点。爱国主义与马克思主义国家观相互联系、密切相关，是马克思主义理论宝库中的重要命题。马克思、恩格斯、列宁等马克思主义经典作家和中国共产党的历届领导人，都在不同时期对爱国主义的科学内涵和时代特征进行过深刻论述，形成了马克思主义理论宝库中的爱国主义思想和富有中国特色的中国共产党人的爱国主义思想。

马克思、恩格斯并没有给爱国主义下一个明确的定义，但他们对阶级、民族、国家以及无产阶级历史使命的论述体现着丰富的爱国主义观点。在马克思、恩格斯看来，正如国家是历史的产物，有一个产生、发展、灭亡的过程一样，人们对国家的观念也有一个历史的发展过程;在存在着阶级和阶级矛盾的社会,存在着相互对立的国家观念。在无产阶级还没有取得政权的阶段,国家总体上属于一种异己的力量,只有无产阶级成为国家主人以后,国家才成为无产阶级自己的国家①。作为马克思主义理论的创立者,马克思、恩格斯在指导无产阶级解放事业的伟大实践中,认为争取民族独立和解放是被压迫民族人民爱国主义思想和行动的首要任务,恩格斯指出,"一个大民族,只要还没有实现民族独立,历史地看,就甚至不能比较严肃地讨论任何内政问题"②,并赋予爱国主义思想鲜明的政治属性和阶级属性,为被侵略国家和被奴役民族的爱国主义者指明了方向。列宁明确界定过爱国主义,指出"爱国主义是由于千百年来各自的祖国彼此隔离而形成的一种极其深厚的感情"③,曾说"祖国这个政治的、文化的和社会的环境,是无产阶级阶级斗争中最强有力的因素"④,并深刻洞悉帝国主义时代的本质特征,重点关注了国际范围的爱国主义,突出强调了无产阶级国际主义是真正的爱国主义的观点。马克思主义理论宝库中的爱国主义思想,对于新时代爱国主义教育理论的形成具有重要的历史意义。

中国共产党是爱国主义精神最坚定的弘扬者和实践者。中国共产党人结合中国的革命、建设和改革实践,对马克思主义理论宝库中的爱国主义思想进行了进一步的丰富和发展。毛泽东把爱国主义与国际主义、爱人民、拥护社会主义相结合,把握爱国主义的时代性、历史性和阶级性等基本属性,他指出,"爱国主义的具体内容,看在什么样的历史条件之下来决定""中国共产党人必须将爱国主义和国际主义结合起来。我们是国际主义者,我们又是爱国主义者"⑤,在强调爱国主义的同时也强调全心全意为人民服务,在《论十大关系》中指出,"必须兼顾国家、集体和个人三个方面"⑥,"提倡以集体利益和个人利益相结合的原则为一切言论行动的标准的社会主义精神"⑦。邓小平把爱国主义与发展、与中国特色社会主义联系起来,强调只有社会主义才能救中国,只有社会主义才能发展中国⑧,突出强调爱国就是爱社会主义中国、建设中国特色社会主义事业,并指出中国人民"以热爱祖国、贡献全部力量建设社会主义祖国为最大光荣"⑨,得出"必须发扬爱国主义精神",否则"就不可能建设社会主义"⑩的重要结论。江泽民倡导爱国主义与集体主义和社会主义相统一,提出"在我国,爱国主义、集体主义、社会主义教育,是三位一体、

---

① 佘双好,陈君. 科学认识爱国主义的内涵和特征 [J]. 思想理论教育导刊,2016,214 (10):52~59.
② 马克思恩格斯文集 第十卷 [M]. 北京:人民出版社,2009:471.
③ 列宁选集 第三卷 [M]. 北京:人民出版社,2012:579~580.
④ 列宁全集 第十七卷 [M]. 北京:人民出版社,1988:170.
⑤ 毛泽东选集 第二卷 [M]. 北京:人民出版社,1991:520.
⑥ 毛泽东文集 第七卷 [M]. 北京:人民出版社,1999:29.
⑦ 毛泽东文集 第六卷 [M]. 北京:人民出版社,1999:450.
⑧ 邓小平文选 第三卷 [M]. 北京:人民出版社,1993:311.
⑨ 邓小平文选 第三卷 [M]. 北京:人民出版社,1993:3.
⑩ 邓小平文选 第二卷 [M]. 北京:人民出版社,1994:369.

相互促进的。对全民族和全体人民来说，首先要抓好爱国主义教育"①，并把爱国主义的地位、作用提高到民族精神核心、人民精神支柱的高度来认识。他指出，在五千多年的发展中，中华民族形成了以爱国主义为核心的伟大民族精神②，爱国主义"是各族人民共同的精神支柱"③。胡锦涛将爱国主义与民族复兴结合起来，强调实现伟大复兴必须高举爱国主义伟大旗帜，指出"爱国主义是中华民族精神的核心，是动员和凝聚全民族为振兴中华而奋斗的强大精神力量"④，并将爱国主义作为社会主义核心价值体系的基本内容之一。党的十八大以来，习近平总书记对爱国主义的重要意义、时代价值、基本内涵、重点内容、重点群体、工作原则等若干重大问题做了一系列深刻论述，对爱国主义的时代特征进行了科学定位，对爱国主义的具体内涵进行了明确阐释，对爱国主义教育提出了明确要求，形成了新时代爱国主义教育理论的核心思想和新时代爱国主义教育实践的行动指南。中国共产党人的爱国主义思想，是新时代爱国主义教育理论形成、发展的根本遵循。

新时代爱国主义教育的思想理念具有坚实的理论基础。根植于马克思主义理论宝库中的爱国主义思想以及中国共产党人的爱国主义思想，其既坚持了马克思主义的立场、观点和方法，秉承了马克思主义有关爱国主义思想的历史思维和国际视野，传承了中国共产党人爱国主义思想的基本理论和精神境界，又结合新的条件和新的实践，在多个方面对爱国主义思想理论进行了原创性发展，赋予了爱国主义崭新的时代内涵、多维的思想意蕴和丰富的实践内容，推动了马克思主义的爱国主义思想进一步中国化、时代化和系统化。

二、爱国主义教育的历史渊源

爱国主义的传统产生于人类社会长期的历史活动过程之中，具有客观的必然性。爱国主义是自国家产生以来人类文明社会所拥有的共同价值观。爱国主义像一条红线贯穿于中华民族五千年历史长河。五千多年来，中华民族之所以能够经受住无数难以想象的风险和考验，始终保持旺盛生命力，生生不息、薪火相传，同中华民族有深厚持久的爱国主义传统是密不可分的。中华民族具有悠久的爱国主义优良传统，爱国主义精神源远流长，传承至今。中华民族爱国主义优良传统的历史形成大致经过了古代的形成发展、近代的传承升华、现代的发扬光大三个阶段，爱国主义优良传统绵延赓续。

中国古代是中华民族爱国主义优良传统的形成发展期。先秦时期就出现了"保族宜家"（《左传·襄公三十一年》）、"保其家邦"（《诗经·小雅·瞻彼洛矣》）、"用励相我

---

①中共中央宣传部. 毛泽东邓小平江泽民论思想政治工作［M］. 北京：学习出版社，2000：124.
②江泽民文选 第三卷［M］. 北京：人民出版社，2006：559.
③江泽民文选 第一卷［M］. 北京：人民出版社，2006：121.
④胡锦涛文选 第三卷［M］. 北京：人民出版社，2016：560.

国家"(《尚书·周书·立政》)、"利于国者爱之,害于国者恶之"(《晏子春秋·内篇谏上》第七篇)、"民惟邦本"(《尚书·五子之歌》)、"父母之邦"(《论语·微子》)、"天下之本在国,国之本在家"(《孟子·离娄上》)等爱国理念,国家意识逐步建立,标志着中华民族爱国主义精神的初步形成;汉代至唐代强调统一的中国,出现"上下一心,爱国如家"(《晋书·列传第十六》)、"尽忠报国"(《北史·颜之仪传》)等爱国观念,"爱国""报国"的价值观被广泛接受,标志着中华民族爱国主义的确定形成;宋代至清代强调"爱国"与"忠君""爱民"的关系,出现"死去元知万事空,但悲不见九州同"(陆游《示儿》)、"人生自古谁无死,留取丹心照汗青"(文天祥《过零丁洋》)、"皆出于忠君爱国之诚心"(朱熹《楚辞集注序》)、"驱逐胡虏,恢复中华,立纲陈纪,救济斯民"(宋濂《朱元璋奉天讨元北伐檄文》)、"一寸丹心图报国"(于谦《立春日感怀》)、"当爱君如爱父、爱国如爱家、爱民如爱子"(罗从彦《豫章文集卷十一·杂著》)、"苟利国家生死以,岂因祸福避趋之"(林则徐《赴戍登程口占示家人》)等爱国思想,爱国意识的社会基础日益扩大,标志着中华民族爱国主义的成熟发展①。

近代是中华民族爱国主义优良传统的传承升华期。这一时期的爱国主义精神传承了古代爱国传统,同时更加强调"兴国""强国""救国"等概念,对国家、民族的理解也在中国人民同帝国主义殖民列强的斗争中逐步升华为"民族国家"和"中华民族"(梁启超《论中国学术思想变迁之大势》)、实业救国(梁启超等)、教育救国(黄炎培等)、"振兴中华"(孙中山《檀香山兴中会章程》)、"恢复中华"(孙中山《中国同盟会宣言》)等爱国思想,维护国家主权、统一和领土完整,维护民族团结成为爱国主义的明确内容。孙中山认为,做人最大的事情就是要知道怎么样爱国②。蔡元培曾说,爱国之心,实为一国之命脉③。反抗列强、维护主权、救亡图强成为中国近代爱国主义的核心共识。中国共产党成立以后,始终高举爱国主义伟大旗帜,成为中国爱国主义的主导者、爱国方针的制定者、爱国理论的创立者和爱国实践的推动者④,团结带领亿万人民进行艰苦卓绝的伟大斗争和实践,建立了中华人民共和国,写下了中华民族近代史上最具里程碑意义的爱国主义壮丽篇章。

现代是中华民族爱国主义优良传统的发扬光大期。中华人民共和国成立后,维护祖国共同利益成为中华民族的中心任务,实现国家富强、民族振兴和人民幸福成为共同的奋斗目标。在中国共产党的领导下,中国人民将爱国主义情感与社会主义建设事业紧密结合,

---

① 陈来. 论中华民族爱国主义的精神 [J]. 哲学研究, 2019 (10): 11~19+127.
② 孙中山选集 下 [M]. 北京: 人民出版社, 2011: 923.
③ 高平叔. 蔡元培全集 第二卷 [M]. 北京: 中华书局, 1984: 229.
④ 温静. 中国共产党爱国主义思想史略 [M]. 北京: 人民出版社, 2019: 4.

创造了世界瞩目的"中国奇迹",让爱国主义旗帜高高飘扬,写下了中华民族爱国主义精神的辉煌篇章。"一部中国近代、现代史,就是一部中国人民爱国主义的斗争史、创业史"①。新时代爱国主义教育的伟大实践有着极其深厚的历史渊源,与中华民族爱国主义优良传统一脉相承,汲取了中华民族数千年来爱国主义的思想精华、理论精髓,又结合新的历史任务和新的时代要求,使中华民族爱国主义优良传统所蕴含的先进思想实现了创造性转化和创新性发展,体现了不忘本来、吸收外来、面向未来的理论气度,具有底蕴厚重、源远流长、博大开放的价值特质。

第二节 当前爱国主义教育的时代背景

当前,中国特色社会主义进入了新时代,爱国主义教育也进入了新时代。认识新时代爱国主义教育的时代背景要从两个维度来理解:一是要深刻理解中国特色社会主义进入新时代的历史方位;二是要深刻理解世界处于百年未有之大变局的国际环境。

一、历史方位:中国特色社会主义进入新时代

意识形态是经济形态和政治形态的反映,社会意识由社会存在决定又反作用于社会存在。一个特定时代的思想理论是这个时代的产物,是一定社会历史活动的结果。随着社会历史发展和时代变迁,一种思想理论的内涵会随之发展变化,爱国主义的内涵也是如此。"今天的中国是历史的中国的一个发展"②,当代的爱国主义必然有其鲜明的时代特征。

党的十九大报告开创性地提出,经过长期努力,中国特色社会主义进入了新时代。中华民族迎来了伟大飞跃,开启了奋力实现中华民族伟大复兴中国梦的历史进程,中国特色社会主义道路、理论、制度、文化焕发出强大生机活力。党的十九届六中全会通过的《中共中央关于党的百年奋斗重大成就和历史经验的决议》指出,党的十八大以来,中国特色社会主义进入新时代。党面临的主要任务是,实现第一个百年奋斗目标,开启实现第二个百年奋斗目标新征程,朝着实现中华民族伟大复兴的宏伟目标继续前进。新时代是我国发展新的历史方位,是近代以来中华民族发展的最好时代,也是实现中华民族伟大复兴的最关键时代③。中国特色社会主义新时代是承前启后、继往开来、在新的历史条件下继续夺取中国特色社会主义伟大胜利的时代,是决胜全面建成小康社会、进而全面建设社会主义

---

① 江泽民文选 第一卷 [M]. 北京:人民出版社,2006:123.
② 毛泽东选集 第二卷 [M]. 北京:人民出版社,1991:534.
③ 习近平在北京大学师生座谈会上的讲话 [N]. 人民日报,2018-05-03.

现代化强国的时代，是全国各族人民团结奋斗、不断创造美好生活、逐步实现全体人民共同富裕的时代，是全体中华儿女勠力同心、奋力实现中华民族伟大复兴中国梦的时代，是我国不断为人类做出更大贡献的时代。中国特色社会主义新时代是我国发展新的历史方位[①]。现在，实现中华民族伟大复兴进入了不可逆转的历史进程，我们比历史上任何时期都更接近、更有信心和能力实现中华民族伟大复兴的目标，同时也必须准备付出更为艰巨、更为艰苦的努力。

唯物辩证法认为，同一事物的矛盾在不同发展阶段具有不同的特点。中国特色社会主义进入新时代这个重大判断，具有坚实的理论依据和实践依据，是在深刻分析当代中国社会主要矛盾变化特征的基础上得出的一个本质性的重大结论。新时代集中呈现出许多新的基本特征：社会主要矛盾发生了深刻转化，从此前的表现形态历史性地转变为新的表现形态，突出表现为人民日益增长的美好生活需要和不平衡、不充分的发展之间的矛盾；中国共产党担当新时代的历史使命，即实现中华民族伟大复兴的中国梦；人民面对新时代的使命召唤，即做新时代的奋斗者和追梦人。这些新的特征揭示了我们所处的时代已经发生了历史性变化。历史方位的深刻变迁为爱国主义的理论创新和实践创新提供了充要条件。中国特色社会主义进入新时代，是准确把握新时代爱国主义教育时代背景的首要因素。

二、国际环境：世界处于百年未有之大变局

爱国主义思想的形成不仅受到国内因素的影响，也必将受到国际因素的影响。"历史告诉我们，一个国家要发展繁荣，必须把握和顺应世界发展大势，反之必然会被历史抛弃"[②]，只有开放兼容，才能富强兴盛。当今世界正经历着巨大变革和深刻调整，全球治理和国际秩序深度转型，旧的制度体系和治理结构明显松动，新的世界秩序和国际生态加快形成，对当代中国的爱国主义思想和实践产生深刻影响。

进入新时代，国际力量对比深刻调整，单边主义、保护主义、霸权主义、强权政治对世界和平与发展威胁上升，逆全球化思潮上升，世界进入动荡变革期。基于对人类社会发展规律的深刻认识和对世界格局演化趋势的分析把握，习近平总书记对世界局势做出重大判断：当今世界正在经历百年未有之大变局[③]。在国际格局处于"东升西降"、新旧力量此长彼消的变革时期，把各方面智慧和力量凝聚起来，形成海内外中华儿女心往一处想、

[①] 中共中央关于党的百年奋斗重大成就和历史经验的决议（2021年11月11日中国共产党第十九届中央委员会第六次全体会议通过）[N]．人民日报，2021-11-17．
[②] 习近平谈治国理政 第一卷[M]．北京：外文出版社，2018：266．
[③] 习近平．携手共命运同心促发展——在2018年中非合作论坛北京峰会开幕式上的主旨讲话（2018年9月3日），新华网，2018-09-03．

劲往一处使的强大合力①至关重要。中国人是讲爱国主义的，也是具有国际视野和国际胸怀的。实践中，我国全面把握世界百年未有之大变局和中华民族伟大复兴战略全局②，把弘扬爱国主义精神与扩大对外开放结合起来，坚决反对单边主义、保护主义、霸权主义、强权政治，致力于构建新型国际关系和人类命运共同体，积极推动经济全球化朝着更加开放、包容、普惠、平衡、共赢的方向发展，大力弘扬和平、发展、公平、正义、民主、自由的全人类共同价值，为世界和平与发展不断贡献中国智慧、中国方案、中国力量，成为国际社会公认的"世界和平的建设者、全球发展的贡献者、国际秩序的维护者"③。与此同时，国际形势的复杂性和不确定性大大增强；加之具有全球性、开放性等特征的网络空间飞速发展，对国家概念、国家主权、国家治理、全球秩序都产生了深层影响。世界环境的深刻调整为爱国主义的理论创新和实践创新提供了外在动因。世界处于百年未有之大变局是准确把握新时代爱国主义教育时代背景的重要方面。

第三节 新时代爱国主义教育的核心要义和基本内容

一、新时代爱国主义教育的核心要义

新时代爱国主义教育是一个包含许多内容和工作的系统工程，需要全面把握、统筹兼顾、协同推进。特别是要准确把握好新时代爱国主义教育的核心要义，深刻理解实现中华民族伟大复兴的中国梦是其鲜明主题，坚持以人民为中心是其根本立场，坚持爱国和爱党、爱社会主义高度统一是其本质特征，为实现中国梦提供共同精神支柱和强大精神动力是其根本任务，把爱国主义教育作为永恒主题贯穿国民教育和精神文明建设全过程是其基本要求。

（一）把握实现中华民族伟大复兴的中国梦的鲜明主题

爱国主义的时代内涵是新时代爱国主义教育的前提与基础。爱国主义是一个历史范畴，具有明确的主题和本质。爱国主义在中国的内涵及表现随着中华民族的不同境遇而不断变迁，新时代的爱国主义必然具有新的时代内涵④。主题是一个思想理论的内核，能将

---

①习近平谈治国理政 第一卷 [M]．北京：外文出版社，2018：294．
②习近平在中央政治局第二十一次集体学习时强调贯彻落实好新时代党的组织路线不断把党建设得更加坚强有力 [N]．人民日报，2020-07-01．
③习近平在庆祝改革开放40周年大会上的讲话（2018年12月18日）[N]．人民日报，2018-12-19．
④庄三红．全国"爱国主义与时代精神"学术研讨会综述 [J]．思想理论教育导刊，2020，253（01）：157~159．

思想理论的各个组成部分有效统摄起来，发挥提纲挈领的关键作用。爱国主义的主题既有其自身的连续性和稳定性，又随着时间推移和时代变迁迭代演进。一个历史时期爱国主义的主题，是这一时期爱国主义的主要命题和中心主旨，反映着这一时期国家、民族最关键、最重大的历史使命。

革命时期，爱国主义的主题是争取民族独立、人民解放。在新民主主义革命时期，爱国主义主要表现为推翻帝国主义、封建主义和官僚资本主义反动统治的斗争，把黑暗的旧中国改造成为光明的新中国。中华人民共和国成立后，爱国主义的主题转变为实现民族振兴、国家富强、人民富裕，表现为自力更生、艰苦奋斗、探索社会主义建设道路、坚持改革开放等具体方面。1994年中共中央印发的《爱国主义教育实施纲要》指出，建设有中国特色的社会主义是新时期爱国主义的主题。当前，中国特色社会主义进入新时代。习近平总书记就爱国主义的主题提出新的概括，强调指出，"实现中华民族伟大复兴的中国梦，是当代中国爱国主义的鲜明主题"[①]。回顾中国近代以来爱国主义思想的发展变迁，尽管爱国主义主题在表述上有所不同，例如革命时期强调"救国立国"、建设时期强调"兴国富国"、改革时期强调"强国复兴"等，但其思想宗旨都指向实现中华民族伟大复兴。实现中华民族伟大复兴的中国梦是当代中国爱国主义鲜明主题的重要论断，是在以往各个阶段爱国主义主题基础上的深化发展和时代表达，是对爱国主义价值旨归的深刻揭示，具有强烈的时代特征和目标指向，对于当代中国具有突出的凝聚和引领作用。

当代中国的爱国主义既与古代、近代、现代中国的爱国主义有着一脉相承的精神命脉，也有因新的时代背景和社会条件而形成的鲜明特色。实现中华民族伟大复兴的中国梦，是当代中国人的奋斗目标，也是新时代爱国主义的鲜明主题。当代爱国主义鲜明主题的重要论断，深刻揭示了伟大梦想与当代中国爱国主义的内在关系，明确了爱国主义的时代使命和奋斗目标，指明了引导人们坚持中国道路、弘扬中国精神、凝聚中国力量的着力方向，是准确把握新时代爱国主义精神实质的关键所在。

（二）坚持以人民为中心的根本立场

人民性是马克思主义最鲜明的品格。人民立场是中国共产党的根本政治立场，是马克思主义政党区别于其他政党的显著标志。共产党人的一切言论行动，必须以合乎最广大人民群众的最大利益，为最广大人民群众所拥护为最高标准。民心是最大的政治，正义是最强的力量。坚持以人民为中心，既是习近平新时代中国特色社会主义思想的核心理念和重要内容，也是新时代爱国主义教育所需要秉持的根本立场，这具体体现在对人民主体地位

[①] 习近平在中共中央政治局第二十九次集体学习时强调：大力弘扬伟大爱国主义精神为实现中国梦提供精神支柱[N]．人民日报，2015-12-31．

的深刻认识、对人民情怀的自觉坚守和对党的根本使命的不懈坚持等多个方面。

在人民主体地位方面，要深刻认识到人民是历史的创造者，是决定党和国家前途命运的根本力量，党的根基在人民、党的力量在人民，要坚持一切为了人民、一切依靠人民，充分发挥广大人民群众积极性、主动性、创造性，违背人民意愿、脱离人民支持，任何事业都是不能成功的。在人民情怀方面，全党同志一定要永远与人民同呼吸、共命运、心连心，始终要把人民放在心中最高的位置，始终把人民利益摆在至高无上的地位。要始终坚持全心全意为人民服务的根本宗旨，坚持党的群众路线，始终牢记江山就是人民、人民就是江山，坚持一切为了人民、一切依靠人民，坚持为人民执政、靠人民执政，坚持发展为了人民、发展依靠人民、发展成果由人民共享，坚定不移地走全体人民共同富裕的道路。①坚持以人民为中心的根本立场，充分体现了中国共产党一贯倡导和践行的爱国主义思想，坚持群众史观和群众路线，坚持人民利益高于一切，尊重人民主体地位，饱含着真挚的人民情怀，体现了发展为了人民的价值旨归，彰显了党的理想信念、性质宗旨、初心使命，展现了党性和人民性的高度统一，确立了新时代中国共产党的人民观，是新时代爱国主义的出发点和落脚点。

（三）坚持爱国和爱党、爱社会主义高度统一的本质特征

爱国主义是一个历史范畴，在社会发展的不同阶段、不同时期有不同的具体内容，这主要是由不同时期国家特定的社会经济和政治制度决定的。坚持爱国和爱党、爱社会主义高度统一，是新时代爱国主义的本质特征，对当代爱国主义思想起到整体的牵引和支配作用。

改革开放之初，邓小平曾指出："有人说不爱社会主义不等于不爱国。难道祖国是抽象的吗？不爱共产党领导的社会主义的新中国，爱什么呢？"②他认为爱国就是爱社会主义中国，爱中国特色的社会主义，突出强调了爱国与爱社会主义的内在联系。1990年，江泽民指出，"在当代中国，爱国主义和社会主义本质上是统一的"③。《爱国主义教育实施纲要》提出，"爱国主义与社会主义本质上是一致的"，进一步揭示了爱国主义和社会主义本质上的统一性、一致性，体现了只有社会主义才能救中国，只有中国特色社会主义才能发展中国的历史经验和基本规律。在新的历史条件下，习近平在继承和发展的基础上旗帜鲜明地提出，"当代中国，爱国主义的本质就是坚持爱国和爱党、爱社会主义高度统一"④，并且指出："只有坚持爱国和爱党、爱社会主义相统一，爱国主义才是鲜活的、真

---

①中共中央关于党的百年奋斗重大成就和历史经验的决议（2021年11月11日中国共产党第十九届中央委员会第六次全体会议通过）[N]．人民日报，2021-11-17．
②邓小平文第二卷[M]．北京：人民出版社，1994：392．
③江泽民文选第一卷[M]．北京：人民出版社，2006：121．
④习近平在纪念五四运动100周年大会上的讲话（2019年4月30日）[N]．人民日报，2019-05-01．

实的，这是当代中国爱国主义精神最重要的体现。"① 我国爱国主义始终围绕着实现民族富强、人民幸福而发展，最终汇流于中国特色社会主义。中华人民共和国、中国共产党、社会主义在命运上紧密相连、在本质上内在统一。新时代爱国主义的本质就是坚持爱国和爱党、爱社会主义高度统一，深刻分析了当代中国爱国主义与爱党、爱社会主义不可割裂的内在关联，揭示了爱国、爱党、爱社会主义有机统一、高度一致的本质属性和根本特征，体现了"中国特色社会主义最本质的特征是中国共产党领导，中国特色社会主义制度的最大优势是中国共产党领导，中国共产党是最高政治领导力量"②的基本精神，体现了"只有社会主义才能救中国，只有坚持和发展中国特色社会主义才能实现中华民族伟大复兴"③的基本规律，是立足中国革命、建设和改革实践得出的必然结论。新时代爱国主义的本质就是坚持爱国和爱党、爱社会主义高度统一，丰富和深化了爱国主义思想的理论内核，是新时代爱国主义的精神实质和显著标志。

（四）以为实现中国梦提供共同精神支柱和强大精神动力为根本任务

爱国主义是中华民族精神的核心。在民族精神的理论框架中，爱国主义始终处于基本范畴、核心概念的关键地位；在民族精神的构建过程中，爱国主义始终承担着夯基垒台、立柱架梁的基本任务；在中华民族的发展实践中，爱国主义始终发挥着固本培元、凝心铸魂的基础作用。爱国主义的时代主题，决定了爱国主义在这个时代需要承担的根本任务和需要发挥的主体功能。

贯穿中华民族伟大发展历程，爱国主义一直是激发人民积极性、主动性和创造性的精神源泉，是凝聚人心、价值引领、整合共识的精神旗帜，是抵抗侵略、抵御风险、保持生机的精神支撑。爱国主义始终是把中华民族坚强团结在一起的精神力量，是激励我国各族人民自强不息的强大力量，是中国人民和中华民族维护民族独立和民族尊严的强大精神动力，"这种精神是凝心聚力的兴国之魂、强国之魂"④。新时代爱国主义的根本任务，就是"要大力弘扬伟大爱国主义精神，大力弘扬以改革创新为核心的时代精神，为实现中华民族伟大复兴的中国梦提供共同精神支柱和强大精神动力"⑤。辩证唯物主义认为，认识在实践基础上产生并对实践具有能动的反作用。正确的认识、科学的理论和伟大的精神，对

---

① 习近平在中共中央政治局第二十九次集体学习时强调大力弘扬伟大爱国主义精神为实现中国梦提供精神支柱[N]．人民日报，2015-12-31．
② 中共中央关于党的百年奋斗重大成就和历史经验的决议（2021年11月11日中国共产党第十九届中央委员会第六次全体会议通过）[N]．人民日报，2021-11-17．
③ 习近平在第十三届全国人民代表大会第一次会议上的讲话（2018年3月20日）[N]．人民日报，2018-03-21．
④ 习近平谈治国理政 第一卷[M]．北京：外文出版社，2018：40．
⑤ 习近平在中共中央政治局第二十九次集体学习时强调大力弘扬伟大爱国主义精神为实现中国梦提供精神支柱[N]．人民日报，2015-12-31．

实践活动具有巨大的指导推动作用。民族复兴道路上,光明前景与重大挑战、重大风险、重大阻力、重大矛盾并存,必须付出更为艰巨、更为艰苦的努力,尤为需要爱国主义持续提供信念支撑与精神动力。新时代爱国主义根本任务就是为实现中国梦提供共同精神支柱和强大精神动力,这一根本任务准确把握了认识对于实践的主观能动性,聚焦了新时代爱国主义的鲜明主题,深刻揭示了爱国主义对于实现中国梦的支撑驱动作用,为适应新的时代要求,切实发挥爱国主义的基本功能和重大作用确定了目标、指明了方向,是深刻理解和把握新时代爱国主义教育的重要方面。

(五) 坚持把爱国主义教育作为永恒主题贯穿国民教育和精神文明建设全过程的基本要求

爱国主义教育是一项固本培元、凝心铸魂的工程,必须坚持不懈、久久为功。新时代爱国主义内涵十分丰富,包含一系列新范畴、新命题、新论断、新思想、新方法,包含了新时代爱国主义的目标任务和工作要求,其基本要求就是把爱国主义教育作为永恒主题贯穿国民教育和精神文明建设全过程。这具体体现在突出强调爱国主义教育在时间维度上的久久为功和在教育内容上的不断丰富。

在时间维度上,"在社会主义核心价值观中,最深层、最根本、最永恒的是爱国主义"①,"弘扬爱国主义精神,必须把爱国主义教育作为永恒主题。要把爱国主义教育贯穿国民教育和精神文明建设全过程"②。爱国主义教育必须从娃娃抓起,从学校抓起,把爱我中华的种子埋入每个孩子的心灵深处,让爱国主义精神在学生心中牢牢扎根。同时,新时代爱国主义教育也要持续抓好各个年龄段,以及领导干部、科技人员、知识分子、教师、军人、劳动模范、企业家、青少年、留学生、港澳台同胞和海外侨胞等各类群体的爱国主义教育,切实把爱国主义教育作为永恒主题,常抓不懈、久久为功,推进爱国主义教育的全覆盖。

在教育内容上,新时代爱国主义的教育内容体系日益完善,主要包括八个方面:一是强调加强习近平新时代中国特色社会主义思想学习教育,巩固全体人民的思想基础;二是强调加强中国特色社会主义和中国梦教育,不断增强中华民族的归属感、认同感、尊严感、荣誉感;三是强调加强国情教育和形势政策教育,引导人们深刻认识我国社会主义初级阶段的基本国情没有变、世界最大发展中国家的国际地位没有变;四是强调加强中国精神教育,筑牢精神纽带、增强精神动力;五是强调加强党史、新中国史、改革开放史、社

---

① 习近平在文艺工作座谈会上的讲话 (2014年10月15日) [N]. 人民日报, 2015-10-15.
② 习近平在中共中央政治局第二十九次集体学习时强调大力弘扬伟大爱国主义精神为实现中国梦提供精神支柱 [N]. 人民日报, 2015-12-31.

会主义发展史教育，引导人们深刻认识中国制度和中国道路的历史必然性；六是强调加强中华优秀传统文化教育，不断涵养社会主义核心价值观；七是强调加强祖国统一和民族团结进步教育，筑牢团结统一的铜墙铁壁；八是强调加强国家安全教育和国防教育，推动全社会形成维护国家安全的强大合力。日益丰富和不断完善的教育内容，有效保证和持续促进爱国主义教育在国民教育和精神文明建设中得到贯彻落实。

二、新时代爱国主义教育的基本内容

爱国主义是一个历史范畴，在不同的历史时期、不同的时代有着不同的内涵和要求。在新时代进行爱国主义教育，既要注重爱国主义的历史渊源和传统内容，又要把握新时代的特点，为爱国主义注入鲜活的时代内涵。

(一) 中华民族发展历史的教育

历史是不能割断的，只有懂得历史才能正确地了解现在和展望未来。我们要讲中华民族发展史中的曲折，更要讲近百年来我国的屈辱史、讲现代中国革命史、讲新中国的艰苦创业史，使人们懂得，特别是使青少年懂得，新中国来之不易，社会主义建设成就来之不易，让人们知道我们国家有今天，多少先烈付出了鲜血和生命，亿万人民进行了多么艰巨的劳动。还应当注重讲杰出人物个人的历史，讲杰出人物、英雄模范的奋斗史、贡献史。因为，这样的史料最真切、最实际，也最感人，同时又包含着这些人物的世界观，也最容易引人效法、学习，具有潜移默化的作用。学习革命先烈为了共产主义的实现而不惜抛头颅、洒热血的精神，学习新时期各条战线上涌现出来的先进人物和事迹，能够使学生更好地认识过去、立足现在、展望未来。

(二) 中华民族优秀传统文化教育

民族文化是一个国家和民族全部智慧与文明的集中体现，是一个国家和民族不断发展的内在动力。我们的祖先通过世世代代的辛勤劳动创造出了光辉灿烂的历史文化，这是我们中华民族的历史瑰宝，是对学生进行爱国主义教育的重要内容。一个国家在全球化浪潮中能否保持其优秀民族文化，不仅关系到本民族文化的生存与发展，还关系到国家的命运和前途。我们对学生进行中华民族优秀传统文化教育，可以培养学生对民族文化的热爱和认同，增强学生的民族自尊心、自信心和自豪感。

对学生开展中华民族优秀传统文化教育，首先，要使学生全面了解中华优秀传统文化。我国优秀传统文化既包括物质文化，也包括精神文化。其次，要引导学生正确处理本土文化与外来文化的关系，正确对待其他民族文化，自觉捍卫和弘扬本民族文化。

（三）中华民族优秀传统美德的教育

中华民族有着优秀的传统美德，这种传统美德体现在我们中华子孙世世代代把国家、民族利益放在第一位，"有国才有家"，在民族存亡的紧急关头挺身而出捍卫国家，抛头颅，洒热血，造就出一代又一代民族英雄、爱国志士。在中华民族传统美德修养中，始终把爱国主义置于众德之首。如讲"修身、齐家、治国、平天下""以天下为己任""天下兴亡，匹夫有责"，强调个人对国家的义务和国家、民族的兴衰与个人命运的联系。在传统道德修养中，崇尚国家、民族大义，视民族大义如生命般重要。儒家讲人生价值是主张"杀身以成仁""舍生取义""三军可以夺帅，匹夫不可夺志也"，提倡"富贵不能淫，贫贱不能移，威武不能屈"的大丈夫精神。在传统道德中，强调对国家和人民的强烈的忧患意识。历代进步的思想家和政治家都强调时时以国家的兴衰存亡和人民的苦乐为怀，主张"乐以天下，忧以天下""先天下之忧而忧，后天下之乐而乐"。

（四）社会主义信念教育

社会主义信念教育的具体内容包括：马克思主义基本理论教育，党的基本理论、基本路线、基本纲领和基本路线教育，中国革命、建设和改革开放的历史教育，基本国情和形势政策教育以及科学发展观教育等。

走社会主义道路是中国人民经过长期的实践摸索做出的正确选择，是中国近代历史发展的必然结果。走社会主义道路是国家、民族、人民的根本利益所在，建设中国特色社会主义也就成为新时期爱国主义的主题。爱国和爱社会主义在本质上是一致的。我们在对学生进行爱国主义教育的过程中，必须深入开展建设中国特色社会主义信念教育，引导学生把满腔的爱国热忱投入建设中国特色社会主义的伟大事业当中。

（五）国家安全教育

当前世界形势动荡不安，地区冲突、局部战争此起彼伏，恐怖活动日益猖獗，给世界和平带来了诸多不稳定因素。在新时期必须大力加强学生国防意识教育和国家安全教育，并将此作为爱国主义教育的重要内容。爱国主义教育与国家安全教育有着十分密切的联系，爱国主义教育是国家安全教育的核心和灵魂，国家安全教育是最生动、最实际、最有效的爱国主义教育。国家安全、国防意识，实质上也就是国家意识、国家观念。没有国家安全意识也就没有真正的国家意识，因而也很难产生真正的爱国主义情感；没有国防观念，也就很难从理性的高度把握科学的国家观念，因而也就很难使朴素的爱国主义情感向科学和理性的层面升华。在全球化时代，国家安全的内涵与以往相比也有了很大不同，不仅包括政治、军事安全，而且更突出了经济安全，同时又包含科技、文化、信息安全。因此我们应顺应时代要求，提升与拓展国防教育，树立大国防观念，进行大国防教育，培养科学的国家安全意识。

总之，爱国主义既是基本的道德准则，又是重要的政治原则。弘扬爱国主义精神是中华民族的光荣传统，也是每个中国人的责任与义务。学校除了要做好爱国主义课堂教学工作外，更应当利用网络媒介建立爱国主义教育示范基地，积极宣传爱国主义精神，面对社会发展多样化的趋势，引导学生坚定自己的社会主义立场。以先进的思想政治教育理念代替落后的思想，使爱国主义精神成为推动祖国走上繁荣富强道路的巨大力量。作为高校思想政治教育体系的重要内容，爱国主义教育体现了社会主义精神文明建设的主旋律，明确实现学生全面发展这一总体目标是为了推动社会主义现代化建设，爱国主义教育具有划时代的历史意义。

第四节　爱国主义教育融入中小学语文教学的必要性

一、新时代对爱国主义教育进课堂、进教材提出了新要求

爱国主义是中华民族精神的核心。2019年11月中共中央国务院印发《新时代爱国主义教育实施纲要》（以下简称《纲要》）明确提出实施爱国主义教育的总体要求，强调爱国主义教育要坚持从娃娃抓起，着眼于固本培元、凝心铸魂，做到润物无声。《纲要》紧扣时代主题，提出大力弘扬以爱国主义为核心的民族精神和以改革创新为核心的时代精神，广泛开展党史、国史、改革开放史教育，传承和弘扬中华优秀传统文化等八个方面的爱国主义教育内容。青少年是新时代爱国主义教育的重中之重，对此，《纲要》特别指出对青少年进行爱国主义教育的具体措施。要充分发挥课堂教学的主渠道作用，积极推动爱国主义教育进课堂、进教材、进头脑，将爱国主义教育融入语文等学科教材编写和教育教学的全过程。要紧紧抓住青少年阶段的"拔节孕穗期"，采用科学的教学方式和方法，在教育灌输和潜移默化中，引导学生树立国家意识、增进爱国情感，加深学生对新时代爱国主义内涵的理解。此外，还应注重广泛组织、开展课上课下、校内校外的各类实践活动，积极拓展爱国主义教育的实践领域，引导学生更好地了解国情民情，强化责任担当[①]。

[①] 中共中央国务院印发．新时代爱国主义教育实施纲要［N］．人民日报，2019-11-13（6）．

二、课程标准对爱国主义教育提出了明确要求

《语文课程标准》是语文课程与教学的指导方针，其各部分内容都对语文课程的爱国主义教育功能与使命做出了重要说明。

（一）前言部分对爱国主义教育的规定

前言导语部分指出语文课程对继承和弘扬中华民族优秀文化传统和革命传统，增强民族文化认同感，增强民族凝聚力和创造力，具有不可替代的优势。[①] 课程基本理念一章就爱国主义教育指出应重视语文课程对学生思想情感所起的熏陶感染作用，继承和发扬中华优秀文化传统和革命传统，体现社会主义核心价值体系的引领作用，弘扬以爱国主义为核心的民族精神和以改革创新为核心的时代精神，促进学生养成良好的思想道德风尚。[②] 强调课程设计思路要把握并遵循语文教育的规律，努力提高学生的语文素养，为弘扬民族精神、增强民族创造力和凝聚力，发挥课程的独特作用[③]。

（二）课程目标与内容部分对爱国主义教育的规定

课程目标与内容部分从知识与技能、情感态度与价值观维度阐述了对语文教学渗透爱国主义教育的总体要求。该部分指出，在语文教学过程中，教育者要注重培养学生有关爱国主义、集体主义、社会主义的思想道德和健康的审美情趣。指导学生认识中华文化的丰厚博大，汲取民族文化智慧并注重培育学生热爱祖国语言文字的情感[④]。

（三）实施建议部分对爱国主义教育的规定

实施建议部分从教材编写的角度提出渗透爱国主义教育的相关建议：教材编写要注意继承与弘扬中华民族优秀文化和革命传统，有助于增强学生的民族自尊心和爱国主义感情[⑤]。

从以上三个部分可以看出，《语文课程标准》从多个方面对爱国主义教育进行了详细规定，从而奠定了爱国主义教育在语文课程中的重要地位，为教师在语文教学中渗透爱国主义教育指明了方向。

[①]中华人民共和国教育部. 义务教育语文课程标准（2011年版）[S]. 北京：北京师范大学出版社，2012：1.
[②]中华人民共和国教育部. 义务教育语文课程标准（2011年版）[S]. 北京：北京师范大学出版社，2012：3.
[③]中华人民共和国教育部. 义务教育语文课程标准（2011年版）[S]. 北京：北京师范大学出版社，2012：4.
[④]中华人民共和国教育部. 义务教育语文课程标准（2011年版）[S]. 北京：北京师范大学出版社，2012：6.
[⑤]中华人民共和国教育部. 义务教育语文课程标准（2011年版）[S]. 北京：北京师范大学出版社，2012：32.

三、语文教材是实施爱国主义教育的重要载体

语文课程具有丰富的审美性、情感性和人文性,语文课程通过让学生不断地体会和感悟优秀的文学作品,陶冶学生的情操、丰富学生的情感体验。它更多的是一种潜移默化的、无形的影响,因而对学生进行爱国主义教育有突出的优势。

教材对时代新人的培养影响深远,它体现国家意志,承载优秀文化;它传播学科知识,给人以心灵的启迪;它弘扬爱国主义,给人以精神的鼓舞。[1] 作为体现国家意志的载体,教材在课程中扮演着重要的角色,也是进行爱国主义教育的重要途径。教材通过丰富的人文内涵应当帮助学生形成正确的价值观,让学生认识国家、了解国家,从而激发起热爱国家的情感。

《义务教育语文课程标准》指出语文课程要引领社会主义核心价值观的发展,大力弘扬民族精神和时代精神。[2] 语文教材作为语文教育的重要文本载体,肩负着培育学生价值观的责任,进行爱国主义教育也成为语文教材的重要使命。对培养学生的爱国主义情感具有突出的作用。

中小学语文教材是重要的爱国主义载体,因为在中小学课程中,语文课程的课时最多,作为班主任的语文教师有很多机会对学生进行爱国主义教育。此外,对于中小学生来说,中小学语文教材是他们与世界对话的工具,他们重视教材中的内容,因此,可以利用教材对学生进行爱国主义教育,更有利于学生的理解和接受。

---

[1]田慧生.教科书美学[M].广州:广东教育出版社,2019:1.
[2]中华人民共和国教育部.义务教育语文课程标准(2011年版)[S].北京:北京师范大学出版社,2012:3.

第三章
小学语文教学中的爱国主义教育策略探究

第一节 小学语文教材中爱国主义教育的内容

一、小学语文教材中爱国主义教育内容概述

小学语文教材作为小学语文课程实施最主要的材料，是传播核心文化的重要载体。自20世纪初蔡元培、胡适等参与国文教材编撰工作，根据当时时事所需，把爱国、报国的内容和情怀写进教科书以来，开启了语文教材作为爱国主义教育重要载体的先河①。

自此，历版语文教材便成为研究爱国主义教育的珍贵"宝藏"。在对小学语文教材中的爱国主义内容进行分类时，有研究者把爱国主义教育主题的选文大体分为对祖国山河的描绘、对祖国文化的赞美、对家国情怀的弘扬、对爱国先驱的歌颂、对国家标志和象征的记录等方面②。

也有研究者把体现爱国主义精神的课文划分为描绘祖国锦绣山河、丰富物产、传统文化遗产、祖国革命英雄人物精神、劳动人民优良品质五种类型③。

有研究主要从地理、政治、文化、价值观四个维度分析了小学语文教材中体现爱国主义精神的文章。其中，地理维度涵盖自然风光和人文景观；政治维度涵盖政治体制（民族关系和港台关系）、国家领袖人物、国家标志和庆典；文化维度涵盖文学汉字和技艺风俗；价值观维度涵盖爱国情怀和革命精神。

（一）地理维度

李雅茹（2016）对人教版小学语文六套（1951年版、1963年版、1978年版、1987年版、1993年版、2001年版）教材中的爱国主义教育选文进行了分类。认为1951年版教材

---

① 刘霞. 语文教科书中的爱国主义教育内涵分析［J］. 南京晓庄学院报，2018（3）：46.
② 晋彪. 部编版小学语文教材中渗透爱国主义教育的策略探析［J］. 辽宁教育，2019（19）：5~6.
③ 欧阳凡子. 小学语文教科书中爱国主义思想内容研究［D］. 赣州：赣南师范大学，2017：10.

中的《东北的森林》《石漫滩水库》、1963年版教材中的《我爱伟大的祖国》《富饶的西沙群岛》、1978年版教材中的《葡萄沟》《桂林山水》、1987年版教材中的《美丽的小兴安岭》《记金华的双龙洞》、1993年版教材中的《颐和园》、2001年版教材中的《迷人的张家界》《黄河魂》等课文均对祖国江山、名胜古迹进行描写，旨在激发学生对祖国壮阔山河的热爱，都属于地理维度的爱国主义内容①。

曹英（2011）对人教版（1978年版、1993年版、2001年版）一年级语文教材中的爱国主义内容进行了分类。认为1978年版一年级下册中"讴歌祖国山河秀美及物产丰富"的《日月潭》，通过描述日月潭的秀美风光教育学生热爱祖国壮美山河并间接教育学生维护祖国统一完整；1993年版一年级下册中"讴歌祖国山河秀美、幅员辽阔、物产富饶"的《祖国多么广大》，通过让学生了解祖国的幅员辽阔、资源富饶、物产丰富、景色秀美，激发学生对祖国的热爱之情，这些课文同样属于地理维度的爱国主义内容②。

欧阳凡子（2017）对人教版（2001年版）小学语文12册教材中的爱国主义文本进行了分类。认为体现祖国锦绣河山的《黄山奇石》《桂林山水》以及体现祖国物产丰富的《富饶的西沙群岛》《美丽的小兴安岭》等爱国主义题材的课文均属于地理维度的爱国主义教育内容，如《西沙群岛》一文让学生了解了广阔而富饶的南海水域，感受到西沙群岛的魅力风光，进而激发学生对西沙群岛、对祖国的热爱之情③。

而吕梦含（2016）认为描写自然景观的《爬天都峰》《望天门山》和描写人文景观的《长城》《秦兵马俑》等抒发对祖国壮丽风光的热爱的文章都属于地理维度的爱国主义教育内容，如《长城》一文介绍了长城的气魄雄伟，感叹长城是世界历史上的一个伟大奇迹，旨在激发学生的民族自豪感④。

在对人教版小学语文教材中的爱国主义教育内容进行的分类中，晋彪（2019）认为《黄山奇石》《海滨小城》《七月的天山》等描绘祖国山河的文章均属于地理维度的爱国主义教育内容⑤。

徐洁等（2020）则认为《观潮》《爬天都峰》等八篇歌颂祖国壮美山河和四篇赞美名胜古迹的课文描写了我国的自然地理，都属于地理维度的爱国主义内容⑥。

学生学习此类课文，不仅能欣赏到祖国山河的壮丽，而且能感受到先辈为缔造不朽的物质文明所付出的心血，从而增强学生对祖国山河的热爱与向往，唤起强烈的民族自豪感。

---

①李雅茹. 小学语文教科书中爱国主义教育传承研究 [D]. 长沙：湖南农业大学，2016：28-31.
②曹英. 小学一年级语文教科书"爱国主义教育"变迁研究 [D]. 金华：浙江师范大学，2011：21；25~26.
③欧阳凡子. 小学语文教科书中爱国主义思想内容研究 [D]. 赣州：赣南师范大学，2017：10~14.
④吕梦含. 润物无声 爱国有声——我国语文教科书"国家形象"的建构与实效 [J]. 湖南师范大学教育科学学报，2016（5）：57~59.
⑤晋彪. 部编版小学语文教材中渗透爱国主义教育的策略探析 [J]. 辽宁教育，2019（19）：5.
⑥徐洁，李雨函. 小学语文人教教材爱国主义教育的呈现与优化路径 [J]. 语文建设，2020（2）：50.

（二）政治维度

李雅茹（2016）认为 1951 年版教材中的《毛主席》、1963 年版教材中的《听话要听党的话》、1978 年版教材中的《毛主席永远活在我们心中》《十里长街送总理》、1987 年版教材中的《周总理的睡衣》等通过对党领袖人物事迹的描绘，歌颂了领袖人物舍己为公、胸怀人民的优良品质，进而体现爱国主义精神；1963 年版中的《中华人民共和国国歌》、1993 年版中的《开国大典》通过对国家标志、国家庆典的宣传，激发学生对新中国的无限热爱，这些课文均属于政治维度的爱国主义教育内容①。

吕梦含（2016）认为 2001 年版教材中的《葡萄沟》《我们的民族小学》《和田的维吾尔》讲述了少数民族的地域文化，促进了学生对少数民族文化了解，进而推动了民族团结；而《日月潭》《香港，璀璨的明珠》等体现港台关系的文章则激发了学生积极维护祖国统一的决心，都属于政治维度的爱国主义教育内容②。

曹英（2011）认为 1978 年版小学一年级语文教材中的《我爱首都北京，我爱中华人民共和国》、1993 年版小学一年级语文教材中的《我是中国人》和《热爱中国共产党》、2001 年版小学一年级语文教材中的《我多想去看看》《画家乡》均直抒胸臆表达了爱国、爱党、爱人民之情；而《欢迎台湾小朋友》则通过描写我们和台湾小朋友之间的友谊，教育学生台湾是我国领土不可分割的一部分，让学生认识到维护祖国统一完整是炎黄子孙不可推卸的责任，这些课文都属于政治维度的爱国主义教育内容③。

晋彪（2019）认为人教版小学语文教材中的《朱德的扁担》《邓小平爷爷植树》以及《升国旗》《开国大典》两篇记录国家标志和象征的课文，通过歌颂为国家和民族做出重大贡献的人物的事迹，让学生感受伟大领袖人物的人格魅力、精神气节，激发学生的责任与担当④，都属于政治维度的爱国主义教育内容。

（三）文化维度

欧阳凡子（2017）认为 2001 年版小学语文教材中描写古代神话故事、传统节日、汉语言文字、历史文化遗产等题材的文章，如《盘古开天地》《北京的春节》《我爱你，汉字》《秦兵马俑》等都属于文化维度的爱国主义教育内容，其中《我爱你，汉字》通过展

---

①李雅茹. 小学语文教科书中爱国主义教育传承研究 [D]. 长沙：湖南农业大学，2016：32~36.
②吕梦含. 润物无声 爱国有声——我国语文教科书"国家形象"的建构与实效 [J]. 湖南师范大学教育科学学报，2016（5）：57.
③曹英. 小学一年级语文教科书"爱国主义教育"变迁研究 [D]. 金华：浙江师范大学，2011：17；23-24；27-28；30.
④晋彪. 部编版小学语文教材中渗透爱国主义教育的策略探析 [J]. 辽宁教育，2019（19）：6.

现汉字书写演变的过程,激发学生热爱汉字、学好汉字、传承汉字文化的热情①。

吕梦含（2016）认为《圆明园的毁灭》《名碑荟萃》《中华第一龙》等介绍我国历史和古代文学的课文以及《我们成功了》《千里梦圆在今朝》《藏戏》等体现我国科学发展与社会进步,展现少数民族民风民俗的文章均属于文化维度的爱国主义教育内容。其中,《名碑荟萃》以西安碑林为依托,介绍了王羲之、欧阳询等古代书法大家的名作,让学生感受到我国传统书法艺术的魅力风采。《千里梦圆在今朝》则记录了我国首次载人航天飞行的成功,充分表明在中华儿女锲而不舍的奋斗下,中华民族的千年梦想终究会变成美好现实,借助祖国建设成就激发学生的民族自豪感②。

晋彪（2019）认为小学语文人教版教材中所划分的美德篇《雷锋叔叔,你在哪里》、民俗篇《腊八粥》、技艺篇《纸的发明》《赵州桥》、传说与文学作品篇《盘古开天地》、文字《"贝"的故事》等课文都属于文化维度的爱国主义教育内容③。

徐洁等（2020）认为讲述中国传统科艺的《京剧趣谈》《一幅名扬中外的画》和讲述节日风俗的《端午粽》《北京的春节》以及有关汉字古文类的识字文和古诗词等均属于文化维度的爱国主义教育内容,如《一幅名扬中外的画》通过展现《清明上河图》的历史价值和艺术价值,使学生充分感受中华传统文化的无穷魅力,激发他们热爱祖国传统文化的情感④。

（四）价值观维度

李雅茹（2016）认为1951年版教材中的《地道战争》《战斗英雄董存瑞》、1963年版教材中的《王二小》、1978年版教材中的《刘胡兰》《黄继光》、1987年版教材中的《小八路》、1993年版教材中的《八角楼上》《狱中联欢》,2001年版教材中的《千里跃进大别山》等通过歌颂民族英雄,让学生真正理解如今的美好生活是无数革命烈士、民族英雄用生命换来的,体会新生活的来之不易,激发学生的爱国情怀;而体现对民族振兴、国家富强向往的《昨天,这儿是一座村庄》《我家跨上了信息高速路》等课文则表达出对新中国建设成就的赞叹,鼓励学生长大后为社会、为人民做出贡献,都属于价值观维度的爱国主义教育内容⑤。

曹英（2011）认为1978年版小学一年级语文教材中的《吃水不忘挖井人》通过讲述

---

①欧阳凡子.小学语文教科书中爱国主义思想内容研究［D］.赣州:赣南师范大学,2017:15~17.
②吕梦含.润物无声 爱国有声——我国语文教科书"国家形象"的建构与实效［J］.湖南师范大学教育科学学报,2016（5）:58~59.
③晋彪.部编版小学语文教材中渗透爱国主义教育的策略探析［J］.辽宁教育,2019（19）:6.
④徐洁,李雨函.小学语文人教材爱国主义教育的呈现与优化路径［J］.语文建设,2020（2）:51.
⑤李雅茹.小学语文教科书中爱国主义教育传承研究［D］.长沙:湖南农业大学,2016:32~37.

革命战争年代毛主席在江西瑞金沙洲坝带领当地乡亲为解决用水困难，共同修筑水井的故事，讴歌了军民一家亲，教育学生从小热爱党和人民；《高山顶上修条河》描绘出社会主义欣欣向荣的发展态势，激发学生建设社会主义的信心。1993年版一年级上册语文教材中的《过桥》通过描写雷锋助人为乐的故事，教育学生学习雷锋精神；一年级下册语文教材中的《小八路》则教育学生学习王二小机智勇敢、不怕牺牲的革命精神。2001年版一年级下册语文教材中《火车的故事》通过讲述我国火车事业的发展，让学生了解我国社会主义建设事业中交通事业的迅猛发展，激发学生对祖国建设成就的自豪感，这些课文都属于价值观维度的爱国主义教育内容①。

欧阳凡子（2017）认为人教版（2001年版）小学语文教材中体现祖国革命英雄人物精神的课文如《狼牙山五壮士》《小英雄雨来》和体现人民的优秀品质的课文《白杨》等都属于价值观维度的爱国主义教育内容②。

吕梦含（2016）认为体现爱国精神的《我有一个强大的祖国》《中华少年》《一面五星红旗》和体现革命精神的《延安，我把你追寻》《小英雄雨来》《金色的鱼钩》《丰碑》以及表达爱好和平思想的《再见了，亲人》等都属于价值观维度的爱国主义教育内容③。

在对人教版小学语文教材的分类中，晋彪（2019）所归纳的歌颂爱国先驱的课文《狼牙山五壮士》《灯光》和弘扬家国情怀的课文《神州谣》《少年中国说》④，以及徐洁等（2020）归纳的体现革命精神的课文《冀中的地道战》《为中华之崛起而读书》《梅兰芳蓄须》《金色的鱼钩》等均属于价值观维度的爱国主义教育内容，如《为中华之崛起而读书》通过叙述周恩来从小立下为振兴中华而读书的志向，塑造了他抱负远大、热爱祖国的形象，勉励学生以周总理为榜样，发奋读书，为祖国建设发展贡献力量⑤。

袁乐（2019）对小学语文S版教材中的爱国主义题材的课文进行了分类。认为《香玉剧社号》《隐姓埋名三十年》等课文展现了我国不同阶层的民众用自己的力量表达对祖国的热爱，《狼牙山五壮士》歌颂了革命战士舍生忘死的革命精神，《出塞》《示儿》等古诗则表达了诗人渴望收复失地的信念，都属于价值观维度的爱国主义教育内容⑥。

二、小学语文教材中爱国主义教育的具体内容

这里基于《新时代爱国主义教育实施纲要》对爱国主义教育内容的分类，重点从中华

---

①曹英. 小学一年级语文教科书"爱国主义教育"变迁研究［D］. 金华：浙江师范大学，2011：18；25；32.
②欧阳凡子. 小学语文教科书中爱国主义思想内容研究［D］. 赣州：赣南师范大学，2017：19~24.
③吕梦含. 润物无声 爱国有声——我国语文教科书"国家形象"的建构与实效［J］. 湖南师范大学教育科学学报，2016（5）：59.
④晋彪. 部编版小学语文教材中渗透爱国主义教育的策略探析［J］. 辽宁教育，2019（19）：6.
⑤徐洁，李雨凡. 小学语文人教教材爱国主义教育的呈现与优化路径［J］. 语文建设，2020（2）：51~52.
⑥袁乐. 小学语文教学中德育渗透问题探析［D］. 锦州：渤海大学，2019：11~12.

优秀传统文化，党史、国史、改革开放史，自强不息的民族精神和时代精神，祖国统一和民族团结进步四个方面对人教版小学语文教材中的爱国主义教育内容进行梳理、分析，在教学中借助实实在在的爱国主义教育篇目，选取鲜活的爱国素材给予学生真真切切的情感体验，进而培养学生的爱国情怀。

（一）关于中华优秀传统文化的内容

对祖国悠久历史、深厚文化的理解和接受，是爱国主义情感培育和发展的重要条件。中国传统文化博大精深，学习和掌握其中的思想精华，对树立正确的世界观、人生观、价值观很有益处。小学语文教材中蕴含着丰富的体现中华优秀传统文化的课文篇目，讲述了千百年来我国的民风民俗、风土人情、名胜古迹、汉字书法等文化内容和形式，承载着中华民族的悠久历史和灿烂文化，彰显出中华精神文明。为更好地了解和学习教材中所蕴含的中华优秀传统文化内容，这里从民俗风情、名胜古迹、中国汉字三方面入手对高年级语文教材中的中华优秀传统文化内容进行统计分析，具体如下：

1. 民俗风情

体现民俗风情的课文有《京剧趣谈》《北京的春节》《腊八粥》《古诗三首》（《迢迢牵牛星》《寒食》《十五夜望月》）《藏戏》，其中，《北京的春节》《腊八粥》《古诗三首》《藏戏》更是以"民风民俗"为主题，编排在一个单元。这些课文的体裁和题材虽然大有不同，但都充溢着浓郁的民俗风情，能使学生充分体会到中华民族文化的博大精深，激发学生对祖国传统文化的热爱。下面以《北京的春节》《藏戏》为例进行教材解读。

《北京的春节》是老舍先生在1951年创作的一篇散文，作者用充满"京味儿"的语言讲述了老北京的春节风俗，展现出庆祝中国传统春节的温馨场面和热闹场景。课文内容安排有序、详略得当，作者抓住了"腊八""腊月二十三""除夕""初一""元宵节"这些日子里最具特色的一两个民俗活动进行详细描述，突出强调各个节日的重点活动，让读者充分感受老北京春节的独特风俗。如写"除夕"，作者则写了家家赶做年菜、男女老少穿新衣、门外贴对联、屋里贴年画、家家灯火通宵、鞭炮响声不绝、全家吃团圆饭、祭祖、守岁等多方面的讲究和风俗，呈现出一幅幅辞旧迎新、其乐融融的欢聚画面。描写中"万不得已""必定""除了……都要……"等词语表露出人们对除夕夜"吃团圆饭""祭祖""守岁"风俗的重视，感受除夕热闹画面中饱含的浓浓亲情和人们辞旧迎新的美好期盼，以及由此反映出的中华民族的文化传统。

《藏戏》是一篇略读课文，文章介绍了藏戏的形成及艺术特色，采取总—分—总的结构形式，围绕藏戏的主要特点，从唐东杰布开创藏戏的传奇历史，藏戏面具的特点与作用，藏戏舞台简单、以说唱的方式描述剧情，藏戏演出形态方面的特点等方面进行介绍，课文描述详略有序，使读者对藏戏有了基本认识和了解，同时感受到藏戏所折射出的少数民族风情和地域文化特色，展现出藏戏独有的艺术魅力，既反映了中华传统文化的无穷魅力，也折射出地域文化的独特内涵。

2. 名胜古迹

我国的名胜古迹一方面向世界展示着中华民族的聪明智慧和创造能力，另一方面也展示着中华儿女斗志昂扬的精神状态。高年级段的《故宫博物院》向学生展示出中国古代建筑群独特的文化魅力。

《故宫博物院》是一组非连续性文本，由四篇材料组成，其中材料一是一篇说明文，文章沿着故宫的中轴线，按照由南向北的顺序对故宫主体建筑进行了较为详尽的介绍，从中不由感叹故宫和谐统一的布局。材料二讲述了有关太和门的故事。故事讲的是光绪皇帝大婚前一个月，太和门被烧毁，为了不影响皇帝大婚，无数能工巧匠在短短的时间内用扎彩棚的形式"重建"了太和门，而且新扎出来的太和门达到了以假乱真的程度，赞美了我国古代劳动人民的智慧。材料三、材料四分别是来自故宫博物院官方网站的参观指引说明和平面示意图。

3. 中国汉字

《汉字真有趣》《我爱你，汉字》是五年级下册第三单元的内容，本单元是综合性学习单元，以"遨游汉字王国"为主题进行编排。汉字是中华文化的瑰宝，书写了中华民族上下五千年的灿烂历史。开展以汉字为主题的综合性学习活动，有助于增进学生对汉字文化的了解，感受汉字文化的无穷魅力，进一步激发学生学习汉字的兴趣，增强学生热爱汉字的感情。

其中《汉字真有趣》版块从形式、内容等方面对学生的学习活动提出建议，并从广义的角度安排了体现汉字趣味的"阅读材料"。"阅读材料"部分展现了汉字音、形、义等方面的特点，旨在使学生从多方面感受汉字趣味，进而热爱汉字。例如《字谜七则》前四则是文字字谜，第五、第六则是画谜，第七则是故事谜。其中字谜的谜面像儿歌，形象地描述某一汉字的构字特征。而《门内添"活"字》则讲述了一个有关曹操用"门"里加上一个"活"字表达自己的心意，杨修通过字谜读懂了曹操的想法的字谜故事，从中表现出汉字在字形、字义方面的特点，反映了字谜文化在我国的悠久历史以及与生活的紧密联系，使学生更为直观地感受中华汉字文化的博大精深。

（二）关于党史、国史、改革开放史的内容

历史是最好的教科书。在小学语文教学中，教师要结合教材中讲述党史、国史、改革

开放史的爱国主义教育内容引导学生深刻认识我们的国家和民族从哪里来、到哪里去，继承革命传统、弘扬革命精神、传承红色基因①，并使之转化为激励学生"为中华之崛起而读书"的强大精神动力，帮助学生树立远大理想、培养高尚的爱国情操。统计发现，在人教版小学语文高年级教材中，讲述党史、国史、改革开放史的课文内容可细分为谨记民族耻辱、重温革命岁月、重获民族独立三种类型，具体内容包含如下：

1. 谨记民族屈辱

《圆明园的毁灭》一文介绍了圆明园的布局、建筑风格以及珍藏的稀有文物，描绘出圆明园昔日的辉煌景象，并控诉了英法联军肆意践踏圆明园的一系列行径，为读者呈现出圆明园最终被毁灭的悲惨命运，抒发了作者对祖国绚丽文化的热爱与自豪之情，表达了对英法侵略者野蛮行径的无比愤懑，告诫中华儿女勿忘国耻，担当起振兴中华的责任和使命。

2. 重温革命岁月

革命传统教育是使学生通过学习革命战争时期无产阶级战士不畏牺牲的英勇斗争事迹，从而继承和发扬无产阶级在革命斗争中形成的革命精神、优良作风和高尚品德的教育②。高年级语文教材中编排了大量讲述红色革命事迹的文章，如《冀中的地道战》《七律·长征》《狼牙山五壮士》《灯光》，意在引导学生感受革命者不怕牺牲的革命英雄主义精神和不畏任何艰难险阻的革命乐观主义精神。《十六年前的回忆》《为人民服务》《金色的鱼钩》等课文则追忆了革命先辈的感人事迹，阐述了革命志士共同的理想信念，从不同方面展现了"人生自古谁无死，留取丹心照汗青"的英雄气节和民族精神，旨在帮助学生形成不怕困难、勇往直前、艰苦奋斗的优良品德，继承并发扬爱国主义传统。

《七律·长征》是革命领袖毛泽东在红军长征胜利前夕写下的一首七言律诗，诗中既写了骇人听闻的穷山恶水，又写了浴血拼杀的激烈战斗。全诗短小精悍，仅有 56 个字，却写出了长征的惊心动魄，彰显出磅礴有力的恢宏气势，表现出红军战士的战斗豪情。

《狼牙山五壮士》一文主要讲述了抗日战争时期七连六班的五位八路军战士为了掩护几万群众和党政机关干部安全撤退转移，在完成掩护任务后，为了避免敌军追上连队和群众，毅然放弃了与连队会合的机会，决定将敌人引上狼牙山，并在顶峰棋盘陀继续与敌人殊死搏斗，最后壮烈跳崖的英雄故事。课文颂扬了五壮士不畏强敌、舍生忘死的革命主义精神和忠于党和人民的爱国主义精神。

《十六年前的回忆》一文是李星华在父亲李大钊同志遇难 16 周年之际写的一篇回忆

---

① 中共中央国务院印发. 新时代爱国主义教育实施纲要 [N]. 人民日报, 2019-11-13 (6).
② 王雅蓉. 教科书中的中国国家形象话语研究 [D]. 长春：东北师范大学, 2018：51.

录，除文章开头交代了写作背景外，全文采用倒叙的写作手法，从女儿的视角按照时间的先后顺序依次回忆了父亲李大钊被捕前、被审时、被害后的情形，还原出一位革命先烈在生死危难之际为了革命事业的胜利视死如归的光辉形象，控诉了反动派残杀革命者的斑斑劣行，颂扬了李大钊同志为理想而献身的自我牺牲精神，表达了对父亲的敬仰与深切的怀念之情。

3. 重获民族独立

《开国大典》记叙了1949年10月1日在首都北京举行开国大典的盛况，全文按照开国大典进行的顺序展开叙述，先讲了大会开始前会场布置和群众入场的情况；然后讲典礼的主要部分——毛泽东主席宣布中华人民共和国中央人民政府成立、升国旗、宣读中央人民政府公告；接着讲朱德总司令和聂荣臻将军检阅阅兵式的盛况；最后讲群众游行时欢呼雀跃的场景。在绘声绘色的场面描写中营造出开国大典庄严、隆重、欢乐、喜庆的氛围，表达了中国人民为新中国的诞生感到无比自豪、兴奋的感情，印证了中华人民共和国的成立在中国历史乃至世界历史上的伟大意义。

（三）关于民族精神和时代精神的内容

以爱国主义为核心的民族精神和以改革创新为核心的时代精神，是凝心聚力的兴国之魂、强国之魂。为使学生从小筑牢勤劳勇敢、自强不屈、振兴中华的精神长城，唤醒学生的创新意识、集体观念，语文教学要以体现民族精神和时代精神的教材内容为依托，注重提高学生的思想道德水平和文明素养，培养能够担当民族复兴大任的时代新人，使学生能够与时俱进，共促社会和谐发展。在小学语文高年级教材中，旨在大力弘扬民族精神和时代精神的课文有《己亥杂诗》《少年中国说》《小岛》等。以《少年中国说》为例，《少年中国说》是梁启超先生于1900年发表在《清议报》上的一篇文章，本篇课文节选了其中的一部分，课文用气势磅礴、逻辑严密的句式阐述了中国少年须担当起建设少年中国的责任与使命，展望了少年中国的光明未来，进一步指出"少年中国"与"中国少年"之间在前途与命运方面有着密不可分的联系。梁启超先生正是通过这篇文章驳斥了当时帝国主义对中国的野蛮行径，揭露了他们企图瓜分中国的无耻阴谋，指责并纠正了国内一些人士苟且偷安、甘做亡国奴的错误心理，激励中国少年要奋发图强，勇于担当时代重任，齐心协力共建少年中国。同时表达出作者期盼祖国繁荣富强的美好心愿。

（四）关于祖国统一和民族团结进步的内容

实现祖国统一、维护民族团结，是千百年来中华民族的不懈追求。语文教学要加强祖国统一教育，引导学生树立为实现中华民族伟大复兴、推进祖国和平统一而奋斗的远大理想。深化民族团结进步教育，使学生从小牢固树立中华民族共同体意识，培养学生与各民族同胞友好相处、互助团结的观念，增强对各民族文化的了解，使各族人民团结友爱的优良传统得以薪火相传。表现祖国统一和民族团结的课文有《示儿》《题临安邸》《从军行》《秋夜将晓出篱门迎凉有感》《闻官军收河南河北》《草原》等。

《示儿》是诗人陆游临终前写给儿子的绝笔诗，语言朴素，不加雕饰，却情真意切，读来颇为沉重。前两句突出一个"悲"字，诗人知道死后本是无牵无挂，世间万物皆浮云，但唯一感到痛心的就是生前尚未看到驱逐外敌、国家统一的那一天。诗人以万事之空衬托国家尚未统一的遗憾与悲愤。在后两句中，诗人将北定中原作为自己生命的最后期待，情绪也由悲愤转激昂，嘱托子孙后代当国家统一之时不要忘记通过祭祀告诉自己，将爱国精神贯穿到了生命的最后一刻。表达了诗人至死不忘收复失地和对祖国早日统一的热切期盼。

《题临安邸》的作者是宋代诗人林升，当时他把诗文题写在临安西湖边的一家小旅店的墙壁上，当时并无诗名，后来被人命名为"题临安邸"。诗人通过"山、楼"两个叠词的运用，仿佛让我们看到当时的诗人正坐在旅馆的窗边向窗外远眺，杭州城里重重叠叠的群山一座接着一座，鳞次栉比的亭台楼阁一个挨着一个，南宋的高官权贵却在这般美景中日日笙歌、寻欢作乐。面对祖国大好河山被金人践踏，南宋朝廷不考虑收复故土，反而割地、赔款、求和，选择逃避现实、奢靡享乐。诗人运用反问的手法和"暖"字、"游人"的一语双关进一步讽刺了南宋权贵们忘记了国家危难，只顾贪图享乐，沉迷于轻歌曼舞、山珍海味之中，醉生梦死、苟且偷安。

《从军行》的作者是唐代边塞诗人王昌龄，他把戍边战士们戍守边疆的爱国之情融入对边塞战事场景的描写之中。诗的前两句在写青海湖、长云、雪山、孤城、玉门关等景物时映射出诗人复杂的感情，诗人通过勾勒将士战斗、生活的戍边环境，表现出戍边将士对边防形势的关注以及对自己担负任务的责任感；同时，萧瑟、开阔而又迷蒙暗淡的景色环境，也从侧面反映出将士戍边生活的孤寂和艰苦之感。诗的后两句由情景交融的环境描写转为直接抒情，"黄金百战穿金甲"精当地概括出将士戍边时间之漫长、战事之频繁、战斗之艰苦、敌军之强悍、边地之荒凉。"黄沙"突出了西北战场的环境特征，"百战"而至"穿金甲"，可见战斗的艰苦激烈，也可想象到在漫长的战争中有诸如"白骨乱蓬蒿"式的壮烈牺牲。但是，将士的报国之志却没有因金甲磨穿就此消磨，反而在大漠风沙的磨炼中变得更加坚定。在身经百战之后，将士们发出"不破楼兰终不还"的豪壮誓言，读起来铿锵有力、掷地有声。在前两句诗所蕴含的丰富而又大处落墨的环境描写的渲染下，后两句诗中的典型环境与人物感情达到高度统一，表达出诗人对边关将士保家卫国、不畏牺牺牲精神的崇敬之情。

《草原》是当代著名作家老舍先生首次到内蒙古呼伦贝尔大草原，访问陈巴尔虎旗时写下的一篇散文。作者记叙了初入草原时所看到的美丽风光，随后描写了蒙古族同胞远远相迎、热情接待、主客联欢、不忍分别的场景，字里行间都透露着作者对草原风光的喜爱之情，使我们充分感受到草原的景色美、人情美和风俗美，赞扬了蒙汉同胞之间深厚的民族情谊，共同体会"蒙汉情深"并引导学生树立民族一家亲的团结意识，增进中华各民族同胞之间的真情友谊。

第二节　小学语文教学中爱国主义教育存在的问题

小学语文教学中爱国主义教育一直是语文实践和学科德育探讨的热门话题，特别是近几年课程思政、学科德育又一次受到各领域研究者的关注。德育工作者和语文教学工作者都有一个共同的奋斗目标，即将小学生培养成全面发展的人。但是目前来看，小学语文教学中爱国主义教育存在以下问题：

一、爱国主义教育目标学段层次区分不明显

教学目标是教师在备课时就要结合教学内容和学生实际确定的，在一定程度上代表了教师在课堂教学结束后要实现的目标，在课堂教学中，教学目标起导向性作用。教师在小学语文课堂渗透爱国主义教育时也应该确立合理的教学目标，即根据授课内容确定本节课爱国主义教育的渗透目标。渗透爱国主义教育的目标要从多方面着手，结合教学内容渗透爱国主义教育就是教师通过多手段、多形式，达到在语文课堂中提高小学生的爱国主义意识、陶冶他们的爱国情感、强化爱国行为。如果爱国主义教育目标的设置存在偏离或是不准确就会影响渗透的效果，不能引发学生的思考，阻碍小学语文课堂渗透爱国主义教育的发展。

小学语文教学中爱国主义教育的目标更多是体现在三维目标当中。一部分教师认识到在小学语文教学中的爱国主义教育不能只注重学生情感教育的培养，最终还要实现爱国意识、情感、行为一致的目标。由于低、中、高三个学段的学生认知特点不一样，所以小学语文教学中爱国主义教育的目标也应该是有差异的，但当前小学真实的课堂教学活动中，虽然教师对爱国主义教育的目标有一定的了解和认识，但是在确立和渗透爱国主义教育目标时还是存在偏离，教师对爱国主义教育目标的认识和教学设计中的目标设置不能一一对应。总的来说，小学语文课堂渗透爱国主义教育的目标设置低、中、高学段都集中在爱国意识、情感和行为三个方面，三个学段没有明显的差异性和层次感。

二、爱国主义教育内容窄化，系统性不强

教师在课堂渗透的过程中将爱国主义教育内容窄化。小学语文教材中的爱国主义教育资源由显性资源和隐性资源两个部分组成。教材中的资源是教师开展教学时的重要素材，很多教学内容都来自教材文本，教学内容不仅具有文化传承的功能，而且还是教师和学生沟通的重要纽带。在小学语文课堂中渗透爱国主义教育的内容应该与小学生的生活实际结合起来才能取得良好的成绩，如果爱国主义教育教学内容脱离学生实际不仅会影响学生的学习兴趣，同时也会影响爱国主义教育的渗透效果。

小学的教师在语文课堂中渗透的爱国主义教育内容多为教材中的显性爱国资源，一部分教师在渗透爱国主义教育时，没有深入挖掘教材中的爱国主义教育资源，还存在教材表现什么就教给学生什么的情况，在渗透过程中爱国主义教育内容被窄化。

教师在小学语文课堂中渗透爱国主义教育不能局限于教材中仅有的素材。小学语文教材中的爱国主义教育资源多为中华优秀传统文化、红色革命教育等，部分教师将教材和教学内容完全等同，注重教材中显性的爱国主义教育资源，忽略了隐性的爱国主义教育资源和地方素材，甚至有教师不能深入解读教材中蕴含的爱国主义教育内容，对爱国主义教育内容还停留在表层的理解，窄化了爱国主义教育的内容，在渗透的过程中也没有合理地将地方教育资源和文本教材内容结合起来，降低了小学语文课堂渗透爱国主义教育的效果，制约着课堂中爱国主义教育的渗透和发展。

三、爱国主义教育方法固化，创新性不足

教学方法是落实教学目标和完成教学任务的重要保障。教师的教法和学生的学法共同组成了教学方法，当教师的教法能够和学生的学法产生融会贯通的效果，被学生完全吸收时才能让教学方法发挥最大的优势。常言道"教学有法，但无定法"，每一个老师都有属于自己独特的教学方法和教学风格。教师要根据低段、中段、高段三个不同学段的学生年龄特点和心理特征以及文本内容选择合适的教学方法。

小学的语文教师在课堂中渗透爱国主义教育时，绝大多数教师都会采用简单、便捷的讲授法，除讲授法外也还有观察插图、谈话法等教学方法的辅助。总的来说，在小学语文课堂中渗透爱国主义教育以教师为主导的教学方法偏多，不能很好地体现学生的主人翁地位。如果教师一味地采用单一的教学方法将爱国主义教育相关知识"填充"给学生，长此以往，学生不仅会厌倦语文科目的学习，而且也会影响教师在小学语文课堂中渗透爱国主义教育的效果。

四、爱国主义教育评价单一，不利于学生发展

爱国主义教育评价体系是小学语文课堂渗透爱国主义教育主题的总结性环节，完善的评价体系不但能客观评价教学目标是否完成，而且能够判断小学语文课堂渗透爱国主义教育是否有成效。

为此，小学语文课堂渗透爱国主义教育也应该制定科学、合理的评价体系。然而，很多小学语文教师在课堂中渗透爱国主义教育时，学校没有设计明确的评价方案，很大一部分教师认为爱国主义教育的渗透没有详细的评价标准，所以自己也没有设计完整的评价方案。

当然，一部分教师在教学反思环节有涉及爱国主义教育渗透评价，但是仅仅停留在课堂中有没有渗透爱国主义教育的内容，如果有渗透到的话则认为本次的渗透是成功的。通过课堂观察和教师访谈数据可知，在小学语文课堂中渗透爱国主义教育的评价方式多为定量评价，即教师一般是通过试卷检测的形式来评价渗透效果，譬如，在一张试卷里有涉及爱国主义教育主题内容的题目，学生回答正确率高、得分高教师就认为在小学语文课堂中渗透的爱国主义教育是十分有效的。这种单一的定量评价忽视了爱国主义教育情感方面的因素，不利于学生的全面发展，很多学生回答不出试卷上有关爱国主义教育的问题并不代表课堂渗透爱国主义教育的效果不好。

一部分教师认为定量评价最能反映学生的真实情况，评价的指标清晰明了，所以偏向于选择定量评价的方法。定量评价的主体多为教师依据指标的直观评价，缺少与学生本人谈话了解、听取其他同学的意见等环节，也就是说在评价主体上较为单一，学生爱国主义教育知识的检测结果如何，教师就认为这个孩子的爱国主义教育接受程度如何。评价主体单一难免不能做出全面、客观地评价，教师在小学语文课堂中渗透爱国主义教育的目的不仅要提高学生的学习成绩、人文素养，同时也要致力于帮助学生树立正确的爱国意识，增进学生的爱国情感，让学生逐渐将正确的爱国意识和浓厚的爱国情感转化为正确的爱国行为，这样才能帮助学生将自己受到的爱国主义教育内化于心、外化于行。小学语文课堂渗透爱国主义教育评价单一不利于教师客观、全面地评价学生，也很难评价课堂渗透的效果。

第三节　爱国主义教育融入小学语文教学的策略

陈独秀曾说过："爱国心，情之属也。自觉心，智之属也。"① 由此可见，每个人都应该保持对自己祖国的忠诚和热爱，爱国情感是人们对祖国的真情流露，但并不是每个人都能够做到自觉爱国。正如我们所知，学校教育是开展和加强爱国主义教育的主阵地，教学渗透是实施爱国主义教育的重要途径，为此，学校和教师要充分发挥学校教育与课堂教学在爱国主义教育中的重要作用。基于小学语文教学中还存在的问题。本节主要从以下几个方面提出推进策略：

一、提升语文教师课堂渗透力，分层设计爱国主义教育目标

教师是小学语文课堂渗透爱国主义教育的设计者和实施者，要想解决爱国主义教育目标分层设计问题，需要学校为其教师搭建学习平台，教师转变教育理念，加强学习，努力提升自我，可以从以下四个方面着手：

（一）提高教师融入主体意识，转变教师教育理念

教师作为教学活动的组织者和实施者，他们的主体意识必将影响着教学行为，要想提高教师爱国主义教育的渗透能力，平衡学科知识和德育教育，实现语文课堂中的爱国主义教育渗透目标，根据教育性教学理论中教学和教育难以分割的观点，语文教师必须树立主动学习的意识，提高学科德育和课堂渗透的认识，掌握爱国主义教育渗透的主动权，真正落实课堂渗透。教师要认识到自己是教学活动的设计者也是课堂教学的组织者，在设计的过程中就要有意识地将爱国主义教育与小学语文有机结合起来，在潜移默化原则下渗透爱国主义教育。一部分教师为了提高教学成绩把更多地时间和精力集中到学生如何掌握语文知识、应对考评上，或者过度追求知识与技能目标而忽视了学生情感态度价值观目标的培养。教师提高了渗透主体意识，在确立教学目标的时候就会思考是否要融入爱国主义教育主题。

在过去传统的教育理念中，一部分教师认为只要将教材中的知识传授给学生就算成功的教学，随着社会对人才的要求越来越高，学生不仅要掌握基本的知识技能，而且要争取做到全面发展。显然，学生的全面发展和教师息息相关，教师不转变自己的教育理念，依然故步自封，就顺应不了时代对教师和学生的要求。教师陈旧的教育理念会制约甚至是阻

---

①陈独秀. 陈独秀散文［M］. 上海：上海科学技术文献出版社，2013（10）：30.

碍小学语文课堂渗透爱国主义教育的发展，长此以往，学生就被局限在知识的传授和技能的掌握中，不能充分地让自己的情感得到表达。因此，教师要多学习新的教育理念，及时更新自己的教育观念，让小学语文教学中融入爱国主义教育成为常态化，使小学语文课堂更具开放性和多元性。

（二）研读课标与教材，紧抓学段目标差异性

课程标准是每一个教师在设计教学方案时的准则和依据。在《义务教育语文课程标准（2022版）》（以下简称《语文课程标准》）中分版块介绍了课程的性质、目标和实施建议，不仅有总目标的呈现还有学段目标的呈现和实施建议，这就为教师确定学段教学目标提供了依据。教师在设计小学语文课堂渗透爱国主义教育目标时可以参照《语文课程标准》中学段目标的要求和表述，为此，教师要认真研读《语文课程标准》，紧扣课程标准和学段特点，确立合理的爱国主义教育目标。教师在认真研读《语文课程标准》的基础上，才能够更加明确小学阶段应该给学生渗透什么样的爱国主义教育，厘清小学语文课程中爱国主义教育的目标，理顺三维目标，不因一心想提高教学成绩而忽视学生情感态度价值观的培养。教师认真研究和阅读《语文课程标准》后要善于将课程标准中的要求体现在教学方案的设计和教学活动的开展中，只有教师依据《语文课程标准》，结合语文教材，全面考虑学生的兴趣爱好和学段发展特点确定的教学目标才更加符合学生的发展需要。教学目标的确定要能够在课程标准中寻找到依据，这样才不会出现目标确立不清晰或是学段区分不明显的问题。

（三）建立"师徒"互学模式，推动新老成员共发展

学校可以建立"师徒"互相学习的模式，即师父和徒弟向对方学习各自在小学语文课堂渗透爱国主义教育中的优点，取长补短，使新老教师共同成长和进步。学校为了帮助新青年教师能够快速融入集体，能够将小学语文课堂和爱国主义教育元素有机结合在教学中取得优异的成绩，建立"师徒"互学模式是很好的选择。学校选择教学经验丰富、课堂掌控能力强的老教师带动教学经验不足、设计能力弱的新教师，这既促进了老教师不断地学习，也满足了新教师的发展需求。

此外，加强新老教师的沟通交流。老教师对教材体系的把握通常会比新教师更加熟练，而新教师能够掌握更多的技术手段，为了进一步解决教师无法着手小学语文课堂渗透爱国主义教育目标这一现实问题，组织教学研讨活动或者集体讨论时，老教师可展示自己科学的教材处理方式、新教师传播新的爱国主义教育教学理念，授课者将二者的优势融合起来制定符合新时代小学语文课堂教学发展要求的爱国主义教育目标。新老教师通过深入

的沟通交流，共同探究小学语文课堂渗透爱国主义教育的最佳方案，促进双方共同进步。

（四）加强专题学习培训，提高教师专业水平

专题培训是教师培训者助力中小学教师教学改进的重要平台[①]。专题学习培训的方式较多，可以是为提高教学质量组织的定期专题集体讨论，也可以是讲座形式的方法学习。具体有以下几点：

首先，要以提高语文教师的整体教学水平为抓手，定期展开专题讨论。小学语文课堂中爱国主义教育的渗透要以完成语文任务为基础，为此，教师要通过自主阅读、网上学习等多途径提高自己的教学设计能力和课堂教学水平，正确处理学生爱国主义教育认知水平、教师教学目标定位以及学科知识传授和德育教育渗透力度的关系，将课程思政、学科德育理念与语文教学目标结合起来，夯实爱国主义教育渗透的理论基础，提高教学质量。

其次，学校可以定期组织课堂渗透教学研讨活动，加强学科教师之间的互动交流。教学研讨活动是学校老师提高爱国主义教育渗透能力常见的方式之一，教学研讨活动的组织形式多种多样，其中有集体备课、专题讨论、磨课、赛课等。集体备课有利于教师将自己在课堂中渗透的爱国主义教育困惑提出，寻求同一学科教师的帮助；专题讨论能有针对性地解决实际问题。磨课和赛课是教师自我提升的有效途径。此外，教学研讨活动能够集思广益，当教师有教学设计困惑和教学组织疑难问题时，可以统一在教学研讨会上提出，由教研组长牵头征集不同教师的意见，共同讨论形成最终方案。

最后，学校还可以举办有关小学语文课堂中如何渗透爱国主义教育的专题讲座。讲座的开展形式可以是远程视频、线下分享、网络教学等，通过语文课堂中的爱国主义教育渗透专题讲座讨论学习，引入先进的教学理念，定期对教师进行爱国主义教育渗透的课堂考核，注重学生和教师的互动交流。打破学校与学校之间的故步自封，加强校际之间的互助、合作，提高各自的教学水平和渗透能力。举办课堂渗透的主题培训班、开展爱国主义教育渗透经验交流分享会等，新老教师共同探讨小学语文课堂中渗透爱国主义教育的技巧和方法，提高语文教师的人文素养和育人观念，主动将爱国主义教育渗透到小学语文课堂中。

二、搭建校内外线上线下学习平台，整合爱国主义教育资源

教师挖掘校内外爱国主义教育资源，可以进一步丰富小学语文课堂渗透的爱国主义教育内容。具体可从教材内的爱国主义教育资源、当地爱国主义教育资源和网络平台三方面着手。

---

① 石玚. 专题培训：助力中小学教师课堂教学改进 [J]. 北京教育学院学报，2020（6）：22~26.

(一) 挖掘教材爱国资源，延伸分段爱国教育主题

教材是所有课程教学最为基础的资源①，厘清教材中的知识体系和爱国主义教育素材有利于教师处理好智育和德育的内在关系。小学语文教材中的教育资源是教师组织教学活动和渗透爱国主义教育的良好素材，为此，教师要想提高教学水平和爱国主义教育的渗透能力必须熟悉教材内容体系，具体如下：

教师要提高自身对教材的解读能力，根据教育性教学理论的基本观点，教师要充分挖掘语文教材中的爱国主义教育资源，尤其要关注隐性教育资源的挖掘和利用。小学语文教材涉及了很多爱国主义教育的相关内容，话题多样、内容丰富，其中包含了显性教育资源的爱国主义教育主题和隐性教育资源的内容，教师要利用这些资源潜移默化地在小学语文课堂中渗透爱国主义教育。一部分教师由于刚接触教材不久，很难准确地把握教材内容体系，此时，教师可以参照和借鉴优质的教学参考书，根据教学参考书和本班学生的特点选择合适的教学内容；此外，教师本人要发挥主观能动性，积极参与校内、校外的培训活动，教师也可主动寻求外界帮助，如观看优质教师对教材的处理视频、寻求经验丰富的老教师或是同一学科教师的帮助等都能让自己更加准确地把握教材，再将教材各版块内容涉及的爱国主义教育资源整合起来，形成同一系列，丰富课堂教学内容。

教师的教材解读能力、课堂渗透能力不是一朝一夕就能形成的，需要长期的学习和坚持。每一位从事语文教学的教师，在实践过程中不断积累经验、反思自我，经过长时间的教学，可以逐渐积累很多教学经验，形成教学成果。挖掘教材中的爱国主义教育资源，延伸分段爱国主义教育主题，努力做语文课堂教学的重构者和爱国主义教育的觉醒者。在小学语文课堂中渗透爱国主义教育，教师应该全面解读教材内容，将语文教材中的爱国主义教育资源和教学内容相结合不仅能促进教学目标的完成，同时也能降低教师窄化爱国主义教育教学内容的可能性。

(二) 依托地方教育资源，补齐爱国主义教育短板

地方教育资源可以有效弥补教材中缺少的爱国主义教育内容。教师在设计教学方案时，可以适当融入地方教育资源，让学生接受更多样化的爱国主义教育内容。每个地方都有自己独特的教育资源，教师作为教学组织者，要善于将地方的爱国主义教育资源与教材中的内容巧妙结合起来。教材中部分爱国主义教育资源对于学生来说是非常晦涩难懂的，但是如果教师能够依托地方教育资源，就能帮助学生更好地理解爱国主义教育的内容。

---

①白宇燕. 初中音乐课堂进行爱国主义教育探究——以包头市北重一中为例 [D]. 呼和浩特：内蒙古师范大学，2021：41.

依托地方教育资源，补齐爱国主义教育短板。这里所指的爱国主义教育短板有两个方面：一是学生对教材中部分爱国主义教育内容缺乏亲近感；二是教师对教材文本中的隐性资源利用程度不高。地方教育资源中有很多不同种类的爱国主义教育资源，如优秀传统文化、红色革命圣地等，依托地方教育资源不仅能丰富爱国主义教育内容，而且还能利用这些资源加强学生的体验，引发他们对具体问题的思考。如课前教师可以利用当地的爱国主义教育资源，组织学生实地参观；在组织相关的课堂教学时，教师利用课前学生参观并感受地方资源的优势对学生适时、适度地渗透爱国主义教育，引导学生结合地方的爱国主义教育资源思考课堂上教师提出的问题。地方的爱国主义教育资源学生接触较多、容易了解和掌握，学生接受起来更简单。教师将地方教育资源运用到课堂渗透中，不将教材和教学内容完全等同，延展课堂中的爱国主义教育内容，一定程度上能解决教学过程中爱国主义教育内容被窄化的问题。

（三）搭建网络学习平台，共享爱国主义教育资源

搭建网络学习平台，共享爱国主义教育资源能够丰富爱国主义教育内容。

随着信息化时代的发展，教师和学生获取资源的手段越来越多，学习的方式也逐渐多元化，多媒体的发展给人们查阅资料带来了极大的便利性，同时也为丰富爱国主义教育内容带来了可能性。现代教育技术手段给人们提供了更多发展的平台，教师能在网络上查找自己想要的爱国主义教育资料，学生能通过网络学习更多爱国主义教育知识，为小学语文课堂渗透爱国主义教育奠定坚实的基础。但网络资源具有两面性，教师要学会摒弃低质量的爱国主义教育资源，通过自己的辨别、筛查并选择优质的爱国主义教育资源，学生要学会辨别爱国主义教育资源的可靠性。学校可以通过搭建网络学习平台，帮助教师和学生进一步选择高质量的爱国主义教育资源。

当前，小学语文课堂渗透爱国主义教育更应该唱响"互联网+"资源的主旋律，运用互联网优势搭建网络学习平台，让爱国主义教育资源得到最大限度的利用。具体来说，搭建网络学习平台要以多样化的爱国主义教育形式为载体，通过开发微信公众号、爱国主义教育小程序或是线上学习网站等方式将爱国主义教育资源共享出去。教师挖掘生活中人们容易忽视的爱国主义教育资源，将线上和线下的资源有机融合，拓展爱国主义教育资源，学校以音频、文字或是图文结合的形式研发特色平台，建立资源共建共享机制，网络学习平台中的内容要经过筛选确定，其中根据国家认同理论中祖国、文化认同的基本观点，平台筛选的爱国主义教育内容应该包含爱党爱国、红色文化主题、中华传统优秀文化等，通过这些资源培养学生的国家认同感，符合爱国主义教育的要求。同时，这样也能有效避免教师在渗透过程中因为资源分类利用不清晰或是难以深入挖掘教材文本资源而窄化爱国主义教育内容的问题。

三、创新课堂渗透方法，丰富爱国主义教育形式

（一）精选视频，激发爱国兴趣

教师播放相关视频，激发学生的学习兴趣。优质的视频、影片具有很强的感染力，能够将学生的注意力集中到课堂教学中。

精选视频，教师充分运用现代教育技术手段辅助学生理解文章进而在小学语文课堂中渗透爱国主义教育。如《开国大典》一课先写了天安门广场的位置及基本情况，紧接着写开国大典的盛况，最后描写了游行队伍。教师可以在讲解本课时充分利用现代教学手段，播放精选的开国大典视频使学生置身于文本内容的描写之中，学生通过观看视频，感受开国大典人们激动、热烈的氛围。这样设计教学环节是因为小学生对实录视频较为感兴趣，抓住学生喜欢看视频这一特点，播放有关开国大典的历史纪录片，这样不仅能让学生切身体会作者的描写，而且能够激发学生的学习兴趣，通过观看视频的形式，引导学生感受开国大典的现场氛围，体会中华人民共和国成立的艰辛，进而增强学生对中国的信心，引发学生对未来美好生活的思考，这和国家认同的教育具有一致性。教师选取的优秀爱国主义教育视频，一方面，能促进学生语文知识的学习；另一方面，能激起学生学习爱国主义教育的兴趣。

（二）分析案例，树立爱国榜样

教师分析语文教材中的案例，为学生树立爱国人物榜样，引导学生学习其人物品质。在小学语文课堂中渗透爱国主义教育，榜样示范法不失为一种良好的教学方法。榜样示范教育一直都是道德教育中采用较多并且很有效的一种教育方法[1]，由于小学生的模仿性和学习性比较强，并且认知发展还不完全成熟，用不同的手段挖掘榜样人物，通过榜样人物的典型事迹以及宝贵的品质触动受教育者的内心，保持受教育者在爱国意识和爱国情感上的一致性，引发情感共鸣。

榜样的力量是无穷的[2]。小学阶段正是学生形成正确价值观的关键时期，教师要引导他们学习榜样人物的优良品质，为此，教师要精心选择典型的案例，带领学生共同分析人物形象，在分析的过程中适时、适度地渗透爱国主义教育。人教版小学语文教材中有很多英雄人物、榜样人物都是学生学习的好素材，很多人物都彰显了伟大的民族精神，小学生长期受到榜样人物精神的熏陶，在潜移默化地影响下，逐渐规范自己的爱国行为。

[1] 易雪媛. 价值多元化视阈下大学生榜样示范教育研究 [J]. 学校党建与思想教育, 2019 (05): 88~90.
[2] 王老实. 构建有特色、有温度、有理想的榜样教育 [J]. 人民教育, 2021 (11): 29.

教师将教材里的资源和生活实际中的资源紧密结合，有助于学生理解榜样人物的优秀品质和宝贵精神。如四年级上册《为中华崛起而读书》这篇文章的主人公是学生耳熟能详的，但是要学生理解周恩来为了崛起中华，树立奋发图强、努力读书远大志向的原因是困难的。这篇文章主要写了三件事：第一件事是新学年开始了，修身课上魏校长提问学生为什么而读书？周恩来回答为中华的崛起而读书；第二件事是十二岁那年伯父告诉周恩来奉天有些地方被外国人占据了，周恩来疑惑不解；第三件事讲述的是一个星期天，周恩来到了一个被外国人占据的地方，在那里中国妇女备受欺负，但是中国的巡警却对那些外国人不惩处也不训斥，围观的中国人也只能劝慰被欺负的妇女，周恩来理解了"中华不振"的含义，从而树立为中华崛起而读书的远大理想。由于现在安宁的生活环境和课文当时所描绘的时代背景差距较大，学生很难理解周恩来的爱国之情，因此，教师要引导学生分析周恩来"为中华崛起而读书"这一案例，让学生明白知行合一才是真正的爱国。教师引导学生先说一说自己读书的目的，再让他们把自己读书的目的和理由写下来，这就从文本内容延伸到学生的实际生活。

此外，无论是教材中精心选择的典型事例或是当代社会中涌现出来的榜样人物，这些榜样人物和模范典型事型都呈现了人们一定的主流价值观[①]，通过教师选择分析典例，为学生树立爱国榜样，再加上教师适时、适当的引导，学生会逐步树立正确的爱国主义教育意识和情感。

（三）创设情境，产生情感共振

根据建构主义理论中创设情境的观点，教师要在教学过程中创设教学情境促使小学语文课堂更有深度。2019年6月，中共中央、国务院颁布的《关于深化教育教学改革全面提高义务教育质量的意见》明确提出要"重视情境教学"[②]，情境创设是教师在小学语文课堂中渗透爱国主义教育的又一方法。

目前，教师在小学语文课堂中渗透爱国主义教育普遍存在重爱国主义教育理论知识的传授，轻视了学生的情感体验问题，小学语文课堂渗透爱国主义教育不仅仅是让学生掌握一定的爱国主义教育理论知识，更要加强学生的体验，进而培养他们的爱国情感。爱国主义教育不是生搬硬套的说教，为了使小学语文课堂渗透爱国主义教育能取得良好的效果，教师应该改变传统的教育方式，创设恰当的爱国主义教育情境，让学生积极参与，加强小学生对爱国主义的理解和认识，在身临其境中充分调动学生的情感活动，让他们在切身体验中领悟爱国主义教育。

[①] 柳礼泉，王艺璇. 弘扬榜样文化与培育爱国价值观 [J]. 学术论坛，2018.(03)：162~169.
[②] 王灿明. 情境：意涵、特征与建构——李吉林的情境观探析 [J]. 教育研究，2020 (9)：81.

情境创设的方法众多。首先,教师可以根据教材中的设计,选择适合学生发展的情境,值得注意的是教材中的情境设计存在一明一暗两条线索①,所以教师利用教材中的情境设计时要挖掘显性和隐性两条爱国主义教育情境设计主线。其次,教师要坚持联系生活的原则,创设联系学生生活实际中的教学情境,拓展学生的思维发展。基于此,教师在小学语文课堂中渗透爱国主义教育时可以选择学生易于接受的爱国主义教育素材,便于学生通过已有的知识积累和生活经验获得新的理解。总之,教师创设生活情境,关键是从实际生活中选取素材,便于帮助学生更好地进入情境,通过情境的创设加强学生对文本内容的理解。此外,创设"活动体验"的教学情境,对于学生产生情感共振也具有重要的意义。例如,在三年级下册综合性学习——中华传统节日的学习中,在家长的帮助下教师可以组织学生搜集有关中华传统节日的资料,以实物展示、视频分享、讲故事等多种方法相结合让学生积极参与,通过课前的资料收集、课堂中的思想碰撞,加强学生对中华传统节日的了解,让学生感受爱国主义教育不是空洞的理论说辞而是能切实感受体验的,进而使其产生浓厚的同理心,达到情感的共鸣,这符合移情感悟原则。

(四)启发引导,培养理性爱国

理性爱国是爱国的最高体现②,小学语文课堂渗透爱国主义教育的最高境界在于培养学生理性爱国,进而做出正确的、理性的爱国行为。学生感性的爱国容易受心理活动的影响,感性的爱国会让他们更多地着眼于当前利益。情感具有不稳定的特性,行为上具有一定的盲目性,然而理性的爱国是人们在理性思维的指导下,将爱国主义情感转化为理性的爱国行为③,情感上具有稳定性、行为上具有合法性。

教师不管在小学语文课堂渗透爱国主义教育时运用何种教学方法,都是为了让学生在教师的引导下受到启发,最终致力于培养学生理性的爱国行为。学生只有在教师的引导下受到启发,才会得到良好的发展④。教师要围绕爱国主义教育教学的重难点,以问题为导向对学生进行引导,教师的引导不是直白地告诉学生答案,而是有目标、有方向地引发学生思考。

教师设置爱国主义教育问题的前提条件是学生感兴趣,通过课堂讨论和个人思考的方式引发学生思考。如《为中华崛起而读书》一课中,在讲解第八自然段的时候教师就要紧抓体现"中华不振"的关键词句,设置与学生已有认知相矛盾的爱国问题,通过不断地追

---

①赵健. 论教材知识情境设计的德育维度 [J] 课程·教材·教法,2020(12):63.
②申来津,雷卫平. 理性爱国之理性解读 [J]. 学校党建与思想教育,2014(04):4~6.
③卢思锋. 对理性爱国的再认识 [J]. 思想教育研究,2014(06):38~42.
④许双成,张立昌. "道用"殊途:启发式教学新思考 [J]. 教育理论与实践,2016(02):6~9.

问和启发引导学生理解周恩来的远大志向。启发引导学生思考的过程可以培养他们独立思考，分析并解决问题的关键能力，长此以往，培养学生理性爱国会变得更加现实，学生的爱国行为也会得到强化。

四、构建"2+K"多主体课堂评价方式，提升课堂渗透自觉

构建"2+K"多主体课堂评价方式，意味小学语文课堂渗透爱国主义教育要实现课堂渗透评价方式多元化以及课堂渗透主体的多元化，提升课堂渗透自觉，能进一步增强爱国主义教育的实效性。

（一）定量评价和定性评价相结合，课堂渗透评价方式多元化

小学语文课堂渗透爱国主义教育评价方式多元化，可以定量评价和定性评价相结合。定量评价法是评价者按照一定的规定或指标以分值的形式将被评价者的行为表现和思想品德量化地描述出来，故而，它又被称作操行计量考核法[①]。教师采用定量评价的方法可以按照事先制定好的评价量表对学生进行评分，教师运用计量考核法评价课堂渗透爱国主义教育，根据量表评分得出分析数据，这些数据能有效地反映小学语文课堂渗透爱国主义教育的效果，具有客观和精准的优势。教师在小学语文课堂中渗透爱国主义教育最常采用的定量评价法是试卷考核与量表运用，它能有效地评估学生对爱国主义教育知识的掌握程度，但是定量评价的方法不能及时反馈学生的行为表现。定性评价弥补了定量评价用数据说话的部分弊端，多用深度描述的方法和动态观察的视角去研究，课堂渗透中的定性评价从目标、内容、效果等多方面进行深入描述和分析，从而得出评价结果[②]。小学语文课堂渗透爱国主义教育运用定量评价的方法，教师可以采用知识测评、积分制等方法检查学生的爱国主义教育情况，定性评价能够深入分析学生的行为变化。

定量评价和定性评价各有其特点。小学语文课堂中渗透的爱国主义教育效果学生要表现出来需要一个漫长的过程，不是教师今天在小学语文课堂中渗透了爱国主义教育，学生一下子就能反馈出来这种教育是否成功。为此，教师很难用单一的评价方式得出渗透效果如何，所以小学语文课堂中的爱国主义教育渗透定量评价和定性评价缺一不可。针对课堂中爱国主义教育的目标设置是不是合理、科学，渗透效果如何、学生反映情况是什么等都可以借助评语或是等级来进行定性的评价。这种评价方式偏向性质方面，主要是依靠教师的个人认识和自身经验对课堂渗透后的效果做大概的判断和推测，带有一定的主观性。因此，只采用定性评价爱国主义教育给学生带来的影响过于片面化。为此，教师对小学语文

[①] 宋人鳌，李放，孙立明. 学校德育工作指南[M]. 长春：东北师范出版社，1991：150.
[②] 朱桂莲. 爱国主义教育研究[M]. 北京：中国社会科学出版社，2008：189.

课堂渗透爱国主义教育评价时,要运用定量评价和定性评价相结合的方法共同评价学生。评价方式多元化在一定程度上能够客观、真实地反映教师在小学语文课堂中渗透的爱国主义教育效果。

（二）自评和他评相结合,课堂渗透评价主体多元化

小学语文课堂渗透爱国主义教育的评价主体多为教师,学生参与评价的机会较少。爱国主义教育评价主体单一,不利于教师全面了解和掌握学生的变化,所以小学语文课堂渗透爱国主义教育应该改变过去教师单一的评价这一模式,要将他人的评价和自我评价有机地结合起来。让班级里的学生互相评价自己的同桌或是熟悉的同学,这样学生获得了自我评价和评价他人的权力,能够凸显学生的"主人翁"地位,提高学生的参与意识。小学生可以通过写总结、促反思的形式评价自己对爱国主义教育的学习效果,总结和反思可以从爱国主义教育意识、情感或是行为的转变三个方面进行。这样既有利于加强小学生对爱国主义教育的认识,同时也能改进自身存在的不足之处,一方面,能够让爱国主义教育变得多彩、有趣;另一方面,也能增强教师课堂渗透的效果。

自评会带有评价者的主观意识在里面,进而影响评价结果的真实性。此时,他人客观地评价信度就比较高,例如,将班主任教师、任课教师以及同班同学的评价相结合,最终综合得出最客观的结果。同班同学在学习中相处的时间比较长,对同伴的语言和行为较为熟悉,他们在评价他人的过程中能够学习同伴身上的优点和爱国行为,取长补短、完善自我。课堂渗透评价主体多元化能够提高学生的参与意识,并能全面、准确地判断学生的整体变化,进而提升小学语文课堂渗透爱国主义教育的实效性。

第四章
初中语文教学中的爱国主义教育策略研究

第一节 初中语文教材中爱国主义教育的内容

人教版初中语文教材中属于爱国主义教育内容的文章内容可以归类为：灿烂文化、大好河山、传统美德、反对侵略、向往祖国美好的未来、抨击丑恶等，下面将初中语文教材中关于爱国主义教育的文章按以上维度进行分类统计，细致地进行分析研究，以求更加深入、全面地了解初中语文教材中的爱国主义教育。

一、热爱祖国的悠久文化和大好河山

祖国的灿烂文化和大好河山是我们从小就能亲身感受和触摸的，无论我们走到祖国的哪个角落，都能感受到祖国文化的强大感染力。我们生活在伟大祖国的怀抱之中，无时无刻不在接受着祖国灿烂文化的熏陶、大好河山的滋养。在这丰富营养的滋养下我们不断成长，慢慢产生与祖国不可分割的感情。学生在学习中了解祖国的灿烂文化和大好河山，形成对祖国的认识，培养了与祖国深厚的感情。

（一）热爱祖国的悠久文化

通过对人教版初中语文教材内容的统计分析，培养学生热爱祖国灿烂文化的文章可以再具体分类为六个维度：传统美德、传统风俗、传统技艺、古典文学、历史遗迹、古代传说。通过这六个维度广泛地展现了我国丰富而灿烂的文明，并更加细致地将初中语文教材中表现热爱祖国灿烂文化的文章进行区分。通过对这些文章的区分，了解在初中语文教材中的爱国主义教育在文化教育方面的侧重点，真正地把握初中爱国主义教育，了解初中语文教育中爱国主义教育的方向和重点。

初中语文教材中的祖国灿烂文化如表4-1所示。

表 4-1 初中语文教材中的祖国灿烂文化①

系列	文章	作用
传统美德	《散步》《金色花》《荷叶母亲》《背影》《阿长与〈山海经〉》《爸爸的花儿落了》《藤野先生》《我的母亲》《傅雷家书两则》《故乡》《乡愁》《我爱这土地》《我的老师》《王几何》《秋天的怀念》《陈太丘与友期》《羚羊木雕》《大道之行也》《敬业与乐业》	通过学习颂扬传统美德的文章,学生了解了爱戴父母、尊重师长、热爱家乡、遵时守约等传统的美德。
传统风俗	《端午的鸭蛋》	通过对传统节日风俗的了解,产生热爱传统节日的感情。
优秀的传统技艺	《社戏》《桥之美》《春酒》《变脸》《安塞腰鼓》《竹影》《云南的歌会》《观舞记》《俗世奇人》《口技》《中国石拱桥》《说"屏"》《核舟记》《吆喝》	了解传统技艺,让学生产生自豪感。
古代文学	《论语》	了解先贤的至理名言,学会为人处世的道理。
历史遗迹	《苏州园林》《故宫博物院》《钱塘湖春行》	了解我国的历史遗迹,了解先人的智慧,产生文化自豪感。
古代传说	《女娲造人》	对古代传说的了解,增强学生对古代文化的热爱。

从表 4-1 可以看出,在初中语文教材中,关于热爱祖国灿烂文化的文章很多,从教学生热爱传统美德、传统风俗文化、优秀的传统技艺、古代文学作品、历史遗迹、古代传说等多个角度来感染学生,引发学生热爱祖国灿烂文化。从表 4-1 还可以发现,在人教版初中语文教材中关于传统文化内容的安排又有侧重,在传统美德和传统技艺两个方面的文章较多,然而关于传统风俗、古代文学作品以及神话传说三个方面的文章较少。这样的安排有重点地将传统文化中的传统美德和传统技艺作为初中语文教学中爱国主义教育的主要内容,向学生传授我国的传统美德,感染学生,让学生形成对传统美的认知,进而指导学生的日常行为,起到道德规范作用。传统技艺展示让学生了解我国几千年来劳动人民的成就,形成一种民族自豪感,让学生自动为维护这灿烂文化奋斗终生。

人教版初中语文教材中对祖国灿烂文化中各个要素的文章内容全面,同时编排各有侧

---

① 江维瑛. 人教版初中语文教材中的爱国主义教育内容探析 [D]. 北京:中央民族大学,2016:23.

重,在初中语文教材中爱祖国灿烂文化这一部分文章编排数量多,内容丰富、全面的同时又重点突出。丰富的祖国灿烂文明的内容有利于学生接触多种多样的祖国灿烂文化,了解祖国那些高超的技艺、那些雄伟的历史遗迹、那些美妙的历史传说、那些形式多样的节日风俗。同时,有侧重的内容编排又有利于学生重点培养传统美德,培养对祖国灿烂文化的热爱与深深的自豪感,促进了学生爱国主义情感的形成。

(二) 热爱祖国的大好河山

祖国的大好河山养育了一代又一代的中华儿女,青少年特别是初中学生作为祖国的新一代,必须了解祖国的大好河山、保护祖国的大好河山,形成对祖国大好河山的热爱之情。当今社会,经济发展,但同时因为追求粗放型经济的发展而造成了自然的破坏,我们祖国的大好河山也被损害了,不少地区因为重工业的发展污染了环境,有的地区因为挖矿导致了地貌的恶性变迁,很多美丽的山河消失,并不可能再现,我们的后代再也不能欣赏到消失的美景。这种因为经济的发展而导致的环境的变化是不可恢复的,给我们的大好河山造成了不可挽回的损害。以下从赞美大好河山的美与惋惜大好河山被破坏两个角度对初中语文教材进行统计,如表4-2所示。

表4-2 初中语文教材中的祖国大好河山①

类型项目	文章	作用
赞美大好河山	《济南的冬天》《黄河颂》《望岳》《三峡》《观潮》《湖心亭看雪》《使至塞上》《渡荆门送别》《登岳阳楼(其一)》《地下森林断想》	通过对大好河山的了解,产生热爱大好河山,保护大好河山的愿望。
惋惜大好河山遭到破坏	《罗布泊,消逝的仙湖》	对大好河山的消逝的惋惜,引发学生保护大好河山免受毁坏的愿望。

通过表4-2,我们可以明确了解到,初中语文教材既要向学生展示我国拥有大好的美丽山河,又要让学生在学习中形成对祖国大好河山的美好印象,并产生自豪感和保护大好河山的理想。初中语文教材中还出现了一篇惋惜大好河山消逝的文章——《罗布泊,消逝的仙湖》,读了这篇文章让人不禁产生惋惜之情,在这样的惋惜之中开始反思该如何保护祖国的大好河山,留住大自然的神奇与美妙。在初中语文教材编写中强调"寓爱国主义教育于游览风光之中",这可以增强爱国主义教育的效果。在语言文字的学习中,学生了解了祖国的大好河山,学生虽未真正去过那些地方,但是在文字的引领下,在丰富的想象中,相信每一个学生心中都有一幅美丽的祖国山河图,这是不容被破坏的。

---

①江维瑛. 人教版初中语文教材中的爱国主义教育内容探析 [D]. 北京:中央民族大学,2016:25.

二、热爱国家民族，反对外来侵略

爱国主义的另一内涵是热爱国家民族，反对外来侵略。国家繁荣，民族富强，我们才能安居乐业。正所谓"国家兴亡，匹夫有责"。中学生作为祖国的新一代，肩负着祖国的未来。培养中学生热爱祖国人民，反对外来侵略，对国家兴亡起着重要作用。

祖国人民和我们有着深深的感情，是我们的骨肉同胞。当我们的骨肉同胞遇到艰难困苦的时候，作为同胞的我们也应该拥有忧国忧民的爱国之情，尽我们所能，帮助受苦受难的骨肉同胞们。初中语文教材中的爱国反战文章如表 4-3 所示。

表 4-3 初中语文教材中的爱国反战文章①

类型项目	文章	作用
热爱国家民族	《艰难的国运与雄健的国民》《土地的誓言》《大道之行也》《己亥杂诗》	通过展现祖国人民所经历的艰难困苦，表现对祖国人民的担忧，以及希望祖国强大的愿望。
反对外敌入侵	《新闻两则》《芦花荡》《用我残存的手掌》《蜡烛》《亲爱的爸爸妈妈》	反映国家所处的艰难处境，让学生学会为祖国而抗争，不断的努力，使国家独立富强。

在国家艰难的处境中，人民也遭遇了巨大的困难。常言道，有国才有家，作为祖国这个大家庭中的一员，我们有责任为了这个大家庭而努力，不断地和侵略者做斗争，争取国家的和平。当国家衰弱时，我们要能有振兴国家之志以及振兴国家之行。只有做出我们的努力，建设好了祖国这个大家庭，我们的小家庭才能安居乐业、幸福长存。

通过表 4-3，我们可以清晰地了解到，在人教版初中语文教材中，设置了大量的热爱祖国、反对外敌入侵的文章，通过这些文章，反映了我国先人们对国家的热爱之情、忧国忧民之思以及救国救民之志。我们的祖国曾经遭遇了巨大的灾难，鸦片战争之前经历一次又一次的王朝更迭，每一次的江山易主人民都要经历一次战争的侵袭。鸦片战争以及这之后的一百来年我国人民对内遭受着地主阶级和资产阶级的双重压迫。在这样的双重压迫之中人们纷纷反抗，在艰难的奋斗之中取得胜利。先人们的行为是我们的榜样，引领我们沿着爱国这条道路不断前进。作为祖国的接班人，学习前人，以史为鉴、才能走得更远。

三、批判社会丑恶，向往美好未来

批判丑恶现象是对社会中存在的不完美行为的思考与厌恶，而向往祖国的美好未来是对祖国抱有美好的希望，相信国家会变得越来越好。通过批判丑恶现象，不断地改变现在那些不合理的诉求，减少社会上那些不文明的行为，从而达到梦想中的美好，这是一种通向完美的过程。

---

①江维瑛. 人教版初中语文教材中的爱国主义教育内容探析 [D]. 北京：中央民族大学，2016：26.

现实的社会中存在着这样那样的丑恶现象，也正是这些社会丑恶现象的存在，才引发了我们去思考国家如何才能发展，社会怎样才能进步。这些丑恶的现象的存在是我们不断进行社会改革、不断改变思想以实现更好发展的动力。通过对初中语文教材的统计和分析，得出以下关于批判丑恶现象，向往美好未来的文章统计表。

表4-4 初中语文教材中关于批判丑恶，向往未来的文章统计表[①]

类型项目	文章	作用
批判社会丑恶	《石壕吏》《茅屋为秋风所破歌》《中国人失掉自信力了吗》	揭露现实生活中的丑恶现象，但并不因此而灰心丧气，引导学生要勇于改变现实，朝着好的方向发展。
向往美好未来	《祖国啊，我亲爱的祖国》	赞美祖国，向往祖国美好的未来，引发学生的爱国之情。

从表4-4中可以看到，在初中语文教材中，有揭露社会丑恶现象的文章，这些丑恶的社会现象就在我们身边，与我们的现实生活息息相关，让我们意识到我们生活的世界是喜忧参半的。不能因为自己看到好的现象就过分乐观，也不能因为自己看到不好的现象就过分担忧。我们要学会辩证看待社会生活，积极维护社会中好的现象，自觉抵制不好的行为，为把我们的国家建设得更好而努力。

四、了解爱国先驱，感悟爱国情怀

我们的祖国有着悠久的历史和灿烂的文化，在这几千年的历史长河中，涌现了一批又一批的爱国者，他们用自己的行动为国家和民族做出了重大贡献。他们中有的为了保卫国家而牺牲了自己的自由甚至是生命，有的为了国家的进步而不断努力、饱受苦难。他们为了国家民族的利益自我牺牲的爱国之情值得我们学习，是我们的榜样。通过对人教版初中语文教材的分析和统计，得出下表：

表4-5 初中语文教材中有关爱国先驱的文章统计表[②]

文章	作用
《邓稼先》《闻一多先生的说和做》《登上地球之巅》《过零丁洋》	通过这些写爱国先驱们的文章，向学生渗透爱国主义思想，同时让学生了解到爱国主义是真实的，不是虚化的。

根据对表4-5的分析，人教版初中语文教材中爱国主义教育通过爱国先驱的形象感染学生，符合《爱国主义教育实施纲要》的要求，众多爱国人物呈现在学生面前，将爱国主义与现实生活相结合，让学生感觉到爱国主义的真实性。感觉到爱国主义不仅仅是精神上

[①]江维瑛. 人教版初中语文教材中的爱国主义教育内容探析［D］. 北京：中央民族大学，2016：27.
[②]江维瑛. 人教版初中语文教材中的爱国主义教育内容探析［D］. 北京：中央民族大学，2016：29.

的，而是行动上的，它就在我们的身边，实实在在地存在着。

爱国先驱作为我们普通人的榜样，他们的爱国行为感动着我们，也引领着我们。热爱祖国不是嘴上说说的，而是实实在在的，与我们的生活息息相关。随着祖国的日益强盛，加上我们个人力量的局限性，我们虽不能像爱国先驱们一样做出惊天动地的爱国行为，但是，我们可以从身边的小事做起，尽自己所能，在自己的岗位上做出自己的贡献，这也是一种爱国主义。

第二节 初中语文教学中爱国主义教育存在的问题

一、部分教师缺乏主动意识

编入初中语文教材中的新时代爱国主义教育类选文，文章本身不仅具有文学语言上的优美性，而且其中蕴含先进的理念以及高尚的情怀，等等，这也是在初中语文教材中相关选文逐渐增加的原因。现代的教材编写理念开始越来越重视新时代爱国主义类选文在教科书中的编排意义，但是一线的初中语文教师对于此类选文的重视程度还远远不够，教师作为教学活动的主体部分，是能够直接影响学生接受相关信息的。部分一线初中语文教师对此类教材认识不够深刻，未能领悟选文中的价值精神，最终这种教学意识和思维方式导致在教学时，将其中的革命英雄气概、爱国主义价值观这样的重点草率略过，教学方法单一死板，教学模式简略陈旧，没有创新的教学方式自然让学生也收到消极信号，学生在学习此类选文时总是浮于表面，不能深入地理解文本中深层次的内涵和意义。在这样的双向作用下，学生感觉不到学习此类选文时的新鲜感，从而主动性变差，教师也在接受到这样的情况反馈后认为是学生方面的问题，开始陷入对选文的怀疑之中。《新时代爱国主义实施纲要》明确要求青少年的爱国主义教育工作应在学校加强，如果在语文课堂上都已经丧失了对学生新时代爱国主义教育的热情，师生双方采用消极规避的态度，不能树立正确对待此类选文的意识，那么不管教科书编写者再如何改变、怎样增加相关篇目，新时代爱国主义教育的融入培养都是效果甚微的。

二、教学方式缺乏多样变换

在目前的语文教学中，讲授法依然是大部分教师采用的主要教学方式，这无可厚非，讲授法是语文教学中最重要的教学方式，即使在未来的很长一段时间也会长期存在于课堂中。但是，对于新时代爱国主义教育的选文，大部分教师依然从作品背景、人物介绍到文章主旨等方面全部由老师来讲述，这样的形式太过死板和老套。学生从一堂课的开始到结束始终处于被动接受的状态，可能时而会有所思考，但思考质量都不能保证，更别说去自主探索和发现了。在此种情况下，教师对于教材内容"年年教，届届教"早已烂熟于心，却不能教出新的知识和思想来，主要就是因为教师口头描述、直接展示、知识传递方式单一，学生永远不能被老师已经反复重复、不断咀嚼的东西所吸引了，这样的话，学生何来的感情认同，如何对其中的精神内涵去接受并内化，育人目标怎么实现？初中阶段是青少年发展的重要阶段——要完成从儿童期到少年期的过渡。他们的心智和思维都尚未完全成熟，对于知识的接受和思想的融入还是多手段、多维度、多方式地去进行，单一死板的模式很容易引起学生的抵触情绪和学习的疲劳感。对此，语文教师在教授此类课程时，要随时根据学生最近的学习内容、学生心理变化以及可能的时事发展来调整教学策略，打破常规、变换教学方法来教学。在人教版初中语文教材中，对很多相关的文本内容，教学方式是需要随时做出改变的，如《中国人失掉自信了吗》，这篇文章是一篇驳论文，文章内容的理解是有一定难度的。在学习这篇文章时，教师首先要让学生对于文章背景以及作者写作时间、当时社会环境等进行充分的预习，在课堂上将学习的主动权交予学生，学生可以通过自己的预习结果来组成学习小组，进行交流学习和讨论发言，最后教师再针对每个小组的疑惑问题或者主要问题进行解答和巩固，这样一来，学生的主动性和思维都得到了调动和发展。

三、教学内容脱离语文性

部分一线初中语文教师在执教新时代爱国主义的相关选文中，容易走近一个误区，即把语文课程根本性质之一的工具性忽视掉了，而去把这类选文对学生思想品德的教育功能过分强调，这难免将语文素养和语文技能对学生的训练错误性地减少。教师应该要想到的是，此类选文在语文课本中的出现，首先是其蕴含的语文知识和文化素养，其次才是这篇文章的思想情感方面，这是根本的语文教育应有的核心观念。再来反观当下的语文课堂中，仅因为选文中含有思想政治或历史学科的一点因素，于是部分教师就过分地去将这些因素作为重点去教授，一堂语文课也变得面目全非，不像历史课也不像政治课。所以，需要提出的是，相关的选文的确是包含大量爱国情怀及革命精神，但是语文课堂始终要坚持对语文内容和知识的教学，重视在语言表述上的分析与品味，切不可有失偏颇将语文课堂的本色丢了。

在语文课堂教学中，"听""说""读""写"能力的培养始终是教学的目标和重点，是以学生的语言实践能力和语文综合素养的形成出发点的。在课堂上最基本的要求是要让学生"听得明白"，其次还要能"说得出来"，在这两个过程中还要结合读、写能力来进行。俗话说,语文老师都是上知天文,下知地理的全科型综合人才,语文课程的性质也确实决定了语文教师的综合素质要过硬,具有一定历史、政治、地理等旁系课程的相关知识是必要的,都是为更好地服务语文教学。但是,一定要主次分明,不可本末倒置,坚持语文课堂以语言的表达方式为重,立足学生语言运用能力的提高,以阅读和理解能力为出发点,延伸到语文的综合能力形成上,这样的选文教学才能不失语文的性质。

第三节 爱国主义教育融入初中语文教学的策略

一、在初中语文选文中渗透爱国主义教育

如何在教学中培养新时代爱国主义教育内容,需要广大语文教育工作者和一线语文教师共同对选文的内容深入分析,并且根据不同的特点实施针对性的教学方法,只有这样,才能让学生对选文的学习产生更高的积极性,从而提高教学效率。

(一)把握选文内容的不同侧重点开展针对性教学

1. 利用多媒体展示功能,领略祖国壮丽山河

在初中语文的课堂教学中,利用多媒体的图像展示功能给学生呈现一些视频或者图像素材,这对初中生而言是喜闻乐见的,中华大地风景秀丽、名山大川数不胜数,虽然很多的地方学生到目前为止都没有去实地游览过,但是在课堂上对相关内容学习时可以通过现代信息技术手段,也能饱览一番。比如在学习《黄河颂》时,可以将黄河壶口瀑布磅礴奔腾的宏大景象给学生展示出来,让学生在视频展示之下来进行有感情的朗诵,学生好像就是站在黄河之畔,这样的意境之下,学生会被深深地吸引到课堂中来。这样的图像呈现不仅让学生能观赏到中华民族母亲河的博大渊源,更能体会到中华民族的自强不息,这样产生的深刻记忆学生会永远铭记在心。

因此,一线语文教师在进行此类选文的教学时,要精心设计教学环节,对于选文中有包含我国秀丽山川的内容时,可考虑在课堂上适当引入一些相关图片或者视频,"图片或视频可以直接带给学生视听觉的满足,所以教师可根据自己的设计控制引入的数量"[①],不然很容易造成学生被这些课外素材所吸引分散注意力,最大限度地发挥图片的教学价值。

---

①陈明. 信息技术教育带给课堂的变化[J]. 学校教育报,2000(11):5.

2. 搜集相关英雄故事，感受英雄人物的爱国情

人教版初中语文教材中，有很多记叙了革命时期先辈们英勇战斗为国牺牲的英雄事迹，这些都是进行新时代爱国主义教育培养的重要教学资源，革命先烈们为了国家的命运和民族的存亡，甘愿牺牲自我，这样的伟大英雄气概，对初中生有很大的思想感染力，能让他们产生一种崇敬之情。要让学生明白今天的和平时代是谁为他们创造的，在今天的和平年代，我们可能不再需要像他们那样忘我牺牲的奉献精神，但革命先辈们的英雄事迹一直在提醒当代青少年：勿忘历史，珍惜和平。这些事迹都是在历史长河中真实存在过的，教科书只是选入一些典型事例供大家学习。

所以，在教学过程中，为了使教学内容更加丰富，教师可以对文中主要人物的故事进行拓展补充，引相关故事或人物进入课堂，使人物形象更加饱满立体。当然，还可以让学生自己收集身边的革命英雄的事迹，到课堂上与同学们一起分享学习，在这个过程中不仅能锻炼学生的动手实践能力，还能让学生自己交流并且分析自己寻找的素材内容，学生的能力还能得到全面的锻炼与提升。英雄人物的故事古往今来出现得太多了，不只有近代革命中的先辈人物才算英雄，古代也有很多的民族英雄像文天祥、岳飞等，为了民族大义和人民利益敢于抗争的都是英雄。通过老师精心的教学设计，在课堂中适时地融入这样的故事，从而激发学生热爱民族和国家的情感。

3. 回顾历史文化历程，领会劳动人民的智慧

中国几千年的历史进程，既有着辉煌的过去，也有着艰辛的近代，丰厚的历史文化遗迹和文化底蕴见证了中华文化的历史进程。"文化具有对人精神品格的塑造功能，优秀传统文化能够培养学生们的审美情趣。"[①]

初中语文教材中对传统文化的覆盖范围很广泛，有传统名俗、传统技艺、传统艺术、文学作品等，而且体裁类型也多样，包括诗歌、记叙文、散文、说明文等。教师在进行此类选文的教学时，要进行适当的知识扩展，根据课文内容可以加入相关性的时代背景、起源发展和文化环境等方面的知识，这样一来对学生而言，不单只是一篇课文的学习，更是对这些作品中相关文化的了解，让学生明白祖国传统文化的历史发展过程，而且有益于激发他们对优秀文化的热爱，比如在学习《梦回繁华》时，教师可以介绍当时宋朝的文化繁荣和经济发展高度，也可介绍当时宋朝外交上的羸弱，宋朝是我国历史上非常特殊的一个王朝，了解历史知识，知百年王朝更替，明历史发展规律。

---

①吴慧. 语文教材中的爱国文化研究［D］. 苏州：苏州大学，2019：12.

(二) 利用主旨表达的方式不同开展区别式教学

1. 从朗读训练中加深学生的爱国情感

新时代爱国主义教育在初中语文教学中的情感培养方式包含直接性融入和间接性融入，无论是直接性融入还是间接性融入都可以通过朗读的方式来进行。

比如《土地的誓言》，在这篇散文中通篇是对各种景物的描写，没有情感的直接抒发，这是一篇典型的间接性情感融入文本，作者将故国被帝国铁骑践踏之下的压抑，以及对故乡的思念之感尽寓于景中。这篇文本可以让学生在一次"朗读活动"中体会作者的情感表达方式，教师要做好引导，可以先让学生听示范朗读，然后学生独自朗读，再通过小组选出学生在班级中展开比赛，让全班的学生当评委。"教师将课堂交给学生去管理，学生的参与性大大增加，通过活动学生对于文本的解读更加全面和深入，文章中的情感也能内化于心。"①

直接性情感融入文本也适合进行朗读训练，增加学生对文本中爱国情感的理解，如《黄河颂》这篇现代诗歌是直接性的情感抒发方式，此类文本教师无须进行过多的教学指引，只需要对朗读方式进行变换，如教师利用范读、齐读、男女分读等方式让学生自己在朗读中直接领会情感，把文章读丰、读满。在这样反复的朗读中，才能有情感渲染的作用，最终起到新时代爱国主义教育融入的培养效果。

2. 聚焦文章重点语段挖掘爱国主义思想

初中语文教材中有大量的篇目是与新时代爱国主义教育内容相关的，教师在进行教学时如何在每篇文章中都能很好地融入新时代爱国主义教育。"最基本的方式还是从文章的重点语段出发，对语言文字理解永远是语文教学的根本任务，所以即使是每篇文章的重点、主题、体裁会有所不同，但在教学中只要能对文本中的重点语段进行剖析，也是能够发掘出文本的主旨思想的。"②

比如《沁园春·雪》的表达内容是从"江山如此多娇，引无数英雄竞折腰"开始变化，上篇写景到后篇的抒情，情感也是从上篇对祖国北方壮阔景象的赞美到下篇抒发自己对中国革命和民族前途的自信。因此，教师在教学中要将体会重点语段作为教学的重点，教会学生怎样在文本中抓关键语段去进行分析。要让学生受到重点语段的熏陶、影响，挖掘出文本中的爱国主义思想情感。

---

① 阮士荣. 深入文本，从活动中训练能力 [J]. 中学语文. 2010 (30).
② 聂美玲. 初中教学内容研究 [D]. 海口：海南师范大学，2014：23.

（三）通过历史背景与生活实际开展情境式教学

1. 善用现代信息技术适时引入图影资料

随着时代的发展变化，教科书的更迭速度也是越来越快，并且在教科书中加入了很多具有现代意义的文本，这些距离学生生活时代就近的选文对学生而言更容易接受。但是部编本初中语文教材中还是有很多传统文化的内容，在现代信息技术的条件下，对学生的教学也不能仅仅停留在课本中的语言文字上，多媒体技术作为对传统教学手段进行革新的一项新技术，要充分利用到课堂教学中来。学生可以通过多媒体展示的图像影音，更加直接和形象地对千年前的但在现代生活中已经消失的文化或技艺进行了解，更有效地理解历史传统性的知识。

因此，教师在教学中要充分利用多媒体技术，将新时代爱国主义教育的传统内容在形象的图影资料中进行有机的结合，让学生能够对不太熟悉的传统的民俗或技艺重新认识，不会有陌生感和距离感，在传统内容和图像结合的生动有趣的情境中，增强学生对传统文化的情感体验和文化自信心。

2. 联系学生生活实际感悟文化特色

新时代爱国主义教育的内容形式丰富多样，在不同版本的教科书中对爱国主义内容编排的侧重点会有所不同，在人教版初中语文教材中传统文化的内容占据很大一部分，其中的传统民俗部分的内容也是和现代学生的生活最贴近的，此类内容相对其他类型内容更具有生动性，对学生更有吸引力。比如文章《端午的鸭蛋》，就是作者通过回忆自己家乡过端午节时的各种地方风俗，以及母亲和乡亲们的热情淳朴、家乡亲人们的和谐融洽，即使是多年以后作者回忆起来依然是内心充满着温暖和感动。

所以，教师在教学时可以将学生生活实际与民俗资源进行结合，如在学习《安塞腰鼓》时，可以让学生联系当地的民俗活动与陕北地区这种粗犷的民俗活动进行比较，将当地的民俗活动作为学习完文本内容之后的拓展延伸内容，这样学生在了解当地与祖国文化特色的同时，还能从中感受到民俗文化的魅力。

二、依据编排形式融入爱国主义教育

（一）不同栏目形式的教学策略

1. 利用文本中的相关问题确定教学重点内容

初中语文教材中针对文本内容的训练主要有文章内容旁边的一些相关问题和文本后面

的一些练习。文本中的相关练习题是编者的辛勤劳动成果和智慧的结晶,可以说是编者与读者关于文本主要内容的一次对话,在文章旁边的一些提问往往是有很大的思考价值的,能够在学生进行文本阅读时提醒他们带着问题去读,并且一边阅读一边主动思考。这样的提问形式能够有效避免教学时的无效和低效的提问,还可以在练习中启发学生感悟文章的爱国情感。因此,教师在教学设计中要做到将文本中的练习与新时代爱国主义教育思想情感充分联系起来,精心安排在问题的联系中融入新时代爱国主义教育内容,深化文中爱国主义情感的培养。如《老山界》课后思考探究中的第一题:"请按照文章记叙时间和地点变化的线索,简要概括红军翻越老山界的经过。"教师在教学这篇文章时,可以抓住这个问题作为文章故事发展的线索,组织开展课堂教学。教学时,重点抓住时间变化线和地点转移的过程中发生的故事,让学生感受到红军长征时的各种困难和艰险,体会到革命战士的英勇无畏和坚忍毅力。

2. 根据教材中选文内容进行群文式教学

张倩文教授在《群文阅读的演变形式和新变革》[①] 中提道:"群文阅读教学是一个过程,教师和学生围绕一个主题选择一组文本,然后教师和学生通过阅读完一组文本双方充分的探讨之后,共同确定一个师生认可的主题,最后达成双方共识的双向过程。"群文教学在新时代爱国主义教育中的运用,可以充分发挥学生对爱国主义思想的深刻理解,由于爱国主义的内涵本来就是非常丰富的,同是又是相互联系贯通的,所以学生利用群文教学的方式将一类的文本划归到一组学习任务中,既能对文章中的内容情感做深入探究,也让学生的阅读效率和学习效率得到训练提升。

群文阅读教学的组织形式,可根据最近学生的学习进度和学习情况或者抓住一些时代热点和发展脉搏,灵活调整教学计划。比如在每学年第一学期期末的12月份可以组织一个以"悼念英烈"为群文学习主题的活动,因为我们都知道在12月13日是国家公祭日,对于文本的体裁可以有限定或者不做限定。可以将内容的选择贯穿到整个部编本初中语文教材中去,从初一年级到初三年级的所有相关内容都选进去,如诗歌类的有穆旦的《我看》和艾青的《我爱这土地》等,戏曲类的有郭沫若的《屈原》,传记类的有《邓稼先》。虽然这三类文章是不同体裁的学习文本,但是表达的主旨是大体相同的,可能对初一的学生来说是比较困难的,所以在刚开始时可以将同类体裁和同类情感表达的放在一起,学生也容易接受。再比如,八年级上册《就英法联军远征中国——致巴特勒上尉的一封信》,文章是对英法联军破坏东方艺术殿堂的无耻行径的讽刺和批判,是对国际和平主义的期盼,但是这篇文本也是爱国主义教育的很好的素材,将这篇文章与学生在小学已经学过的

---

①张倩文. 群文阅读的演变形式和新变革 [J]. 中学语文教育学报,2013(06):62~66.

《圆明园的毁灭》和课外的《哭泣的圆明园》结合在一起组成一个群文阅读教学。在对三篇文章进行交流学习之后，加深学生对英法侵略者的愤恨和鞭挞，理解圆明园的毁灭是世界文化的巨大损失。群文阅读教学是非常考验教师的综合能力和教学组织能力的，对老师而言也是非常具有挑战性的，所以教师在设计主题时要科学筹划、适量适度，兼顾学生的学习能力与接受能力，不可操之过急。

（二）插图类选文的教学策略

1. 利用插图的意义内涵完善丰富学生认知

按皮亚杰的认知发展理论来看的话，初中阶段的学生已经进入了"形式运算阶段"，学生思维发展趋于成熟，思维具有很大的灵活性，但是在刚进入这个阶段时对思维发展缓慢的学生还存在上一个阶段具体运算阶段的影响。具体表现为思维还需要以具体事物为载体，但插图能在大脑中将抽象的文字转化为具体的形象，因此文本中的插图对刚进入初中的学生而言有很重要的作用。教师在对每一课的文本进行讲解时，要能够利用插图的意义内涵完善和丰富学生的认识不足。对初中生而言在新时代爱国主义教育类的插图教学中，不仅要考虑语言知识的有效习得，还要考虑爱国主义情感的激发。

在有插图的新时代爱国主义教育类选文中，语文教师要对插图与文章内容仔细地分析钻研，以便在课堂教学中引导学生对插图蕴含的文化和情感进行感受，理解课文中爱国主义内容。根据第一章对选文中插图形式的分析，插图要合理地运用到教学中各个环节，教师在备课之始就要有一个周全精心的设计。如可以在教学《周总理，你在哪里》时可以将文中的插图作为导入，让学生分析第一眼看到周总理时的直观感受和能从插图中得到的关于文章的信息；还可以在学习《安塞腰鼓》时，文章中有一段描写安塞腰鼓在千百人共同击打时的一种热烈宏大的场面时，让同学们观看文本中的插图，比较图像和文字对场面的描绘有哪些细节上的不同，图像是对文字描写的形象再现，文字又是对图像的深入刻画，这二者可以看作是艺术表现的不同形式，各有千秋。

2. 利用插图情景内容完善丰富情感体验

插图与文章内容联系非常紧密，刚进入"形式运算阶段"的初中生能够通过插图对文中事物做具体形象化的感知，增强学生对内容的理解和记忆。初中生对活泼生动的课堂氛围更愿意接受，教师图文并茂的形式也有利于课堂教学的实施，文本中的插图是图文教学的第一手资料，插图的有效利用是对教师课堂把控能力的考验，也考验教师对教学的设计能力。如在《梦回繁华》这篇文章中，插图是汴河拱桥之上人们看着河中一艘船正在紧急收回桅杆，似乎即将就要撞上拱桥的千钧一发之际的景象。文本中截取的插图也是《清明上河图》中最具有吸引力的一部分,这部分的内容在文本中也是用了大量的笔墨来描写,所以这幅插图是最有张力的,图画虽然是静止的,但是第一眼看到就能感受到画中的紧张气氛,仿佛图画是活的,学生再通过文本中的语言文字理解画面中学生不能发现的隐藏内容。通过对这篇文章的学习,学生能够感受到祖国传统文化的魅力和古代绘画技术的高超,从而产生对中华文化的热爱之情。

三、针对不同体裁融入爱国主义教育

初中语文教材中蕴含新时代爱国主义教育内容的文章主要集中在诗歌、记叙文、散文、说明文这四类中,这里针对这四类体裁提出相应的教学策略。

(一) 聚焦诗歌情感表达的独特性

1. 借助诗文含义品析爱国内容

诗歌尤其是古代诗歌在经历了漫长的历史发展之后,语言精练含蓄、篇幅较短,往往造成学生理解上的困难,把握诗歌所表达的情感也有难度,所以诗歌相较于其他类型的文章体裁需要学生花费更多的时间精力去研究。在古代,大多的爱国人士通过诗词来抒发自己对国家和人民的情感,或是"乐以天下,忧以天下",或是"先天下之忧而忧,后天下之乐而乐"。在部编本教材中有很多表达爱国主义情感的诗歌,所以,为了更好地在诗歌教学中融入爱国主义教育内容,首先,教师要对诗文的字词句进行解读,帮助学生理解诗文中的一些苦涩难懂的语句;其次,才能去理解体会诗文的内涵;最后,才是对诗文情感的感悟。

诗词教学往往是难在了学生对内容的解读上,教师要训练学生对诗文有效解读的能力,只有完成这一步才能对相关诗歌中的爱国情感进行品析,诗文中的爱国情感需要逐步被学生接受。

2. 从音律朗读中品读爱国诗情

诗歌最早源于古代的音乐,具有节奏美和音律美,这是它本身独有的特点,也是其他体裁类文本不具有的。这一特点为诗歌教学着色不少,让学生在朗读的基础之上感受音律美感,在音乐的渲染情境中诵读诗歌,甚至还可以用曲子唱出来。所谓"书读百遍,其义自见"正是强调了"读"的重要性,在反复朗读中,使学生置身于诗境之中,感受诗中的爱国诗情。如八年级上册中的《过零丁洋》中"人生自古谁无死,留取丹心照汗青"律诗中的尾联不仅在押韵的基础上保持了整首诗的韵律之美,还在最后将在丧国之时诗人心中的浩然正气和不屈外敌的爱国情感也表达得淋漓尽致。九年级古诗词"醉卧沙场君莫笑,古来征战几人回?"是诗人对戍边战士和残酷战争的真实写照,在反复的朗诵过程中,我们能够感受到保家卫国的战士们早已将生死抛之脑后,不禁为他们坚强的信念深深感动,从古到今军人的职责和使命不曾改变——保家卫国、忠诚勇敢,不由生发出深深的敬意。总的来说,利用诗歌音律美的特点进行情境化的朗读,有益于新时代爱国主义教育在语文教学中的融入培养。

3. 凭借作品背景感悟情感由来

在诗歌体裁的教学中,诗歌类文本尤其是古诗词中的情感表达往往不是直接性的,而是在各种铺垫和各色景物中蕴藏着作者内心深处的情感,在这样的一种含蓄表达方式虽然在文学上很有艺术价值,但也造成学生对蕴含的深层情感理解困难。这样的情况下教师需要在教学时做到"知人论世""所谓知人,即是了解作者在著这篇作品时的人生境况,所谓论世,即是了解当时的作品写作背景,这是学习作品内容的两大关键因素[①]"。爱国类的诗歌篇章一般都是在复杂的大时代背景之下或者是诗人的人生重要阶段时创作出来的,所以以上两者教师要在教学相关诗文时重视起来。

在教学中有意地引入诗歌背景或人物生平可以对课堂氛围起到及时调节的作用,激发学生的学习兴趣。教师要在教学的准备阶段做好对有关背景资料的收集和筛选,但是对于这类资料的选择要做到"全而不繁",尽量对资料的收集全面一点,但是在选取上不可面面俱到,应有取舍,为了避免长篇大论的枯燥陈述,可以用讲故事的方式给学生介绍相关事迹和时代风云。如在讲解苏轼的《水调歌头·明月几时有》时,是苏轼生平中一次重大转折,苏轼受当朝守旧派的排挤,被贬谪之后,漂泊到密州之地,时至中秋,心中对家乡亲人和兄弟朋友的思念之情油然而起,于是就为后世留下了这篇流传千古的佳作。对于苏轼传奇跌宕的一生,教师要慢慢对学生渗入,不可急功近利,不然很容易让学生产生厌倦之意。在逐步融入培养中无不对宋朝诗词文化的繁荣所惊叹,更对祖国优秀的传统文化产生深深的敬佩之情。

(二) 聚焦记叙文中典型人物事件

1. 从文本事件内容中感悟时代国情

在新时代爱国主义教育类选文中,记叙文所占比重是诗歌、散文、记叙文、说明文这四类体裁中较少的,但是记叙文在初中语文教学中进行新时代爱国主义教育的培养却有着重要的意义。记叙文一般是通过对一件或几件事情的叙述来表现爱国主题的,之所以记叙文相对于说明文而言,初中生比较有兴趣学习,是因为初中生在刚刚接触说明文时会感觉

[①]温儒敏.温儒敏论语文教育三集[M].北京:北京大学出版社,2016:46.

到事理性及理论性太强。因此,教师要利用好记叙文的特点,针对文中事件的内容给予关注并进行解读分析,以及从中解读出新时代爱国主义教育的内容。初中语文教材中融入爱国主义教育内容的记叙文,大多是描述革命时期的英雄事迹,对这类选文要仔细品读、层层深入,最后生发感悟。如记叙类选文的代表篇目《老山界》,这篇文章可按时间顺序或空间顺序来划分文章内容,按时间顺序划分是翻越大山之前、翻越大山之时和翻越大山之后;按空间顺序划分是未登大山之前、登上大山、翻越之后。这两者都是文章的线索,教师要带领学生找出蕴藏于文中的相关信息,这是红军长征路上的第一座大山,也是红军战士心中的一座无形的大山,联系当时背景,红军在国民党军队的大围剿之后士气被重挫,所以当时党内对于长征是怀疑的,这时横亘在红军前进路上的"大山"翻越过去就是胜利,是信念和信心的胜利。最终,红军战士顺利翻过这座大山,同时象征了中国共产党带领下的红军不怕困难、敢于牺牲的伟大革命精神。部编本初中语文教材中的记叙文是对事件或者人物的分析,从事件和人物的内容中感受选文表达的思想和情感。

2. 从人物细节描写中感悟爱国情感

记叙文一般包含时间、地点、人物和事件起因、经过、结果六要素,这六要素对于记叙文都是非常重要的,但是对于记叙人物和事件类的文章而言,只要能够抓住人物和事件的主要内容以及对人物的细节描写,后者对初中学生而言更是要重点学习的。在部编本初中语文教材中,融入新时代爱国主义教育类的记叙文体裁,通过对人物形象的生动描写和对重大事件的精彩记叙,前者能让学生感受到一个个鲜活的爱国主义形象,后者能让学生感受到国家历史发展的坎坷历程。

人物的细节描写往往通过对人物心理、神态、语言等方面来刻画,感受人物的爱国主义情感和举动。如七年级下册科普记叙文《太空一日》,文章是航天英雄杨利伟按自己的回忆来记叙文章内容的,在茫茫的太空中,只有杨利伟一人在孤军奋战,周围没有任何人可以交谈,只有地面的指挥系统可以联络,所以文章中大多是自己的心理描写,语言描写几乎没有,还有就是自己的精神状态变化,这些是学生学习时要抓住的重要细节,能够感受到中国航天事业取得的巨大成就是有一批不怕牺牲和有坚强毅力的航天人在默默地付出和坚持,这样的"航天精神"需要学生去认同理解,并提高新时代爱国主义教育的效果。

(三)聚焦说明文中重点说明对象

1. 立足文本内容挖掘文化价值

在这四类体裁的文本中学生对说明文的学习兴趣是最低的,因此说明文和议论文成为目前语文教学的一大难题,因为这类文章的理论性和事理性比较强,让学生感觉失去了语文原有的人文内涵。当然，其中有部分原因是教师在教学此类选文时过于强调说明文的知识技能和知识理论，比如只去反复讲一些说明方法、说明顺序等，对于文本中的文化内涵却置之不理，在这样的教学之下学生的学习兴趣从何而来，所以在教学新时代爱国主义教育类选文时要改变以往的教学模式，从文本的文化价值角度去挖掘，在潜移默化中陶冶学生对祖国文化的热爱之情。在部编本初中语文教材中，相关说明文是对中国传统艺术技艺的说明解读，如文艺说明文《"说屏"》和工艺品说明文《核舟记》等，具有浓厚的文化气息，因此，教师在教学时可以根据文本内容的需要，挖掘相关历史背景、社会风貌等，使学生能够了解在当时的社会背景之下产生的这些传统技艺的过程和渊源，并感受到传统风俗中的文化价值。

2. 以文本的客观科学性体会文化典型特征

说明文是对事物的客观陈述，是用来阐明事理的文体，它与其他三类文体相比虽然学生的学习兴趣不高，但是它的内容具有科学性、条理性的特点，语言表达不像散文那样的随意自由和优美生动，也不像记叙文通俗朴素和简练流畅，更不像诗歌那样句式规整或长短不一，而是具体准确和科学理性。由于说明文的这些语言特点，部编本初中语文教材中的相关说明文，教师可以从说明语言和说明顺序来训练学生的逻辑思维和语言表达的准确性和科学性。如初中经典说明文《中国石拱桥》，介绍了中国石拱桥的特点，在介绍中国石拱桥时用赵州桥和卢沟桥来举例说明，并且说明了中国石拱桥的发展历程、石拱桥在世界桥梁建筑史上的贡献之大，尤其是在文中对列数字说明方法的使用，使文章的语言更加周密严谨，还运用了大量的说明方法来解释说明事物的典型特征，这一特点教师要引导学生掌握。因此，在对严谨的说明语言学习的同时，还要对语言和内容后面的文化内涵进行探索，对学生进行有效的中华民族文化输入。

（四）聚焦散文的语言和关键线索

1. 在文章细腻优美的语言中产生情感共鸣

散文体的语言优美、具有个性，且散文体对字词的使用更加随意和"自我化"，经常会缩小或扩大一些词的含义，来表现作者内心的情感。部编本初中语文教材中，散文体裁使用最多的就是写景类散文，文章语言有时细腻优美、温文尔雅，有时大气磅礴、气势宏大，散文的语言风格根据写作对象的不同可肆意变换，如《春》《济南的冬天》语言都是轻柔舒缓的，再如《安塞腰鼓》的语言风格和前面两篇是截然不同的，这也正是散文的魅力。散文是这四类文体中学生学习时间最长、篇目最多的文体，学习散文要去学习它的语言，只有透过语言文字让学生感受作者要表达的情感、感受作者的人生感悟，文字是学生阅读获取的最直接途径，让学生通过文字认识作者所见所闻，产生所思所想。教师在教授《济南的冬天》时，教师应该选取具有代表性意义的句子，让学生细读感受，教师通过适时引导，让学生感受到济南的冬天为何让作者如此喜爱，作者通过哪些景物的描写突出冬天的温暖等。要让学生明白祖国大地风景秀丽，各处都有壮丽美妙的景色，培养他们对祖国山河的热爱以及珍惜自然环境的意识。

2. 抓住文章关键线索来引领教学的环节

散文的特征是"形散神不散"，这就说明散文的中心是隐藏起来的，需要学生一步步地去发现，"散文的开头或结尾段落对文章内容具有画龙点睛的作用，所以教学中教师要抓住这一点，并带领学生找到其中的线索"①，所谓的线索就是文章的主要情感和主旨思想，对于散文的思想情感通常是被作者隐藏在文章的内容之中的，这也需要一定的方法技巧，相对来说初中教材中的散文较为简单，让学生通过训练来掌握对文本线索的发掘，并领悟其中的情感。抒情散文《土地的誓言》文章第一段第一句话就表明了作者对于故土的情感"我心里怀着挚痛的热爱"。这是文章的一条明线，也是文章的感情基调，一直到文章的最后一段"必须看见更美丽的故土出现在面前，哪怕是坟前……"，很明显的是情感是从开头到结尾的慢慢升华到最后变得更加强烈，只要学生能够把握这一点，对于文章的学习也会容易许多，必须让溢于文字表面的情感内化于心，爱国主义教育才能让学生实践于行。

---

①中华人民共和国教育部. 义务教育语文课程标准（2020年版）[S]. 北京：北京师范大学出版社，2017.

第五章
语文教学中的爱国主义教育具体示例
——以人教版义务教育阶段中小学语文教材为例

第一节 小学语文古诗词教学中渗透传统文化教育

一、小学语文古诗词教学中渗透传统文化教育相关概念界定

（一）小学古诗词

古诗词是古诗与古词的总称。根据体裁，古诗可分为古体诗和近体诗，古体诗形式多变，格律上比较自由开放，如《诗经》《楚辞》《汉乐府》《南北朝民歌》等；近体诗形成于唐朝，通常分为律诗和绝句，每句字数相同，有五言和七言之分，律诗大多数每首为八句，绝句每首诗均为四句。根据古诗的内容，可分为叙事诗、送别诗、抒情诗、边塞诗、山水田园诗等。古词盛行于宋，也称"诗余"，是配合宴乐乐曲而填写的歌诗，词牌名决定了词的长短、格式和韵律等，根据整体字数的多少，词分为小令、中调及长调。古诗词用字经典、韵律优美、感情丰富、意境深远，是我国文学史上的珍宝。古诗词是中华文化的精髓，是历史长河中熠熠闪光的星辉。

小学古诗词指的是小学阶段学生所学习接触到的古诗词，是小学《语文课程标准》规定学习的古诗文的组成部分之一，其包括小学语文教材中出现的古诗词，教材的课后习题、单元积累中出现的古诗词，《新课程标准》中推荐小学生学习、背诵或朗读的古诗词，语文校本课程中、课内外语文综合实践活动中出现的古诗词，以及教育部、学校和教师推荐小学生阅读的课外读物中出现的古诗词等，是符合小学生能力学习范围内的、经常接触到的、属于小学生阅读学习的古诗词。

（二）文化与传统文化

"文""化"，在中国的语言系统中早已有之，最早见于《周易·贲卦·象传》：观乎

天文，以察时变；观乎人文，以化成天下。在西汉之后，"文""化"连缀成一个词，如刘向在《说苑指武》中记载：凡武之兴，为不服也，文化不改，然后加诛。总体而言，中国古代的文化为"文明、文雅、文治教化之意，是与天道自然（即天文）相对的社会人伦（即人文）"①。泰勒的《原始文化》可见西方对"文化"的系统理解，"文化是包括全部知识、信仰、艺术、道德、法律、风俗以及作为社会成员的人所掌握和接受的任何其他的才能和习惯的复合体"。其实，中西方对文化的理解是有相通之处的。及至当今社会，"文化"的概念内涵纷杂，我们大多将它以广义及狭义区分，但从未能够把它具体鉴定，而本节旨在探讨小学教学中古诗词中的传统文化教育，传统文化本来指的是一个民族历史上的思想文化和观念形态的总称，我国的传统文化对现代教育影响深厚，是教育部颁布的《完善中华优秀传统文化教育指导纲要》的重要基础来源。因此，这里将古诗词中的传统文化定义为：古诗词中作者所蕴含的能够代表当时民族和社会主流向上文化的情感，如对自然河山的热爱，对家国情怀的感慨，对人生真谛的领悟，等等，以及历代文人和当代师生对古诗词的品读、感悟，对古诗词中蕴含精神的理解。

（三）传统文化教育

"文化教育"和"文化传承"是两个相近但并不相同的概念，我们通常而言说文化传承，传承泛指对某某学问、技艺、教义等，在师徒之间的传授和继承的过程。许苏民在《文化变异与文化传承》中认为："文化传承是社会生活存在和发展的必要条件。它的实质就在于把不同时代的文化联系起来，使得过去社会的文化经验为解决当代的任务服务。"② 张继梅在《文化自觉与文化传承》中认为："文化传承即社会文化的传继，是文化的'历时性'传播，是代际成员间纵向传继的过程，强调的是文化从一代人到另一代人的纵向传继，是文化在时间上世代传递的过程。"③

传承涉及文化的本质和核心，而教育则更具有普及性和基础性，可深可浅，文化教育更符合小学生的身心发展特征，所以，在此对传统文化教育的定义是，传统文化教育是将不同时空中的文化相联系，由学校和教师传授给学生，此过程应该是扬弃的，符合学生身心发展规律的，使过去之精髓为当代所了解，使之得以保存与发展的一个横向发散、纵向发展的过程。因此研究中所说在小学古诗词教学中的传统文化教育，指的是教师在古诗词教学的过程中，教师对古诗词中所蕴含的优秀传统文化的传，和学生在古诗词的学习中，学生对古诗词中优秀传统文化的承，是教师和学生共同参与，学习古诗词中优秀传统文化的过程。

---

① 李建中. 中国文化概论 [M]. 武汉：武汉大学出版社，2005：2.
② 许苏民. 文化变异与文化传承 [J]. 理论学习月刊，1988（11）.
③ 张继梅. 文化自觉与文化传承 [J]. 齐鲁学刊，2013（04）.

二、小学古诗词中蕴含的传统文化要素

人教版小学语文教材中古诗词从选文数量、范围、题材和体裁来看，其中传统文化教育内容非常丰富，概括来说主要体现在以下四大方面：

（一）丰富的传统风俗，贴近学生生活实际

传统民俗是我国悠久的历史文化遗产，与我们的生活联系最为密切，这也是古诗词中学生最容易理解和掌握的传统文化内容。

人教版教材中涉及传统节日基本涵盖了我们生活中所有的民俗节日，春节、中秋节、端午节、七夕、重阳节等都是其中重要的素材。小学语文教材中也选入了一些经典作品，如林杰在《乞巧》中描写了民间七夕的盛况，联系牛郎织女和少女对月穿针的故事，表达人们追求幸福的美好心愿。中秋节是人们对月怀远、寄托相思的节日，《十五夜望月》以惹人联想到的意境将诗人的秋思表现得淋漓尽致，也让我们切身感受到中秋节阖家团圆的幸福感。对于平时不常提到的"寒食节"（六年级下册《寒食》），通过诗人的描写和拓展的相关背景，同学们也能了解到寒食节的由来和风俗。

文化的生命力在于扎根生活，生活的美好需要文化的滋养。中华传统节日和风俗习惯是我们生活中显性的文化烙印，是学生最直接的文化体验，教材中选取的内容篇幅较短，容易理解，能够有效结合学生的生活经验，有助于学生对于传统民俗文化知识的积累运用。

（二）炽热的爱国情感，厚植家国情怀教育

小学语文教材中体现爱国精神的古诗词背后也代表着中国历史上众多名人志士抵抗外来侵略的背景故事，有助于学生进一步了解中国历史，激发学生爱国热情。

小学五年级上册第一单元第一课就是关于"爱国"的三首古诗，《示儿》中陆游一生致力于抗金斗争，临终前都在期盼能够收复中原，这种爱国的激情执着、深沉而真挚，震撼着我们的心灵；林升写作《题临安邸》一诗，其中蕴含着诗人极大的愤怒和无穷的隐忧；而龚自珍却以"我劝天公重抖擞，不拘一格降人才"的高声呼唤直接批判现实，呼唤国家变革，期盼拯救民族于水火之中，憧憬国家未来。在《长相思》《从军行》和《凉州词》这三首诗中，我们看到的是驻扎边塞、不辞辛劳的戍边将士的形象，他们的自我牺牲精神让我们敬佩。

通过对古诗词的学习，学生也能在这简短的诗词中感受天下兴亡、匹夫有责的爱国情怀，进一步联想感受中华民族独一无二的红色精神，使学生拥有爱国心、磨炼爱国志、塑造爱国魂。

（三）弘扬社会正能量，践行社会关爱教育

小学生年龄小，正处在充满好奇心、探索性强的阶段，也是初步学习如何与他人、社会和大自然相处的阶段，因此，借助朗朗上口的古诗词对学生进行社会关爱教育是语文学习中非常重要的教育方式。引导学生从简短的古诗词中学会尊重自然，体会自然的美好；理解他人，学会与他人相处，收获真挚的友情；尊老爱幼，关心社会，乐于奉献，弘扬社会正能量，迈向更美好的未来。

诗人大多寄情山水，又多在这山水之间送别自己的好友，借诗表达自己的不舍和两人真挚的友情。王维将自己至深惜别之情浓缩在《送元二使安西》一诗中，这"一杯酒"包含诗人全部的情谊和祝愿。同样，李白在黄鹤楼送别自己的挚友孟浩然，写下《黄鹤楼送孟浩然之广陵》一诗。古诗中也不乏关注社会民生，关心百姓疾苦的诗人，如《江上渔者》，范仲淹看着江上饮酒作乐的人们和在水面上同惊涛骇浪搏斗的渔夫，不禁想起民生疾苦，要尊重劳动人民，珍惜粮食。面对山水美景，诗人们也大多欣然向往，以诗抒情，如《四时田园杂兴》《稚子弄冰》《村晚》等，引导学生追寻童年记忆，感受乡村恬静美好的生活，展现儿童的天真美好，对劳动人民的敬重，其语言优美，无一不让人体会人与自然和谐相处的场景，更能够展现诗人对祖国大好河山的热爱和向往之情。

（四）理性的智慧品格，培养健全人格修养

哲理诗和咏物抒怀诗是小学古诗词中极为重要的一部分，哲理诗蕴含着深刻的道理，给学生以理性的思考、辩证的思维和心灵的启迪，咏物抒怀诗启发学生向诗人学习，拥有宽广的胸怀、坚韧豁达的性格和不屈不挠、坚持不懈的优秀品格。

朱熹的诗是小学高段哲理诗的代表，《观书有感（其一）》借源头活水暗喻只有认真读书，不断增添新知识，才能获得源源不断的新思想，保持思维活跃；《观书有感（其二）》则以泛舟为形象喻理，指出打牢基础的重要性。小学阶段作为人一生发展的最基础的教育阶段，这两首诗阐述的道理都是小学生必须用心体会的。咏物抒怀诗中所散发的诗人独具特色的个人魅力是他们独有的个人标识，如《蝉》，句句暗示诗人高洁清远的品行志趣和高尚品格。我们从"粉骨碎身浑不怕，要留清白在人间"中感受到了诗人不怕牺牲的意愿和坚守高洁情操的决心。再如《竹石》，借助课本插图我们感受到不畏风吹雨打，拥有顽强生命力和意志力的石竹，也感受到作者的坚强不屈和高风亮节。

理性的智慧和健全的人格是学生成长成才的关键，在小学高学段强调人格修养教育，能够塑造学生人格，提升学生修养。挖掘古诗词中蕴含的启发哲理和优秀道德思想，着力引导学生形成理性的人生智慧，拥有良好的心理和精神状态，做到自尊、自信、自强，进

而形成心胸宽广、胸怀坦荡的人格。

三、小学语文古诗词教学中渗透传统文化教育的策略

(一) 立足文本，科学渗透传统文化

小学语文教材中所编选的诗词作品，蕴含着丰富的传统文化。教师在教学过程中，应当立足文本，通过全方位分析诗词，为传统文化的渗透创造契机，引导学生主动传承与弘扬传统文化。同时，教师可采用导读、演示、创设情境的方式，在学生诵读、交流的过程中渗透中华优秀传统文化，帮助学生理解诗句，通过诗歌意境，体会文化内涵。

例如，在讲解《咏柳》一诗时，首先，教师通过领读全诗，引导学生标注生字、生词，学习断句并标注："碧玉妆成/一树高，万条垂下/绿丝绦。不知细叶/谁/裁出，二月春风/似/剪刀。"教师要立足文本，引导学生在诵读古诗的过程中感悟古诗意境。然后，教师引导学生从古诗中提炼出"碧玉、绿丝绦、二月、春风"等与春天有关的字词，通过画简笔画，分析诗人在描写柳树的碧绿颜色、体态轻盈等特点时注入的情感，感悟诗人热爱大自然、热爱春天的思想感情。最后，教师可以让学生谈谈自己眼中的春天，立足诗词文本，引导学生思考春风这把"剪刀"除了裁出绿柳，还裁出了什么？教师要鼓励学生模仿诗人的语气重复朗诵诗句，通过细致入微地分析诗词文本，真切地感受"二月春风似剪刀"的含义，明白春风不仅"裁"绿了柳树，也吹来了燕子，吹红了桃花。以此，帮助学生积累生活经验与学习方法，让学生真切地感受到传统文化中蕴含的文化内涵，激发学生的学习热情，从而主动担起传承优秀传统文化的责任。

(二) 巧用多媒体，加深文化理解印象

巧用多媒体解释古诗词，引导学生真切地体会古诗句中蕴含的传统文化，能加深学生对优秀传统文化的理解。小学语文教师要善用与古诗词相关的图文资料、视频动画等多媒体资源，激发学生对古诗词的学习兴趣，让学生在学习过程中，体会诗人寄托在诗句中的独特情感。

例如，在讲解《九月九日忆山东兄弟》一诗时，首先，教师利用多媒体教具展示与重阳节相关的图片，播放具有团聚氛围的节日视频，引申古诗内容，利用多媒体优势调动学生的学习积极性，加深其对中华传统文化的理解。然后，教师可以围绕诗题特点，利用多媒体教具引导学生了解古诗的创作背景。为实现传承传统文化的教学目标，教师应遵循"以学定教、以生为本"的原则，在教学过程中利用直观教具介绍重阳节，学生通过逐句解读诗句，感受诗人寄寓在文字之中的思乡之情，为课程讲解铺设良好的感情基调，通过

感受中华优秀传统文化的魅力，加深学生对传统文化的理解。最后，教师开展深入的研读活动，引导学生积极运用工具书、校园网等方式搜索与本诗思想主题相关的古诗词，巧用多媒体，引领学生真切地了解诗人独在异乡、思念亲朋的心情，关注作者的情感变化，体会诗句中的浓浓乡思，感受古诗词中的含蓄美。

（三）创设情境，关注诗人思想情感

教师通过创设有益于渗透传统文化的教学情境，营造良好的学习氛围，可以引导学生对古诗词知识进行深入探究，通过关注诗人的思想情感，深入解读民族文化。同时，教师运用生活元素创设诗词情境，可将学生的实际生活经历与古诗词内容建立联系，让学生与诗人产生情感共鸣，从而引导学生深刻体会古诗词中诗人所表达的情感。

例如，在讲解《山居秋暝》一诗时，首先，教师通过"配乐朗诵、视听结合"的方式引出全诗，创设有益于学生学习的教学情境，让学生走进诗中、感悟角色情感，根据教材注释和插图来揣摩诗人所使用的表现手法及要表达的思想感情。然后，教师围绕诗句中"新雨、明月、松间、清泉、莲动、渔舟"等事物，联系学生日常生活中的旅游经历，让学生将自己记录旅游踪迹的方式与诗人的诗作进行对比，创设生活情境，让学生在情境中感受诗人"借景抒情、以动衬静"的精妙写作手法，体会中华优秀传统文化的内涵，真切感受诗人寄情山水的豁达胸怀和追求高洁的人格志向。最后，教师可以围绕诗中"可留"二字，列举实际生活中赞颂景物的古诗词，让学生透过文本感受诗人高洁的情怀和与世无争的情趣，使学生深入了解古诗词中蕴含的传统文化，肩负起传承民族传统文化的历史重担。

（四）拓展教学，培养学生家国情怀

古诗词中能够体现诗人的责任担当与家国情怀。教师通过拓展教学方式，渗透传统文化，为学生展示古诗词的创作背景、作者经历等相关资料充实教学内容，能让学生深入理解传统文化，培养学生良好的家国情怀。在具体教学中，教师可以列举能够激发学生爱国主义情感的事例，适当拓展古诗词教学内容，将传统文化中的爱国元素与诗词内容建立联系，帮助学生开阔学习视野，引导学生学习诗词创作的相关故事，培养学生的家国情怀。

例如，在讲解《七律·长征》一诗时，首先，教师利用课前预备时间向学生介绍开国领袖毛泽东，让学生了解有关"长征"的故事，体会伟人笔下的"长征历程"，激发学生的爱国主义情怀。虽然长征时期的故事已时隔多年，与学生的实际生活距离较远，教师在课上通过展示课外资料，让学生了解了长征故事和长征路线图，帮助学生进入"长征情境"。然后，教师要让学生用嘹亮的声音有感情地朗读全诗，通过解读"远征难"等词语

的含义，让学生理解诗意与长征精神。同时，以欣赏歌曲《长征》的方式，引领学生了解红军"远征走泥丸、智取金沙江、强渡大渡河"时的心态，拉近历史与现实的距离，感悟诗句中蕴藏的中华优秀传统文化，培养学生的爱国主义精神。最后，教师为学生播放纪录片"长征红军老兵采访"，拓展教学内容，引导学生直抒胸臆，畅谈自己心中的"长征精神"，学习先辈们不畏艰难的乐观精神，激发学生的家国情怀。

古诗词具有深厚的文化内涵，是传统文化的特殊载体。在小学语文古诗词教学中，教师承担着发扬优秀传统文化的责任，应当致力于研究高效的教学方法，利用古诗词教学培养学生的文化素养，在学生的心中种下热爱传统文化的种子，帮助学生积累丰富的语文学习经验，打好"人生底色"。同时，教师要注意加深学生对古诗词内涵的理解，激发学生对传统文化的热爱之情，引导学生端正态度，主动肩负起传承和弘扬中华优秀传统文化的责任，树立民族文化自信。

四、小学语文古诗词教学中渗透传统文化教育实例——以传统思想观念类《枫桥夜泊》为例

以下是某小学五年级上册《枫桥夜泊》的集体备课教案，通过教案的分析我们可以看出教师是如何备课蕴含传统思想方面元素的古诗词的。

表 5-1 《枫桥夜泊》备课教案示例[①]

导向内容	古诗两首		导向课时		授课时间	
导向目标	1. 学会本课"枫""啼""愁"等生字，理解由生字所组成的词。 2. 抓住关键字、词，理解文章的内容。 3. 背诵并默写这首诗。					
重、难点	重点		理解诗的意思，背诵古诗。			
	难点		抓住关键字、词，体会诗中诗人"愁"的思想感情。			
教具学具	相关影音、图片资料		板书设计		《枫桥夜泊》 姑苏到	
导路			学路		设计意图	

[①] 夏陈玲. 小学古诗词教学中的传统文化教育研究[D]. 扬州：扬州大学，2016：39-43.

续表

第二课时 一、复习 二、1. 背诵《山行》 　　2.《山行》这首诗描写了什么景色？ 三、学习第二首诗《枫桥夜泊》 　1. 揭题，解题。 　　（1）板书课题。 　　（2）指名读题。 　　（3）解题。 　　（4）介绍作者。 　2. 检查自学情况。 　　（1）认读生字。 　　（2）指名读课文。 　　（3）质疑。 　3. 理解每句话。 　　（1）理解一、二句。 　　　①用自己喜欢的方式读诗句，边读边想象诗句中的描绘的画面。 　　　②谁能用自己的话说前两句话的意思？指名回答。 　　（2）学习第三、四句。指名读三、四句。 　　　①"姑苏"在什么地方？ 　　　②"到"是什么意思？ 　　　③说说三、四两句的意思。 　4. 总结全诗，体会情感。 　　这首诗描写的景物有哪些？通过这些景物表达了诗人怎样的心情？ 　5. 指导朗读，练习背诵。 　　读的时候注意停顿和重音。范读、练读、指名读、齐读。练习背诵。 　6. 指导书写。 三、作业 　1. 用钢笔描红。 　2. 背诵课文。	自学课文。 （1）用自己喜欢的方式读课文，读准字音，认清字形，画出不理解的字、词。 （2）自读课文，学会用查字典的方式解决生字词。 （3）想想每首诗的意思，同桌互相交流。 思考： 这是什么季节？从哪儿可以看出来？这时诗人的心情是什么样的？理解"愁"。 用自己的话说说全诗的意思。	

（一）教学目标的设置

教师制定了教学目标分别为学会本课"枫""啼""愁"等生字，理解由生字所组成的词；抓住关键字、词，理解文章的内容；背诵并默写这首古诗。我们不难看出教师在设置教学目标时存在一定的偏差，教师目标应该是三维的，但是这个教学目标的设置只针对古诗词的字词和古诗词的内容，忽视了情感。小学语文古诗词教学除了要让学生学会古诗词中的词语、了解古诗的大意之外，更重要的是激发学生对古诗词的喜爱，对传统文化的热爱，但这些在教学目标上都没有体现出来。

（二）教学方法的使用

教师主要采用了朗读法，通过教师示范读、学生读、齐读等不同形式让学生在一遍一遍读的过程中体会诗人忧国的思想感情，感受古诗词中蕴含的传统思想观念文化。朗读法是提高小学古诗词教学中传统文化教育的有效方法，但是，古诗词与现代文相比难度较大，学生难以理解，教师在教学中更应选用多样的教学方式来提高学生的学习兴趣，除了朗读法之外，教师也可以结合情境法，创设情境让学生融入古诗词中；图画法，通过画出古诗词中的景色加深学生对文本的理解，提高学生动手能力；角色扮演法，让学生自己主动走入古诗词中体会古诗词的意义。多种教学方法的运用会让古诗词教学的课堂更加生动活泼。

（三）教学内容的讲解

教师的教学内容首先是让学生解决生字词，接着通过题目质疑的方式自然而然引入诗文的教学，然后逐句分析句意，最后让学生用自己的话总结诗的意思，是古诗词教学的常见模式，能帮助学生解决生字词和诗意的问题，但是无法让学生体会到古诗词中的传统文化知识。这首诗中有寺庙敲钟这个传统文化风俗，学生可能不太了解，在教学中教师应该指出来，同时也可以适当解释古代寺庙敲钟的时间、寓意等，丰富学生的传统文化知识，但在教学中教师却没有提及，教师只是通过让学生有感情地朗读古诗，体会古诗大意。可见，教师在古诗词教学中没有注重传统文化知识的传授。

（四）教学评价的选择

新课标指出语文的评价要体现整体性和综合性，要注重三个维度（知识与技能、过程与方法、情感态度与价值观）的整合与交融，避免出现只重视知识与技能的评价。但从上面的教案中我们发现教师布置的作业是描红、抄词、背诵古诗，古诗词教学的评价除了注重字、词之外，更重要的是对其中古诗大意的理解、对思想感情的体会、对蕴含的传统文化知识的认识。但这首诗的评价只局限于字、词的掌握，并没有注重对古诗词教学中的传统文化教育内容进行相关评价。

第二节　小学语文教材中家国情怀培育的教学

一、家国情怀与小学语文教学

要对小学语文教学中的家国情怀进行研究，首先，应该明晰家国情怀的内涵、特征，以及家国情怀在当代的具体体现；其次，要明确在小学语文教学中进行家国情怀培育的意义。

（一）家国情怀

1. 家国情怀的内涵

"家国情怀"这一词语的内涵，如果从字面意义来解释，则可以从"家""国""情怀"三个基本组成词来解释。通过字词典籍的查阅，可以得到以下解释：《说文解字》中关于"家"的解释是"家"即为"居"，对"国"的解释，则叫作"邦"[1]；《现代汉语词典》的"家"则指的是"家庭的住所"，"国"指的是"国家"。"情怀"一词在《现代汉语词典》中的解释是"情怀即含有某种感情的心境。"[2] 根据字词典籍中对家国情怀的组成词释义来看，"家国情怀"就是人对家、对国的某种感情、心境[3]。

家国情怀是自古以来传统文化的凝结，是中华文明的精髓，关于它的思想来源，较为认可的说法有两种：一是"家国一体"；二是"家国同构"。"家国一体"是中国在古代就存在的一种基本理念，在治国理政方面有很大影响。它最早开始于西周时期，当时极重血缘关系，宗法制度的形成与血缘关系密切相关。此时的家与国不分，从家到国，乃至整个社会都是以血缘关系的亲疏来确定等级，享有的权利和必须履行的义务。到了春秋时期，孔子系统阐释了"家国一体"的思想，提出"事父应孝，事君应忠"，把"忠"和"孝"作为维护封建专制主义的伦理基础。孟子在孔子的基础上，将"家国一体"思想简化为

---

[1] 段玉裁. 说文解字注 [M]. 北京：中华书局，2013：341.
[2] 中国社会科学院语言研究所辞典编辑室. 现代汉语词典 [M]. 北京：商务印书馆，2005.
[3] 蒋小军. 高中历史人物教学中的家国情怀教育 [D]. 杭州：杭州师范大学，2018：11.

"天下之本在国，国之本在家，家之本在身"（《孟子·离娄上》）这样的说法①，也就是说家和国本就是命运相连，相互之间是不可分割的。在《大学》中，"家国同构"的思想明确地概括为"修身、齐家、治国、平天下"②。将个人、家庭、国家、天下紧紧联系起来，个人已不再仅仅作为个体而独立存在，已超越单独的个体，而具有整体意义。相应地，家庭和国家也是如此，不应局限于一家一国的利益，而应从整体和全局高度思考立家、立国之本。"家国同构"与"家国一体"的内容大致相似，除了以血缘为纽带的宗法制度形成家国一体的政治模式理念，还包含共同体意识和仁爱之心，强调个人利益与国家利益的平衡、平等，并将儒家学派的仁爱思想以情感的形式转化成为家国情怀。这就是古代家国情怀的实质。

人们常说"家是最小国，国是千万家"。这句话是说，个人是组成国家最小的单位，家庭是个人物质上的保证和精神上的寄托，国又是家的放大，通过社会关系连接亿万个个人与家庭。家国情怀自古以来就深植于中国人的心中，尽管数千年间经过山河变迁、改朝换代，但始终是一代代国人心中最为真挚热烈的情感所在，正是这一情感的联系，使得华夏民族在近百年间的风云动荡中仍然能够如此紧密地团结，各民族之间和平相处，社会长治久安。

当然，家国情怀传承至今，已经融入了不少新的内容，社会对家国情怀也有了新的定义。在当代，家国情怀是"人们传承中华美德，营造良好家庭氛围，爱国担当的体现，是一种积极的信念和态度，"③ 也是"人们对自己国家和人民所表现出来的深层次的爱，对人民幸福、国家富强所展现出来的理想追求"④，新时代的家国情怀，更突出个人在修身、家庭、爱国等方面的新要求。

本书认为，"家国情怀"既包含古代儒家思想，又具有与时俱进的新含义，在如今的时代，家国情怀已是人人都需要自觉内化于心、外化于行的家国情感，除了其自古就有的自我修养、家庭、爱国主题之外，在乡土文化、关心自然、关注世界的发展等方面，同样有重要的意义。家国情怀是人们对美好品质的追求，对家庭和睦的向往，对祖国的深切热爱，以及对自然、人文环境的关怀，是一种对个人、家庭、国家的责任和担当。

2. 家国情怀的特征

（1）时代性。家国情怀在每一历史时期都有着不同的特征，时代性是最鲜明的特征之一，在每一段中国历史中，都有家国情怀的印迹。在中国古代，家国情怀体现为维护国家

---

①孟子. 孟子·离娄上 [M]. 北京：中国文联出版社，2017.
②曾子. 大学·中庸 [M]. 北京：中国文联出版社，2017.
③赵志毅. 家国情怀的结构及其教育路径 [J]. 课程·教材·教法，2019（12）：96~102.
④徐文秀. 多一些"家国情怀"[N]. 人民日报，2012-01-20（04）.

统一、民族繁荣，反对国家分裂和外族入侵的强烈情感；在中国近代，家国情怀则体现为维护民族独立和国家主权而救亡图存和开始探索国家改革发展道路而艰苦奋斗的精神；到了现代，家国情怀体现在为美好生活而奋斗，为实现中华民族伟大复兴的中国梦而进取拼搏的动力。

（2）传承性。家国情怀具有传承性的特征。首先，这种家国情怀所具有的传承性特征，表现在一代又一代的品德传承中，比如良好的家风就是典型的象征，优良的品德在家族的延续中一代又一代的传承与发展，使得世世代代的人们都能团结一心，凝结智慧，由小家而成大国，经由漫漫历史而逐渐汇聚成中华文明中极其重要的部分，这就是家的传承。其次，家国情怀在每一段历史时期，都汲取了当代文明的精华，人们正是依靠对家国的感情和归属，从而产生对和平统一的维护，这样的理念代代相传，印刻在每一个中国人的心里，也就使得这股精神力量越来越强大，推动着国家、社会的发展，这便是国的传承。

（3）民族性。家国情怀具有民族性的特征。家国情怀从西周起即存在，从古至今不断地发展，凝聚了各国和各族人民的深切情感。

虽然中国民族众多，但是全国各族人民自古以来就具有一致的内在精神动力，尤其在共抗外侮、维护和平、捍卫领土完整之时，总是能够团结一心、众志成城，这种强大的力量正是家国情怀。在倡导人类命运共同体的今天，家国情怀更加使得全民族团结一致，共同为美好生活而努力。

3. 家国情怀的体现

（1）爱国之心。"国"由"家"发展而来，"国"如同千千万万个家庭的组成，是人们的生存环境、人际关系、血脉亲情等的总和。从某种意义上来说，爱家就是爱国，爱由无数个家而组成的国。爱国本身就是一种传统美德，不受地域的限制，每一个国家的人民都有对自己国家的独特情感，它是一种对民族、对国家的归属和依恋，对建设和发展国家的责任和信念，对建设美好生存环境的追求。千百年来，爱国主义在推进历史进程，推动社会发展上功不可没，也是家国情怀中最重要的内容。

要在全社会发扬爱国主义精神，最重要的就是人人都有一颗爱国之心。从孩童之时起就应该重视爱国教育，将爱国主义深深熔铸在人们心中。爱国不仅包含对祖国的深厚感情，还包含对祖国大好河山的热爱，对优秀文化的传承。

（2）家乡之思。中国人自古以来就对家有着深深的眷恋之情，从古至今，光是从文人的古诗词中就能窥探出一二：唐朝的王维客居异乡时写下"独在异乡为异客，每逢佳节倍思亲"；宋朝的苏轼在中秋佳节之时吟出"但愿人长久，千里共婵娟"；元朝张可久一句

"西风信来家万里,问我归期未"① 道出浓浓的思乡之情;明代元凯写下"行行无别语,只道早还乡"……如此之类的思乡佳作还有很多,虽然时代不同,但思乡之情却是一样的。家乡之思不仅是对亲人、家庭的怀念,还有一份对乡土的浓浓依恋与热爱。就当代来说,每年国庆、中秋、春运之时返乡人数之多,地域跨度之大就是最好的证明,人们怀着迫切的心情从四面八方赶往车站,为的就是能够一家团圆,共享天伦,一解思乡之情。无数个小家汇聚而成国,如果每一个人都常怀爱家之心,那社会也会更加和谐安定,同时,家乡之思也是家国情怀的重要表现形式之一、重要内容之一。

(3) 人文之情。人文之情包括对自我的关怀,对自身与社会关系的考量,对共有文化的认同,对人文社会、自然社会的关怀和对世界的关注。家国情怀关注人自身的发展,以及人在家庭、社会中的关系,这体现了人文情怀的重要内涵。人文情怀就像人与人、不同社会之间的纽带。首先,对个人来说,自我修养的提升能够促进自身品德的提高,促进对客观事物的认识,以及对人的生存和发展的思考;其次,人与人的和谐共存组成了社会的基本秩序网,使得没有血缘关系的人之间也能够为了幸福美好的目标而团结在一起,共同为了家庭和国家的未来而贡献力量。这也是中华文明历经千年而从未从世界舞台没落、中断的重要原因。当今社会的发展如此迅速,不仅要求人们关注自身发展,更要具备世界眼光,以开阔的视野和以人为本的人文精神去包容世界万物的发生发展,与时俱进。而家国情怀正是包容人与人、国家、民族之间的联系与感情,才能在历史的长河中永远焕发生机与活力。

(二) 小学语文教学中家国情怀的培育意义

1. 有助于培养学生爱国情感

爱国,向来是人世间最深层、最持久的情感,是一个人的立德之本。从古代就提倡要忠君爱国,到了现代,爱国更是对每一个中国人的基本要求。在小学语文教学中进行家国情怀的培育,能够同时渗透很多与爱国有关的内容,比如教材中就有不少与爱国相关的名篇佳作,为教师的教学提供了大量素材,通过教师与学生的课堂互动、情感交流,无形中就将爱国情感传达给学生,使之内化于心、外化于行。再者,从"立德树人"根本任务提出以来,越来越重视"学科育人"的作用,语文学科重在传承和弘扬爱国主义、集体主义等精神,是培养学生爱国情感的最重要的学科之一。

2. 有助于践行社会主义核心价值观

社会主义核心价值观是从中华美德之中概括而来,有着丰富的内涵和社会价值,是社

---

①阴海燕. 元曲三百首 [M]. 北京:光明日报出版社,2020:132.

会主义核心价值体系的要义所在。它有着极其重大的意义和鲜明的时代背景。其基本内容包括：国家层面的价值目标"富强、民主、文明、和谐"；社会层面的价值取向"自由、平等、公正、法治"；公民个人层面的价值准则"爱国、敬业、诚信、友善"。从社会主义核心价值观的内容来看，它在一定程度上与中国古代儒家思想有相似之处，历经沧桑巨变，古代的一些思想或许已经不适用于现代，但其中的国家认同、文化传承等依然沿袭至今，对社会主义核心价值观的生成也有一定的促进作用，对人们价值观的形成有较大影响。

3. 有助于发展学生核心素养

中国学生发展核心素养是 21 世纪为培养更加全面的人才而提出的。其核心就是要培养"全面发展的人"，分为三个层面的内容：一是文化基础；二是自主发展；三是社会参与。其中包含了六大素养和 18 个基本要点[①]。六大素养即人文底蕴、科学精神、学会学习、健康生活、责任担当、实践创新。18 个基本点即人文情怀、审美情趣、理性思维、批判质疑、勇于探究、乐学善学、勤于反思、信息意识、珍爱生命、健全人格、自我管理、社会责任、国家认同、国际理解、劳动意识、问题解决、技术运用、人文积淀。其中的"人文底蕴"和"责任担当"正是契合了"家国情怀"的主要内涵。家国情怀重视人文积淀和人文关怀，在对个人和家庭的要求方面继承了中华优秀传统美德的要义，注重健全人格的养成。"社会责任""国家认同"和"国际理解"正是当代社会最需要的国家观念，在维护社会安定与和平、统一方面有重要作用。语文是众多学科中的一门基础学科，立足于学生的终身发展，在语文教学中进行家国情怀的培育，正符合发展学生核心素养的需要。

4. 有助于落实语文核心素养

语文学科核心素养是重点培养学生语文能力的素养，需要学生在语言学习中去获得感知的能力，最终提升学生在语文各方面的水平[②]。

语文学科核心素养有四个方面的内容，其中"文化传承与理解"就是指通过语文的学习，继承和发展中华优秀文化，理解、借鉴和包容不同地区的文化，在学生进行语文学习的同时，来增强学生对中国语言文字和文化的认同，从而产生对祖国文化的归属。

"家国情怀"本就是中华优秀文明之中的精髓所在，通过语文教学，在传承中华文化的同时，也是在落实语文核心素养，培育学生的家国情怀。

[①]国家教育部. 中国学生发展核心素养. [N]. 人民日报, 2016-09-13.
[②]国家教育部. 普通高中语文课程标准（2017 年版）[M]. 北京：人民教育出版社, 2017.

二、小学语文教学中家国情怀的培育策略

（一）增强教师家国意识，深化家国情怀认知

教师是教学活动的主导，教师自身的认知和情感态度、价值观会对学生造成极大的影响，因此，为了更好地进行家国情怀教育，把浓厚的家国情感传递给学生，小学语文教师自身首先应该增强家国意识。教师自身缺乏家国意识可能会影响教师对知识、情感的准确传达。当教师自身处于一种较高的家国情怀水平时，对教学的精准度和课堂感染能力也会显著提升，更能够从教材中准确地挖掘出对小学生进行家国情怀培育的素材，对与家国情怀有关内容的解读也会更加准确，并进行合理科学的教学，在教学过程中能够更加引起学生对所学知识的吸收和内化。

首先，对小学生进行家国情怀的培育并不是一蹴而就的，非一朝一夕所能培养起来的。从小学低年级起教师就应该重视家国情怀的培育，从学生的一言一行去把控，随着学生的成长而逐步形成正确稳定的家国情感。如果教师能从根本上提高自身品德修养，重视家国情怀对民族传承的巨大影响，就能自觉产生对学生家国情怀培育的重视，积极提高自身水平，并通过教学的过程对学生进行潜移默化的熏陶。

其次，学校要重视教师队伍的发展，通过定期对在职教师进行培训、学习交流等方式，增强教师的理论道德修养，尤其是在小学阶段，语文教师大多承担班主任的角色，与学生相处的时间比较长，更加需要教师提高认识和修养来对学生进行良好的教育和示范。学校作为教学的主阵地，拥有较高素质和较高道德水平的教师是教育好学生的先决条件，所以增强教师家国意识刻不容缓。

（二）深度挖掘教材，充实家国情怀培育内容

人教版教材将学科特点与社会主义核心价值观有机结合，注重教育在"立德树人"方面的作用。人教版小学语文教材中家国情怀内容的增加，是为了在当代能够增强家国情怀教育，希望能从青少年开始，树立家国观念，强化自我修养，热爱乡土文化。在对人教版教材进行教学时，语文教师需要熟悉并掌握家国情怀基本内容、教材选编篇目，深入了解教材的选编意图，重视教材对小学生家国情怀培育的重要作用。尤其是学生在每一学段的认知、心理发展都有不同的变化，所以教师需要根据学生学情来及时调整培育的内容及方式，充分发挥小学语文课堂在陶冶情操方面的作用，将深层次的家国情感通过小学生易于接受、吸收的方式表达出来。

人教版教材中有很多与家国情怀有关的篇目，语文教师应该充分研读课程标准与教

材，重视教材中课文、课后练习、习作、口语交际、综合性学习等对小学生的家国情感的培育作用，为学生的终身发展负责。

（三）优化课堂教学，活用家国情怀培育方法

家国情怀内涵丰富，教师不仅要深度解读文本，更要合理采用教学方法，将复杂难懂的内容用学生易于接受的形式展示出来，"因课施教"提高学生的家国意识。因家国情怀的内容多有明确的时代特征，在进行家国情怀内容的教学时，教师可以以历史为主线，根据不同时代的文章进行不同的处理。

教材中家国情怀的内容，古诗词占比较多，古代诗词创作的年代距离现在比较久远，语言表述的习惯也与现在的白话文差异较大，对语言功底还不够扎实的小学生来说较难理解。因此在学习古代诗词时，教师不要急于让学生理解诗词的意思，可以从了解古诗词的创作背景及作者经历开始，用讲故事的方式，先让学生对古诗词的派别、风格等有一个大致的认识，在此基础上，通过反复吟咏诵读、探究合作，培养学生语感和自主生成对古诗词的理解感悟，教师从中指正和引导，综合对古诗词的创作背景和诗意等来感受文章所要表达的家国情感。比如在学习人教版教材四年级下册课文《墨梅》时，教师要注意《墨梅》蕴含的是作者诗格、画格、人格的统一，主要通过对诗人生平经历、作诗风格，以及对诗中"家中梅""画中梅""心中梅"的解读，探究出作者是个淡泊名利、品质高洁的人。同时就《墨梅》一诗而言，梅花所富含中国审美意蕴，墨梅所蕴含的中国文人的道德追求[1]，就可以作为这首诗教学中的首要价值，对学生进行"自我修养"的培育，起到一举两得的效果。

在学习近现代或当代家国情怀内容时，要注意近现代及部分当代文学作家，生活在民族危亡或国家衰弱的时代，很多作家甚至目睹过战争的残酷，这些作家身处逆流当中，对新中国建立的渴盼，对国家建设的期许深深地刻印在他们心中。这些作品大多数鲜明地表达了爱国之情。比如统编版教材六年级上册第二单元，人文主题为"重温革命岁月，把历史的声音留在心里"，在学习《狼牙山五壮士》这篇经典课文时，教师在教学时可以紧扣"场面描写"这个语文要素，引导学生认真揣摩文中人物的语言和形象，让学生以角色扮演、小剧场的形式将这个危急壮烈的时刻展现出来，比起教师直接的讲解、学生主动学习的效果可能更加突出，让学生印象深刻。通过形象化的表演来再现文中斗争的激烈场面，感受近代革命者英勇斗争、不怕牺牲的革命主义和爱国主义精神。同时让学生在自主、合作、探究的过程中，锻炼胆量、领悟课文内容，又提升了学生团结协作的能力。

---

[1]王崧舟，林志芳. 诗格即人格——《墨梅》教学录评 [J]. 语文教学通讯，2020，9（27）：35.

当然，教无定法，贵在得法。在进行家国情怀内容的教学时，教师要注意结合学情、单元语文要素、人文主题、文章特点等进行恰当的处理，努力优化课堂教学方式，让语文课堂更加富有生机和活力。

（四）结合地方文化，扩展家国情怀课程资源

中国的乡土文化已经拥有千百年的历史，中华民族能够发展到今天，离不开乡土文化的传承，它凝结了中华民族几千年的智慧，也凝聚了中华人民对乡土的感情。

在中国这样广袤的土地上，处处都能寻得民族文化的瑰宝，在中华文化的发展历程中，由于地域差异，乡土文化呈现出丰富而又多样的特点。它丰富了中国文化的内容，也显示了中国文化的特色。这些风俗文化成为人民的信仰或是精神，增强了人们的情感认同，同时也增添了人们的家国情怀。

比如人教版教材一年级下册有一篇课文《端午粽》，教学目标要求学生要结合生活去了解文章中语句的意思，理解课文内容，感悟端午节家庭吃粽子的快乐，了解中华传统民俗。在讲到传统民俗的时候，可以联系当地特色文化进行教学，比如龙舟文化可以说是佛山顺德地区的一大经典民俗，龙舟文化包括龙眼点睛、赛龙舟、龙舟歌。点睛过程慎重而繁复，各式的龙船符、欢迎柬、朱砂等道具，均有深意，形成对应的谚语，这当中就含有十分丰富的内涵；早在清朝初期，顺德赛龙舟就已经有较完整的规则和流程，该地年景丰饶与否和龙舟赛的举办紧密联系；龙舟歌大多在节庆之时才能听到，其中的很多元素也被粤剧收入，形成经典桥段……这些都是非物质文化遗产。教师在讲解课文的同时，如果可以说一说当地的民俗特色，带领学生看一看有关这些民俗的图片或视频，了解民风民俗背后的故事，那么学生会倍感亲切，感受到原来语文课不仅仅是对书本知识的讲解，自己身边也处处含有语文素材，同时可以加深学生对乡土的眷恋之情，增强文化自信、文化认同感，这也不失为一种家国情怀的培育方式。

乡土文化非常贴近民众生活，容易唤醒民众共同的情感记忆，具有强大的生命力，它是家国情怀培育的重要内容，也是传承文化的重要途径。

（五）丰富情感体验，促进学生家国情怀行为

家国情怀是一种深厚而内涵丰富的情感，小学生缺乏对家国情怀的体验和生活经历，他们对这种情感的感触就不深。为了更好地理解家国情怀，增强学生的情感体验，可以参照以下两个途径：

第一，学校可以结合当地特色文化打造精品校本课程。以佛山顺德为例，它是广府粤菜的重要发源地，"吃在顺德"的口号便是由此而来；顺德的武术大师辈出，有清朝的朱

可贞、咏春拳大师陈华顺等;顺德大大小小的宗祠也数量不少,其结构恢宏大气,素来有"顺德祠堂南海庙"之美誉,祠堂的出现也是中华文明的一种继承,建祠堂的目的是标榜祖德,维系血缘宗亲,使同一姓氏或血缘的人因为宗祠而团结紧密,实际上也是重情感恩的一种表现;还有龙舟文化,体现了人们对美好生活的向往和对传统文化的传承。美食文化、武术文化、祠堂文化、龙舟文化均是当地杰出文化的代表,学校可以对这些文化资料进行整理,推出如"烘焙小课堂""传承龙舟文化"等特色校本课程,既适合各年段学生参与,又能使学生在亲身体验、动手实践中感受文化魅力。

第二,合理安排学生进行研学、参观、社会实践等活动。很多情况下学校考虑到学生安全问题较少组织小学生进行校外活动,或者只组织高年级学生进行校外活动。其实,在小学阶段,直观的体验会让小学生产生较大的兴趣,参与程度也会较高,形成更加深刻的印象。学校可以根据不同学段来组织活动,比如低年段学生可以进行学校周围的义务捡垃圾、农庄种植体验等活动;中高年段学生可以由学校组织去参观当地博物馆、纪念馆,去敬老院慰问老人,或者举行以"人与自然""人文历史"等主题的研学活动……通过多样而又有意义的活动,增强小学生的实践能力,加深对家国情怀的理解,丰富学生对家国情怀的体验,同时也为学生提供了写作的素材。

(六) 加强家校共育,拓宽家国情怀培育渠道

家庭教育环境对于学生家国情怀培养有着直接影响,孩子在家庭环境中生活的时间最长,学生从小在父母、长辈的一言一行教导下逐渐成长,行事风格、行为习惯、健全人格的养成都与家庭有着巨大的关系。尽管每一个家庭的结构和氛围都不尽相同,但最终的目的都是要促进家庭成员之间和睦相处,共同为下一代的成长创造良好的环境。进行家庭教育,首先应该明确要培养什么样的人,对小学生来说,养成良好习惯,打好知识基础,增强体质锻炼,传承优良美德是小学阶段的主要任务,而家庭教育最重要的就是在学校教育之外为学生的发展保驾护航。家长要坚持以社会主义核心价值观为统领,教导孩子积极向善、热爱家庭、热爱祖国、有理想有担当。孩子在良好家庭氛围中成长,就会成为有道德、有温度、有情怀、有理想的人[①]。

具体来说,在小学阶段可以通过家庭阅读、亲子日记、共同体育锻炼等方式增进亲子之间的了解和感情,借此培养学生良好品质。

学校教育固然是助力学生成长成才的重要条件,但家庭对学生的发展也不可小觑,两者结合才能达到最佳的教育效果。家长需要尽可能地配合、支持学校教育工作和管理工

---

① 姜美俊,姜智友. 习惯养成与家庭教育研究 [J]. 中华少年, 2020, 04 (12): 273~274.

作，督促学生认真完成学校布置的任务；同时，学校也应尊重家长，明确各自的职责，共同为学生的成长成才创造优质的环境。在家校合理沟通和配合之下，对小学生家国情怀的培育自然更加有效。

三、小学语文教学中家国情怀培育的教学实例

这里就小学语文人教版教材四年级上册第七单元与家国情怀有关的课文进行了单元整体教学设计，通过教学课例的方式展示如何在小学语文教学中培育学生家国情怀，以期能够为教师们的进一步探索提供一些思路。

（一）单元整体概述

人教版教材四年级上册第七单元的人文主题是"家国情怀"，根据这一主题编排的课文有四篇。分别是《古诗三首》《为中华之崛起而读书》《梅兰芳蓄须》《延安，我把你追寻》。古诗《出塞》和《凉州词》描写的是边塞生活的场景，主要是表达对早日平息战事的渴望和对和平的向往。《夏日绝句》鲜明地提出了人生的价值取向，表达了诗人强烈的爱国之情。《为中华之崛起而读书》写了周恩来少时目睹华人受欺凌而无处申冤的事，从而立志读书救国。《梅兰芳蓄须》通过写梅兰芳拒演、蓄须明志等事件，来表现他强烈的爱国之情和高尚的民族气节。《延安，我把你追寻》通过对具体革命事件的歌颂，抒发追寻延安精神的迫切心情，强调延安精神在新时代的重要性。

（二）学情分析

四年级的学生对语言文字的感悟和理解能力相比低年段的学生来说更强，对字词的积累也更为丰富，表现出更多的主动性和独立性，所以教师在进行课堂教学时，可以适当地把教学主动权交给学生，让学生有更多的机会展现自己，教师从旁引导，注重培养学生发散性思维。但"家国情怀"对学生来说，感悟和理解起来具有一定的难度，教师还应将听、说、读、写、思有机结合起来，整合课内外资源，把复杂难懂的内容尽量以学生喜闻乐见的形式表现出来，才能将"家国情怀"的培育真正落到实处。

（三）单元设计分析

选取本单元作为教学设计的范例，是因为本单元课文均为"家国情怀"类目"热爱祖国"中的课文，包含了古代、近代、现代的文章，能够作为较为全面的"家国情怀"教学设计范例。在前面"小学语文教学中家国情怀的培育策略"中说，可以针对不同历史时期的课文来进行不同的处理，所以在进行《古诗三首》的教学设计时，主要体现三个重

要的环节：知人论世、理解诗意、品读分析。通过了解诗人的生活经历，或者他与社会、时代的联系，可以帮助学生去发现诗人在每一段时期的情感、创作风格的变化，让学生更加清楚诗歌所要表达的情感；引导学生大胆表达出自己对诗歌大意的理解；指导学生合作探究，反复诵读，结合诗人经历和所处时代、诗中重点字词，如"诗眼"去品析诗人形象、诗歌情感；汇总学生课前收集的边塞诗，共同探讨出边塞诗具有反映战争疾苦、忧国忧民、渴望和平等特征。进行精读和探究课的教学设计时，主要是紧扣单元语文要素去指导学生，将《为中华之崛起而读书》作为精读指导课进行讲解，让学生学会抓关键词句概括文章内容的方法，找到文中表现"中华不振"的地方，联系实际，体会他为中华之崛起而读书的伟大志向；《梅兰芳蓄须》则可以作为自主实践课，让学生成为课堂的主人，将围绕梅兰芳所发生的几件事排成一个个小话剧，学生自主设计安排角色、对话，在演绎角色的过程中，自然将家国情怀深植心中。在对课文的共同探讨中，进一步领会延安精神及其重要性。阅读拓展课即在总结前面所学课文的主要内容的前提下，引出课外文章作为家国情怀培育的补充素材，同时锻炼写作能力。

（四）课时教学设计——以《为中华之崛起而读书》为例

1. 教学目标

会读"崛""范"等8个生字，会写"肃""晰"等13个生字。理解"崛起""肇事"等词的意思。

熟读课文，了解文章的写作背景，概括文章主要内容，重点理解"中华不振"的含义。

体会周恩来的远大志向，激发热爱祖国、建设祖国的思想感情。

2. 教学重难点教学

重点：理解周恩来树立远大志向的原因，理解"中华不振"的含义。

教学难点：体会周恩来的远大志向，激发热爱祖国、建设祖国的思想感情。

3. 教学过程

（1）谈话导入，引出课题

师：今天老师想和同学们聊聊一个伟人的故事，老师这里给出一些信息，看看同学们能不能猜到他是谁。他曾任广州黄埔军校政治部主任，领导了八一南昌起义，是中华人民共和国成立之后的第一位总理，同学们知道他是谁吗？

生：周恩来！

师：对！同学们回顾一下，我们以前是不是学过和周恩来有关的课文呢？

生：《难忘的泼水节》。

师：没错！二年级上册的课文《难忘的泼水节》写了周总理在1961年和傣族人民欢度泼水节的故事。现在我们一起乘坐时光机器，让时间倒回1911年，那时的周恩来正值少年时期，就在那个时候，周恩来做出了一个伟大的决定，这个决定对他的一生都产生了巨大的影响，那是怎样伟大的决定呢？让我们一起去一探究竟吧！（板书课题，解释"崛起""之"的含义）

（设计意图：以猜谜导入，激发学生兴趣；通过回顾课文，拉近学生与课文的"距离"；大胆质疑，引出课题。）

（2）初读课文，整体感知

师：读了课题之后同学们有什么疑问呢？

生：周恩来为什么要"为中华之崛起而读书"？

师：这个问题问得好，下面就请同学们带着疑问快速地默读课文，然后回答周恩来"为中华之崛起而读书"的原因。

师：现在谁能够自告奋勇来说一说，周恩来为什么要为中华之崛起而读书呢？

生：因为他想让中国不再受帝国主义的欺凌和压迫。

师：所以当时是一个怎样的时代？

生：中国还很弱小，受外国人欺负的动荡的时代。

师：没错。那是什么让他产生了"为中华之崛起而读书"的想法？

生：中华不振。

师：真棒！看来你课前的预习做得很好。老师想请男同学和女同学分别来读一读这个词——中华不振。（板书）

师："中华不振"中的"不振"是什么意思？

生：不振作，不兴旺。

师：所以"中华不振"的字面意思就是"中国不振作、不兴旺"。希望同学们在学习完这篇课文之后可以通过对课文的感悟再来解释一下"中华不振"的含义。现在我们接着往下学习。

师：预习了课文，我们知道"中华不振"是伯父说的，年纪那么小的周恩来，又是怎样体会到伯父所说的"中华不振"呢？

生：他来到外国人占据的地方目睹了中国人受欺凌。

师：很好。结合课文更准确地说是——

生：周恩来来到外国人占据的地方看到了中国人受欺凌却无人伸张正义的景象。

师：你概括得不错。

师：少年周恩来正是目睹了"中华不振"的一幕幕刻骨铭心的景象，所以在那时就暗暗立下了怎样的志向？请同学们大声地说——

生：为中华之崛起而读书！

（设计意图：引导学生自主探究，周恩来"为中华之崛起而读书"的原因。前面说到，因家国情怀的内容多有明确的时代特征，在进行家国情怀内容的教学时，教师可以以历史为主线，根据不同时代的文章进行不同的处理，活用家国情怀培育方法，优化课堂教学。本文是典型的近代革命时期的课文，通过分析近代中国"不振"的现状，让学生产生对课文时代的认知和初步感受。）

（3）精读感悟，体会"中华不振"

师：同学们，百年前的中国现状让周恩来看到了中华不振的现实，那么现在请同学们从课文中找出体现"中华不振"的句子。一边大声地自由朗读，一边拿起手中的笔，用自己喜欢的符号在课文中画出体现"中华不振"的语句。（教师巡视指导）

师：现在谁想来读一读你画出的句子？

生：一问才知道，这个女人的亲人被外国人的汽车轧死了，她原本指望巡警局给她撑腰，惩处这个外国人，谁知中国巡警不但不惩处肇事的外国人，反而训斥她。

师：（解释"肇事"的含义）这一幕让你感受到了"中华不振"。还有其他的吗？

生：但这是在外国人的地盘里，谁又敢怎么样呢？

师：这句话也让你体会到了"中华不振"。还有吗？

生：伯父告诉他，奉天有些地方被外国人占据了，不要随便去玩，有事也要绕着走，免得惹出麻烦没有地方说理。

师：你从伯父说的话中体会到了"中华不振"，这是一种侧面的描写。

师：同学们把课文中写"中华不振"的句子都找到了。看同学们对中国人受欺凌一事印象最为深刻，那么现在就让我们一起去看看，这个被外国人占据的地方究竟是如何的不公。

师：课文第几段写到了这个被外国人占据的地方？

生：第15段。

（生读，教师范读）

师：这个地方是什么样的？读一读。

生：这一带果真和别处大不相同：街道上热闹非凡，往来的大多是外国人。

师：是的。这就是繁华热闹的租界。相信同学们学习第16段之后对租界会有更深的认识。现在请你读一读第16段，边读边想象画面。

师：同学们，读过课文，你想到了什么？请同学来描述一下。

生：一个衣服破旧不堪的女人瘫坐在汽车旁，绝望地看着自己死去的亲人。一个高个子外国人一脸不屑地看着她。她看到路过的中国巡警，指望着能够帮她，结果中国巡警非但没有帮她，反而把她骂了一顿。

师：你描述得很生动。同学们想一想，在自己的国土上却有冤无处诉，如果你们就是那个女人，此时的心情是怎样的？

生：非常伤心、难过。

师：带着你的体会再来读一读这段话。

师：是啊。这个可怜的女人的亲人被洋人的汽车给——轧死了（生读）；她原本指望着——中国巡警能为她做主（生读）；惩罚这个——外国人（生读）；没想到中国巡警不但不惩罚这个——肇事的外国人（生读）；反而——训斥她（生读）。

师：除了可怜的女人，你们还看到了怎样的画面？

生：围观的中国人都握紧着拳头；大家只能劝慰这个不幸的女人。

师：是什么让围观的中国人有这样的举动？

生：愤怒，对中国人受欺负而感到的愤怒。

师：那就请同学们带着愤怒读一读这几句话。

师：同学们，在中国的国土上，看到了这样的画面，此时的你最想做什么？

生：最想把欺凌我们国家的人统统赶出去。

师：是啊。我们一定要惩处他们，（指导写"惩"字），但是，我们敢不敢惩处他们？

生：不敢。

师：我们只能把对外国人的愤恨，对这个女人的同情放在心里。在外国人的地盘里，谁又敢怎么样呢？衣着破旧不堪的女人只能哭诉着却找不到为她做主的人；中国巡警不帮她处置这个肇事的外国人，反而训斥她；围观的中国人满腔愤怒却不敢出手相救，只能劝慰这个不幸的女人。

师：同学们，学习了课文，我们看到了百年前的中国是这样的落后和不公，中国人在自己的国土上还备受欺凌和委屈，同学们想看一看那时候的中国是怎样的一番景象吗？那就请同学们看大屏幕，让我们一起看看那段尘封的历史。（播放视频）

师：同学们，现在谁再来读一读文中国人备受屈辱的这段话？（点名读）

师：在这样繁华热闹的地方，中国人竟然无处说理；在这个被外国人占据的地方，让我们深深地体会到了——

生：中华不振！

师：那现在同学们对"中华不振"有新的解释吗？结合对课文的感悟来说一说。

生："中华不振"是中国人面对外来侵略者表现懦弱，敢怒不敢言，不敢为自己的同胞伸张正义，只能任人欺负。

师：是的。落后就要挨打，当时的中国积贫积弱、国力衰微，外国侵略者在中国的土地上为所欲为，欺压中国民众的场景每一天都在上演，作为一个中国人，怎能熟视无睹，怎能不满腔怒火？所以周恩来立志要——

生：为中华之崛起而读书！

师：请同学们再一次有感情地朗读课文，感受周恩来为中华之崛起而读书的伟大志向。

（设计意图：对"中华不振"的理解是本课的重点内容，查找关键的语句是小学生理解课文的重要手段，课文通过伯父说的话和"我"目睹中国人受欺凌的景象来传达出当时中国残酷的社会现实，所以关键点就在于如何在解读课文重难点的过程中引起学生的共情。通过引导学生发挥想象，深度挖掘教材中重要的语句，剖析人物的感受，观看近代影视作品等方式，让学生明白旧时代的中国因为落后所以挨打，而周恩来正是看到了这残酷的现实，立志必须"为中华之崛起而读书"。）

（4）联系实际，拓展延伸

师：同学们的声音真洪亮！周恩来少年的立志更加坚定了他为中国革命事业奉献一生的决心，在他担任国务院总理的26年中，始终兢兢业业，为中华人民共和国的建设贡献了巨大的力量，他被人们称作"人民的好总理"。学到这里，老师想问一问同学们，你们所知道的顺德地区的爱国名人有哪些呢？他们又有着怎样的故事呢？请同学们自由地来说一说。

生：温少曼。他是一位画家，抗日战争时期，拜我国著名油画大师、辛亥革命先驱、中国油画第一人李铁夫为师，追随宣传抗日，学习绘画；在香港加入以茅盾为首创立的左翼社团，从事各项爱国活动。

师：是的，温少曼是顺德地区知名的爱国画家，"文革"期间，他被打成"英国特务"，全家饱受凌辱，但他始终坚信爱国是人生的信念，"莫道浮云终蔽日，严冬过尽绽春蕾"。直到他退休之后依然孜孜不倦地创作，积极从事着各项爱国活动。他是我们学习的榜样。

师：抗日战争时期顺德涌现出一位女英雄，她的名字叫陈若克，同学们听说过吗？（生摇头）

师：那老师给同学们说一说吧。她是顺德的一名中共党员，在16岁时便参加了工人运动，17岁时在党旗下宣誓加入了中国共产党，她入党时曾说："从现在起，我的思想，我的身体，连每根头发都应该是属于无产阶级的！"她入党之后，凡事都以身作则，对工作积极、热心。在1941年，抗日最艰难的时期，她不幸被捕，敌人对即将生产的她严刑拷打，但她并没有半点屈服。敌人对她进行了20多天的审讯和折磨，没有从她口中得到一点关于共产党的信息,敌人就将她和孩子残忍地杀害了。据说陈若克在临刑前,还是紧紧抱着自己的孩子。有的人怜惜她,想讨下孩子抚养,她至死也不放。悲愤地说:"整个民族都在苦难中,孩子的性命算不了什么……拼上这块血肉,让敌人知道中华民族是不可战胜的!"她就这样英勇就义了,她牺牲的时候年仅22岁。

师:听老师讲完,同学们有什么感想?

生1:爱国是不分时代的,什么时候都应该心怀祖国,为祖国的发展贡献力量。

生2:我们今天的幸福生活是革命先辈们用生命换来的,我们要好好珍惜。

生3:我们应该好好学习,将来成为对祖国有用的人,建设国家。

师:同学们都说得不错。爱国的人物和事迹在我们身边还有很多,除了这些名人之外,顺德地区还有很多革命遗址,像北滘西海村、伦教三洲、大良旧寨塔等,都是革命先烈们曾经抗战的地方,同学们可以在周末或假期和家长一同去参观学习。

(设计意图:通过联系当地的爱国人物、革命遗迹,扩展家国情怀学习资源。让学生认识到自己的身边就有很多爱国的例子,爱国并不是距离遥远的一种品质、感情,只要心怀国家,以实际行动做好现阶段学生应该做的事,就是在为祖国的发展贡献力量;同时,借助参观革命遗址的机会,促进家校共育,拓宽家国情怀的培育渠道,加深小学生对家国情感的理解。)

(5)总结全文,写作交流

师:我们学习了课文,知道周恩来在少年时期目睹了一幕幕残忍又不公的画面,从这时起,他就立志要好好读书来探索出拯救这个危亡民族的道路。天下兴亡,匹夫有责,生活在新时代的我们,又该怎样为祖国的建设、发展贡献力量呢?请同学们想一想,写下来,下节课我们一起交流。

(设计意图:新课标强调学生的语言表达能力的重要性,珍视学生独特的感受,阅读理解课文和写作表达相辅相成;通过对语言文字的运用,可以检验学习的效果,可以激发学生对文章深入的思考,深化对家国情怀的认知。)

(五)教学总结反思

本单元内容是以"家国情怀"为人文主题而编排的,单元导语中提到"天下兴亡,匹夫有责",正是要通过对课文内容的学习使学生明白这个道理。我们在对单元整体教学设计的基础上,选取了其中《为中华之崛起而读书》这一精读课文作为教学示范展开教学,从教学当中得到以下启示:首先,四年级的学生相比之前低年级时在对课文内容的理解方面有所提高,在教学过程中,教师可以让学生通过课前预习来了解课文主要内容,快速地概括课文内容,把更多的课堂时间聚焦在理解"中华不振"这个关键词上,以及进行爱国情感的陶冶；其次，深度挖掘教材内容，在教学中，教师要注意紧扣"中华不振"这样的关键词来贯穿教学全过程，引导学生探寻与之相关的语句，在分析课文内容的同时，注意优化课堂教学方式，通过多样化的听、说、读、写、思来深化学生对课文内容的理解；最后，本节最重要的情感目标就是让学生体会到周恩来心系国家、立志强国的强烈爱国情感，除了对课文的解读之外，联系身边的英雄事迹，结合地方文化，能拉近学生与课文的距离，了解近代的家国历史，对英雄人物产生崇敬之情，进而更加理解为何周恩来要"为中华之崛起而读书"，通过课内与课外知识的联动，丰富学生的情感体验。同时，教师也需要以饱满的情感来对学生进行课堂的教学，只有教师入了"境"，学生才能加深对课文的感受，教师的传达也会更加有效。

在设计单元整体教学时，遇到最大的难题就是如何统整一个单元的教学内容，使之做到连贯、合逻辑，并兼顾课内与课外阅读，尽可能地加大学生的文本阅读量，通过不同文本的对比阅读，生成更多的感悟。但"家国情怀"本身就是较为深层的情感，需要教师在多次的教学实践中结合学情主动发掘出好的教学方法，才能收到更好的效果。

第三节　初中语文教材中的爱国主义人物形象研究

一、爱国主义人物形象与初中语文教学

（一）爱国主义人物形象的概念界定

关于爱国主义人物形象，曾玲认为，爱国人物形象是"在语文教材写人记事的课文中，通过外貌、言行举止等具体元素创造出的，具有令人钦佩的爱国品质和爱国行为的榜样人物"[①]。张娴认为，高中语文教材中的爱国主义人物形象，是指"在人教版高中语文教材中以文学作品的形式出现的，以爱国主义为主题进行教材内容的分析，并对具有鲜明的爱国主义情怀为代表的人物作为研究的对象，通过分析人物形象的特征来激发学生的爱国情感，培养学生崇高的爱国热情"[②]。

本书将初中语文教材中"爱国主义人物形象"界定为：在初中语文教材选取的文学作品中，通过语言、外貌、人格、所处环境等特征刻画出来的，具有强烈的爱国主义情怀，对民族和国家做出贡献，受人民敬仰的榜样人物。

[①] 曾玲. 高中语文教材中爱国人物形象的教学研究 [D]. 长沙：湖南师范大学, 2019：29.
[②] 张娴. 高中语文教材中爱国主义人物形象教学研究 [D]. 曲阜：曲阜师范大学, 2019：16.

（二）初中语文教材中爱国主义人物形象分类

不同的时代成就不同的爱国人物，不同的爱国人物由于其特定的社会角色以及个性特征等会对所处时代产生不一样的价值影响。初中语文教材选编的爱国主义人物形象类型是多样的，下面结合爱国主义人物所对应的历史背景、社会角色、精神品质等，把初中语文教材中的爱国主义人物划分为以下几种：英勇无畏、保家卫国，艰苦奋斗、以身许国，忧国忧民、心怀天下，忧国思家、渴望和平，见证苦难、赞美祖国。

1. 英勇无畏，保家卫国型的爱国形象

初中语文教材中为我们呈现出具有鲜明特征的爱主义人物形象，当国难来临之际，他们勇敢挺身，为保卫国家付出智慧与行动，面对敌人，不畏强暴、敢于斗争，为国家的和平与安定做出巨大贡献。

（1）古代的忠君爱国

《唐雎不辱使命》中塑造了唐雎这样一位面对强秦的胁迫威逼，敢于斗争，寸步不让，据理力争，维护国土的爱国主义人物形象。在国家危难当头，唐雎不计较个人生死，为了国家义无反顾地选择出使秦国，敢于直面秦王，并同其展开直接斗争，用"布衣之怒"的强大威力来震慑秦王，最终取得胜利，不负使命。唐雎的不畏强权的精神和不可侵犯的自强人格，在历史的画卷中广为流传。

《雁门太守行》中塑造了奋战卫国的爱国将士形象。在局势紧张的战争环境中，面对像黑云一样来势凶猛的敌人，我方军威雄伟、泰然不惧，将士们用生命来捍卫国土的坚定信念，悲怆且震撼人心。《渔家傲·秋思》中的将军征夫形象，同样给人以悲壮的思绪。他们身处艰辛的战场，保家卫国，渴望取得胜利，与亲人团聚，字里行间体现浓浓的爱国主义英雄气概。苏轼在《江城子·密州出猎》中形象地描绘出了一幅英勇将士的杀敌报国图，希望能像魏尚一样被朝廷委以重任，驻守边疆，保家卫国。他的"狂"是一种豪情，是一种永不放弃的报国之志。

《破阵子·为陈同甫赋壮词以寄之》和《过零丁洋》中，诗人都是通过追忆往事，抒发自己的爱国热血。辛弃疾在文中塑造了一个杀敌报国的爱国将领形象，希望保家卫国，追求功成名就，然而却是"白发生"。词人借将军的理想破灭，表达了自己想要杀敌报国、收复失地的爱国愿望，终究是空有凌云壮志，报国无门。文天祥在《过零丁洋》中，记录了今昔不同的心境，对于当前"破碎""浮沉"局势的清醒认知，使得他实现复国保家的愿望更加艰难、坎坷，但他并不限于悲愤，他的赤诚之心仿佛一团火，在一代又一代爱国人士的心中燃烧，为了正义英勇无畏。

（2）近现代的革命救国

初中语文教材中选取了两篇关于闻一多先生的文章，分别是《说与做——记闻一多先生言行片段》和《最后一次讲演》，将闻一多先生的严谨刻苦的学者形象和英勇无畏、为正义而献身的革命先烈形象刻画得淋漓尽致。作为学者和诗人的他，为了寻找拯救中国国民的道路，废寝忘食钻研学术，在学术上取得重大的成果。作为坚定爱国的革命者，他"说"了，跟着的就是毅然地"做"。为争取民主自由，反对独裁统治，他坚决为李公朴同志发声，勇于揭露反动派的罪恶，生死关头无所畏惧，以革命之躯表明坚定信念，鼓舞革命士气。

近现代，为了实现民族独立，一批批具有爱国情怀的仁人志士纷纷登上历史舞台，他们组成了社会中的革命英雄集体，有着共同的救国理想，面对困难无所畏惧。《老山界》和《梅岭三章》中都塑造了不怕困难、英勇无畏的红军形象，他们带着独立民主的革命信念，穿过敌人的枪林弹雨，翻山越岭，四海为家，克服重重困难，始终坚信革命终将取得胜利。《黄河颂》中，广大英雄儿女歌颂黄河，学习黄河精神，英勇无畏、坚定不移，保卫黄河、保卫祖国。《消息两则》中的解放军，英勇善战、锐不可当，冲破敌阵势如破竹，最终取得解放战争的胜利。他们是为了国家和民族的胜利而坚强不屈的革命战士，他们的身上，都有着坚定的理想信念、不屈不挠的抗争精神和不怕牺牲的革命乐观主义精神，他们是救国救民的革命英雄集体，为了追求真理，为了国家和民族的胜利而艰苦奋斗，不畏牺牲，坚信革命必胜。

2. 艰苦奋斗，以身许国型的爱国形象

初中语文教材中还有这样一类爱国主义人物形象，他们是国家科研事业发展的开拓者和奠基人，在不同的领域中都取得了优异的成绩，把自己的命运与民族的命运紧紧地捆绑在一起，为了国家的富强默默付出。他们的身上，都展现了艰苦奋斗的理想信念和无私无畏的奉献精神。

《邓稼先》中，作者杨振宁用深情的语言回忆老友，介绍了一位在核武器事业上成就卓越的科学家——邓稼先，他在使中华民族摆脱任人宰割的道路上做出巨大贡献。他是中华优秀传统文化所孕育出来的儿子，他的身上有着忠厚平实、真诚无私的精神品格，面对"谣言"实事求是，面对恶劣的工作环境决不退缩，"鞠躬尽瘁，死而后已"，准确地描述了他的一生。

杨利伟在《太空一日》一文中，详细记录了自己搭乘神舟五号载人飞船进入太空的经历和体会。他是中国第一位进入太空的航天员，他所经历的惊险前所未有，他在遇到危险时的坚毅勇敢、沉着稳重，是我们中华民族伟大智慧的最好证明。航天人攻克艰难、矢志报国、勇于奉献的精神值得新时代的青少年学习。

王选在《我一生中的重要抉择》一文中表示，作为一位科学家，他敬业爱国，人生的每一次重要抉择都体现了个人利益服从国家利益。他重视培养新人，乐于奉献，甘为人梯，亲身践行了"科教兴国"。

3. 忧国忧民，心怀天下型的爱国形象

初中语文教材中存在着这样的爱国主义人物，他们拥有强烈的爱国主义情怀，或处江湖之远，不被朝廷重用；或身处逆境，仕途坎坷；或辞官还乡，然而他们心怀天下、忧国忧民的心从未改变。读这些作品，能从中体会到作者所寄予的爱国情怀以及报国之志。

（1）心怀天下，无力报国

爱国诗人屈原，心系楚国的每一位子民，他的政治目光看得长远、一心保国安民的他，却被南后之流的卑鄙手段所陷害，被君主所猜忌。他冲破一切束缚，坚决与邪恶势力做斗争，一心一意为国家和百姓着想。面对君主的昏庸专制，奸佞小人的诬陷，日渐沉入黑暗的国家，屈原的满腔愤恨以"雷电颂"的形式毅然爆发。作者郭沫若心忧国家，借屈原讽喻国民党统治集团，用中华民族坚持正义、反对邪恶势力的斗争精神，来鼓舞士气，为民发声，反对侵略。

龚自珍在《己亥杂诗（其五）》中表达了辞官离京时的无奈心情，不畏坎坷且不甘于沉沦，借助"落红"表明自己虽然辞官还乡了，但依旧心怀国家和人民，甘于奉献。

《岳阳楼记》中，作者范仲淹虽遭迫害被贬，仕途坎坷，但仍不放弃理想信念，处江湖之远，不忘国事，与友人一起共勉，积极进取，并一直胸怀忧国忧民的政治志向。

《南乡子·登京口北固亭有怀》是辛弃疾渴望收复失地、为国效力所作。他渴望像古代孙权那样金戈铁马，报效国家，但无奈朝廷偏安一隅，苟且偷安。词人赞颂孙权的英勇无畏、坚决抗敌，与南宋朝廷的怯懦无能形成鲜明对比。他的抗敌斗志处处遭到打压，满腔热血报国无门，对国家民族前途命运的重大忧患奠定了深沉、怅惘的基调。

《茅屋为秋风所破歌》是诗人杜甫忧国忧民崇高境界的典范之作。诗中"风怒号"三个字，铿锵有力，狂风将诗人茅草屋上的茅草层层卷起，或吹过江去，或挂在林梢，而撒落平地之茅竟被群童"盗"去。屋破受冻偏逢连夜雨，诗人没有被艰苦的环境所吓倒，而是想到天下贫苦人士共同的困境，时刻关怀着国家的命运和人民的疾苦。杜甫知命之年仍一心为国为民、宁苦己以利人的博大胸襟和高尚情怀，影响深远，构成中华文化的重要组成部分。

（2）为国奔走，救国图强

鲁迅在《藤野先生》中记述了早年日本求学的经历，他带着救国救民的理想，对清国

留学生的不学无术而感到失望和反感;"日本爱国青年"的所作所为让他感到强烈的愤慨和悲伤;国人看到同胞被辱杀后"酒醉似的喝彩",深深地刺激了他的民族自尊心,他意识到国人思想的麻木比身体的病痛更严重,果断选择弃医从文。自此,鲁迅先生扛起笔杆子做斗争,他用他坚定有力的文字,唤起无数爱国志士,为寻求中国的出路而不懈奋斗。

《沁园春·雪》一词的上阕,向我们展示了北方壮丽的雪景,千万里都是冰封、雪飘,天地茫茫,浑然一体。祖国壮丽的山川,洋溢着爱国的豪情,让我们读来尽是民族自豪感。毛泽东高瞻远瞩,把山峦、原野原本静态之物舞动起来,蜿蜒起伏,尤为生动。词的下阕转入对历史人物的评论,肯定他们对推动社会进步起到的作用和贡献,同时也指出不足。历史的长河滚滚而去不复返,真正的"风流人物"要数今朝为革命事业英勇奋斗的无产阶级及其先锋队——中国共产党的英雄们,他们不怕辛苦、不惧牺牲,带领中国人民顽强抗击帝国主义的侵略,为新中国努力奋斗。

《满江红》(小住京华)是近代民主革命志士秋瑾写于1903年的一首词,她生于封建没落的官僚地主家庭,虽受封建思想的束缚,但她性格豪爽、聪慧爱动,对封建礼教具有强烈的反抗精神。在北京寓居期间她接受了新思想的熏陶,要为国家和民族而斗争,解放女性,追求独立自主。她在词中表达了对于封建家庭"强派作蛾眉"的不屑和蔑视,爱国心不输男子,是她冲破家庭牢笼的束缚,投身革命的坚定选择。有感于民族危机,她女扮男装,东渡日本留学,积极投身革命事业,寻求国家民族振兴之路。

《曹刿论战》中,面对外敌入侵,鲁国国难当头,曹刿毅然"请见"足以看出他的爱国之心;对于乡人劝阻,曹刿的回答更能体现他坚定的爱国意志;与鲁庄公交谈之后又主动请缨赴战场,把生死置之度外,这是他的爱国壮举;战后认真分析总结,让鲁庄公明白作战策略,是对统治者的负责,也是对国家命运的负责。为国家命运奔走谏言,急国家之所急,忧国家之所忧,他用实际行动诠释了赤诚的爱国之心。

诸葛亮同样如此,为国家鞠躬尽瘁,死而后已。他跟随君主四处征战,尽心出谋划策。为完成先主刘备的遗愿,他又竭忠尽智辅佐后主刘禅,未曾有半分僭越之心。全篇以议论为主,动之以情,晓之以理,表现了诸葛亮的爱国情感。他向后主进言献策,提出治国主张,满怀殷切期望之情,激励他完成先帝"兴复汉室"的宏图伟业。

(3) 眷恋国土,至死不渝

现代爱国诗人艾青,他的诗歌常常用太阳和土地作为主要意象,太阳象征着他对于光明的向往和对美好理想生活的追求;对于土地的关注,是他对于农民、民族和国家的深切眷恋,与土地的深厚情结,也是他一片爱国赤子之心的由衷体现。

艾青在《我爱这土地》一诗中,化身为一只鸟儿,不知疲倦地为祖国的土地、河流、风和黎明歌唱,即使喉咙嘶哑了还在坚持,这是诗人对土地的坚定信念,用鸟的朴实平淡的语言更能表达诗人真诚热烈的土地情结。当时的祖国面临严峻形势，诗人心心念念的大地母亲已经遍体鳞伤，布满了人民的苦难，激发了诗人无限的悲愤。然而，面对苦难，中华民族并未退缩，而是像风一样怒号，不甘被压迫，表明了中华民族坚强不屈的反抗精神。伟大的中华民族正在积蓄力量，等待冲破黑暗，迎来民族解放的胜利曙光。为了自己深爱的这片土地，诗人做出了重要的抉择，那就是毫无保留地献身于土地，与祖国同呼吸共命运，这种深沉而又执着的爱，在诗人的笔下表现得淋漓尽致。

4. 忧国思家，渴望和平型的爱国形象

初中语文教材中有这样一类人，他们在战乱年代里颠沛流离，背井离乡，看着中华国土沦丧，中华民族处于水深火热之中，他们在痛恨战争带给百姓伤害的同时，仍不忘日夜牵挂祖国的每一寸山河，期望和平安定的生活。

1941年，端木蕻良写下《土地的誓言》，这是一首献给土地的歌，是遥远时代的纪念，也是对和平的深切呼唤。故乡原有的宁静、和谐被战争所打破，心心念念的关东家园，被侵略者无情占有和掠夺，成为一片废墟，此情此景让作者感到无比心痛和无助，也是无数背井离乡青年情感的集中体现，强烈的爱国思乡之情引发每个爱国人士的共情。面对遭受耻辱的故乡，作者直接与故乡对话，希望她被解放；面对多灾多难的土地，作者暗暗立下誓言，要洗去她的耻辱，为美丽的故乡愿付出所有。这是作者情感的高潮，是无数背井离乡东北人民的心声，也是中华子女的共同期望。

现实主义诗人杜甫，目睹了人民疾苦和朝局动荡不安，饱含忧国忧民的情怀。《春望》是杜甫暮年所作，他在尽忠途中不幸被俘，借长安城的萧条零落之景来寄托内心情怀。杜甫《春望》所见，是山河未改而国破家离后的萧条残败景象，"国破"与"城春"形成强烈的对比，抒发诗人对国家破碎、今非昔比的哀叹之情，此时场景的破败不堪，亦是反衬出对于往昔长安城繁荣景象的追忆，营造出荒凉凄惨之基调。自身流落被俘，家人身处异地，战火延续不断，造成音信不通，也就不难理解"家书抵万金"的思家之苦，一句简单的呼唤中饱含了无尽的辛酸和期盼。"白头搔更短，浑欲不胜簪"，将诗人的情感推至高潮，真切情感引发共鸣，可见忧愁之深长不断，饱含着家国之恨，进一步抒发诗人忧国思家的情怀以及对和平生活的渴望。

5. 见证苦难，赞美祖国型的爱国形象

舒婷在《祖国啊，我亲爱的祖国》一诗中，独辟蹊径，直面国家的苦难遭遇，把祖国当作一位伤痕累累的老母亲，与祖国同贫困共悲哀，以赤子之心倾诉内心的苦痛，对祖国母亲摆脱苦难、奋发向上充满希望和信心。诗歌共四节，一、二节选取的意象，是祖国落后文明发展的悲哀，其中饱含舒婷对国家命运的关心和热爱。诗歌的三、四节写祖国向着

崭新的起跑线出发，诗人巧妙地用象征祖国腾飞历程的众多意象，对祖国的未来满怀期待，树立要把祖国建设成自由国度的伟大目标。诗人是生活在祖国大地上的独立个体，同时也是万千中华子女的代表，他们一起经历祖国母亲的屈辱历史，见证她一步步走向希望与繁荣，甘愿为祖国母亲付出所有，去换取祖国的自由和发展。

二、爱国主义人物形象教学价值

爱国主义是时代发展的永恒主题。随着历史的发展变化，"爱国主义"在各个时代有着鲜明的时代特征，其文化内涵也各不相同。爱国主义人物形象教学作为爱国主义教育的重要载体，在语文教学中具有重要的价值。

语文教材是教师和学生沟通的桥梁，从语文教师角度来看，教材是获取知识，训练能力，传递情感的重要来源，借用教材来辅助语文教学，完成语文教学任务的同时，充分发挥语文课程的育人功能。语文教材作为一种丰富且深刻的学习载体，是其他学科教材无法比拟的，而爱国主义人物形象作为初中语文教材中的重要组成部分，融入了浓厚的爱国主义情感，在教学中具有重要的德育、智育和审美价值。

（一）德育价值：培养学生的爱国情怀，坚定理想信念

语文课程往往是借助教材中的选文来进行教学，选文中蕴含丰富的中华文化，通过学习中华优秀文化，引导学生树立正确的价值观，促进个性化发展。爱国主义人物形象身上所具有的保家卫国、艰苦奋斗、心怀天下等优秀道德品质，能够在无形中感染学生，促进学生全面、健康成长。语文作为我国的母语课程，兼具工具性与人文性的统一，学科的特殊性注定语文不仅要训练学生语言文字能力，同时还要重视培养学生的综合素质，促进其全面发展。作为中学的语文教师，我们要时刻关注时代发展变化，根据时代需要调整教学，让爱国主义情怀浸润学生的心田。

初中语文教材体裁众多，包括人物传记、诗歌、散文、演讲稿等，其中塑造了许多爱国主义人物形象，如范仲淹、闻一多、毛泽东、邓稼先、唐雎、曹刿等。他们的爱国主义思想和行为不尽相同，字里行间都蕴含着浓烈的爱国主义情怀。中学阶段正是学生成长的关键时期，崇拜榜样的力量并喜欢模仿，教材中的爱国主义人物形象，能够满足他们对榜样的想象，跟随榜样的方向，进而帮助完善人格品质，坚定人生分信念。

语文教材中选取的爱国主义人物形象通过外貌、语言等具体细节展现出来，是具体可感的，具有强烈的感染性。例如：爱国就是保家卫国、英勇无畏。古代巾帼英雄花木兰，代父从军上战场，不怕困难艰险，直面恶劣的自然环境，把对父母的思念与对国家的忠诚交织在一起，表现了她的无私无畏、百折不挠的英雄气概。十年征战，出生入死，非凡的

勇气与智慧胜过万千男儿。爱国就是艰苦奋斗、不怕牺牲。现代科学家邓稼先，为国防科研事业艰苦奋斗，以身许国，面对艰苦的工作环境，"我不能走"充分体现了邓稼先坚定的意志，好友杨振宁赋予他"鞠躬尽瘁，死而后已"的壮词进行贴切描述。爱国就是忧国忧民、心怀天下。杜甫在《茅屋为秋风所破歌》中用自己的悲惨遭遇来暗示天下寒士的痛苦，以此表现天下的苦难。在风雨交加的寒夜，作者面对茅庐残破，却依旧心怀天下，希望天下寒士能够有所寄托。这种舍己为人的精神品质，始终震撼人心。

学生接触个性鲜明的爱国主义人物形象，会被他们身上具有的特殊气质所感染，有利于在心中埋下爱国和正义的种子，让爱国的理想信念生根发芽。

（二）智育价值：学习人物的塑造方法，丰富文学知识

语文课程既有工具性又有人文性，其中工具性就是指培养学生听、说、读、写的能力，这也奠定了语文学科的重要性，使得语文学科成为学习其他科目的重要依据。充分发挥语文课程的工具性价值正是语文智育价值的集中体现。语文智育主要是借助教材中文质兼美的文章来实现的，由最初的字词句入手，逐步通读文章，把握文章结构，掌握写作技巧，学习人物的塑造方法，在挖掘语文工具性价值的同时，促进学生人文素养的提升。

初中语文教材所选课文多是杰出作家的经典作品。所谓经典作品，顾名思义，一定有值得我们学习借鉴的地方。对于教材中选取的典型的爱国主义人物形象，作者在创作之时，为了表现爱国主义人物形象的立体性和独特性，通常会运用一定的描写方法和创作技巧，通过外貌、语言、动作、心理等塑造一个人物的基本形象，还会借助外在事物或环境烘托人物精神品质等，总之，将各种修辞手法以及描写方法等运用得出神入化，给我们呈现出一个个生动、感人的爱国主义人物形象。这就需要教师在教学中带领学生熟练掌握各种修辞手法以及描写方法等，结合具体课文分析爱国主义人物形象，完成爱国主题文章的学习。爱国主义人物形象身上有强烈的使命感和明显时代烙印，在解读时要考虑人物所在的社会背景，结合爱国主义人物形象的具体爱国行为或情感进行分析。由于爱国主义人物形象时代距离遥远，学生不易理解，或是相关资料不够充分，教师要给予一定的引导。在学习爱国主义人物形象时，教师可以引导学生查找相关的背景资料，通过爱国主义人物形象的言行举止来感知人物内心。学生在这一过程中，不仅认识了爱国主义人物，同时还补充了更多的相关背景知识，在潜移默化中让学生拓展知识积累，对人物形象的理解在不断加深，分析人物形象的能力也在不断提高。

以《邓稼先》为例，作者开篇未提及主人公邓稼先，而是先交代中国近代以来的屈辱历史，看似无关，实则是为了说明邓稼先对国家和民族所做贡献之巨大。文章巧用对比，把邓稼先与奥本海默进行对比，强调"中国人"的精神品格。引用《吊古战场文》，是为

了烘托罗布泊艰苦的环境，让读者感受邓稼先工作的艰辛；引用《中国男儿》，意在说明五四精神对邓稼先影响之深，为了祖国科研事业而不懈奋斗、勇于献身。除了对比和引用外，作者还运用了语言、心理等描写方法。在第六节中对于邓稼先的语言描写"我不能走"，展现了他为祖国事业不畏艰险、不怕牺牲的崇高精神。

作者写到读了邓稼先的短信，有一段心理活动。不是作者想不清楚，而是作者那颗爱国之心在燃烧。

学生学习教材中的爱国主义选文，了解相关的时代背景知识，把握人物形象的描写方法和创作技巧，在潜移默化中学会运用方法，丰富自身的文学知识，提升分析文学作品的能力。在这个过程中，爱国主义人物形象的智育价值得以充分发挥。

（三）审美价值：提高学生的阅读审美能力，培养正确的审美观

蔡元培认为："美育者，与智育相辅而行，以图德育之完成者也。"[①] 由此可见，美育与智育、德育有着密切的联系，不可分割。学生的学习是一个知识不断增长的过程，在这一过程中如果只有智育会使教学显得枯燥乏味，停留在工具性层面。语文教师过于注重德育，会使语文课堂充满说教，把原本的语文课上成思政课。真正的语文教学，在进行智育的同时要借助德育和美育，让学生在美的语言、形象中受到熏陶和感染，在思想道德的引领下确立学习的榜样，并以榜样的力量规范自身行为。因此可以说，美育与智育是相辅相成的，共同促进学生思想品德的发展。

美育，是指以培养学生审美情趣为目标的审美教育。《义务教育语文课程标准》（2022年版）在"课程目标"的"总目标"中指出："能借助不同媒介表达自己的见闻和感受，学习发现美、表现美和创造美，形成健康的审美情趣。"[②] 可见语文教学中对学生审美能力的培养是非常重要的。在爱国主义人物审美教育中，主要是通过分析爱国人物的精神品质、人格魅力、言行举止等，进一步感悟精神所在，有能力去发现美，以实现创造美的目标。语文教材中有些选文赞美了祖国的大好河山，以写景的方式来歌颂祖国的壮丽河山。如《黄河颂》，这是一首献给祖国的赞歌，诗人光未然代表祖国英勇的儿女，用奔放的热情讴歌了气势雄伟的黄河。黄河的波涛澎湃、雄奇瑰丽，在他的笔下铿锵有力，展示出我们伟大的中华民族胜利前进的形象，使得每一位读者为之震撼，体会到作者强烈的爱国主义情怀。通过分析作品中的自然意象，让学生感受到诗歌的意境美，丰富学生的阅读审美体验。

同时，爱国主义人物形象具有很强的现实性和示范性，能够使学生认识现实生活中的不良行为和错误观念，更多地关注到爱国主义人物形象的内在美，如优秀的思想品德等，

[①] 蔡元培. 美学文选［M］. 北京：北京大学出版社，1983：174.
[②] 中华人民共和国教育部. 义务教育语文课程标准（2022年版）［S］. 北京：北京师范大学出版社，2022：7.

激发学生学习爱国主义的精神品格，从而实现审美教育的目标。例如《茅屋为秋风所破歌》中，诗人所住茅屋遭狂风暴雨无情袭击，群童抱草又逢连夜雨，导致家中屋漏床湿，全家人无法安睡，处境十分艰难，即便如此，他仍心怀天下，舍己为人，宁愿自己受冻也要天下寒士得以安稳。当学生读完杜甫的这首诗时，会被他忧国忧民的情感所感染，对这样一个爱国主义人物形象肃然起敬，能够理性地看待当前社会及眼前发生的事实，明辨其中是非，保持心中的善意，善于发掘身边的美好，从而培养良好的审美情趣。

三、初中教材中爱国主义人物形象教学策略

初中生关于初中语文教材中的爱国主义人物形象学习存在着时代距离遥远、教学形式单一、语文学科工具性训练不足的问题，针对这些问题，本节将提出几点相应的教学策略，帮助学生更好地进行爱国主义人物形象的教学和学习。

（一）跨越时代的鸿沟，拉近学生与爱国主义人物之间的距离

1. 设计爱国主义人物形象"学习任务单"

"学习任务单"是针对学生设计的个性化学习平台，具有任务驱动的作用，便于学生主动地理解教材。通过"学习任务单"，教师为学生设计了学习的框架，包括课前、课中和课后三个阶段。课前"学习任务单"是学生了解爱国主义人物形象的基础，课中"学习任务单"是深入感知爱国主义人物形象的重要环节，课后"学习任务单"有助于及时检验和巩固课堂所学。通过设计"学习任务单"，学生在任务驱动的基础上，能够拓展更多相关知识，让爱国主义人物不再限于时代的鸿沟，拉近学生与爱国主义人物之间的距离。

"学习任务单"的设计不是随意的，而是要在教材编排的基础上进行，充分考虑课文所在的单元语文要素。"学习任务单"的安排是有一定坡度的，课前、课中、课后应该由浅入深，思考深度逐步递增，尊重学生的个性化发展。"学习任务单"的设计要贴近学习目标，以学习任务的形式呈现出来，充分考虑学情以及教材的具体要求，考虑学生的学习兴趣点，让学生在完成学习任务单中逐步养成自主学习、合作学习、探究学习的能力。

2. 解读爱国主义人物形象的当代性

初中语文教材中精心选入的爱国主义人物形象具有明显的时代烙印，符合新时代爱国主义教育的需求。从当代性角度出发，对爱国主义人物形象进行解读，注重挖掘其中的时代性价值，与当代社会倡导的价值观念密切结合，能够对青少年爱国主义思想渗透产生深远影响，满足时代发展的需要。我国当代著名语文教育家朱邵禹曾经强调："语文课本有

别于数理科和技术科的特征之一,就是它总要体现出鲜明的时代性。"[1] 教材选文要紧贴时代的脉搏,源源不断地向学生传达时代精神和新鲜气息。

面对时代的发展,语文教师要时刻关注学科发展动态,不断完善自身知识储备和专业技能,使语文课堂适应时代发展的需要。教师在对爱国人物形象进行解读时,要重视与新时代的爱国主义教育相结合。语文教材中选取的当代爱国主义人物形象,大多是国家科研事业发展的开拓者和奠基人,在不同的领域中都取得了优异的成绩。他们将自己的命运与国家命运紧密连在一起,为了国家的发展艰苦奋斗,为祖国奉献终生,如邓稼先、杨利伟、王选等。这种艰苦奋斗、以身许国型的爱国主义人物形象,对现代社会具有很强的现实意义。我们的祖国正处于发展的关键时期,祖国的建设仍需要传承艰苦奋斗的精神。教师在教学过程中要善于把爱国主义人物形象的美好品质与时代发展需求相结合,引导新时代青年学习先辈无私奉献、勇于拼搏的美好品质,传承时代精神。

在解读爱国主义人物形象时,教师应该把人物形象的时代背景与当今时代发展相结合,加强对爱国人物形象的当代性解读,适应当代的价值诉求。例如,对于英勇无畏、保家卫国型的爱国形象,我们不能停留在古代的"忠君"思想上,为了忠义能够舍弃一切。在我国古代传统文化中,爱国与忠君是密不可分的,忠义使得爱国人士可以为了昏庸的君主舍弃个人的一切,甚至是生命和家庭,这在我们现代社会看来是一种愚忠的表现。近现代,为了民族独立自由,一批批爱国志士反对独裁统治,不畏牺牲,以革命之躯献身理想事业,我们在肯定革命人士爱国热情的同时,也要结合时代理性看待他们的爱国行为。在当下社会中,我们每个人生来都是平等的,我们所倡导的爱国是理性的,爱国从日常生活做起,心中爱国,行动爱国,人人皆可成为爱国人士。因此,教师在进行爱国人物形象分析时,应注重采用新时代的价值理念,引导学生在尊重个体生命的基础上合理地解读爱国主义人物形象。

例如,《最后一次讲演》中的爱国主义人物形象闻一多先生,他是典型的"英勇无畏,保家卫国型"的爱国主义人物形象。以往的教学在解读时,过于关注闻一多先生爱憎分明、英勇献身的精神,学生在学习时慷慨激昂,爱国英雄主义空前高涨,下定决心要以闻一多先生为榜样,等待有一天为了理想信念英勇就义。与闻一多先生所处的革命动乱年代不同,当今时代是一个和平的年代,我们每个人的命运都与祖国命运息息相关,新时代的爱国主义是为祖国的伟大建设而努力奋斗。在教学《最后一次讲演》一课时,教师要引导学生体会闻一多先生所处时代的动乱形势,革命年代避免不了流血牺牲,我们当代应该更多关注闻一多先生热爱祖国、对真理与正义的执着和坚守,而不是着眼于牺牲行为。

---

[1]刘金星. 朱邵禹先生语文教育思想中的性质观[J]. 教学大参考,2005,(05):11.

在尊重个体生命意识层面，语文课堂教学中应注重对学生的生命教育，重视生命、敬畏生命，建立正确的人生价值观念。

3. 开发利用爱国主义人物形象教学资源

语文课程是一门综合性、实践性的课程，语文教材是教学的主要依据，教师在进行教学时，要贴合教材挖掘出更多有益的教学资源。通过对现有教学内容的开发与使用，可以使学生在原有的教学内容基础上得到进一步的提高，拓展知识的同时，又能掌握获取资源的方法。开发利用爱国主义人物形象教学资源，有助于学生从整体上把握爱国主义人物形象，创设爱国主义人物形象教学情境，使爱国主义人物形象打破时间和空间的隔膜，贴近学生的现实生活。

当代社会科技的迅猛发展，使得语文教学逐渐走向信息化，多媒体教学资源成为语文课堂教学的重要课程资源。语文教师在进行教学时应该紧跟时代发展，合理利用网络信息媒介，多方面、多角度获取教学相关资源信息，在课堂教学中利用多媒体软件与学生交流。开发利用教学资源，也要立足于语文教材，教材中的注释、插图、阅读提示、思考探究等也是语文课程资源的一部分，可以帮助学生把握好阅读起点，理解文章重难点。开发利用教学资源，也要善于挖掘生活中的课程资源，整合资源，让资源更好地为教学服务。

爱国主义人物形象所处的时代背景距离当今时代遥远，语文教师在教学时可以从相关的历史背景入手，通过创设教学情境带领学生走进文本，贴近爱国人物。以《邓稼先》一课教学为例，教师在新课导入环节，可以利用多媒体软件先展示中国在甲午战争中任人宰割的图片和视频，接着展示自第一颗原子弹成功爆炸以来我国在核武器方面取得的骄傲发展，学生的心情由愤怒转化为激动，为新中国的发展而感到自豪，对做出巨大贡献的前辈由衷敬佩，自然而然地过渡到爱国主义人物形象的学习中。语文教材本身提供了一定的资源，语文教师要善于挖掘这些资源，与教学内容相结合，合理设计教学环节。如在进行《邓稼先》授课时，教学思路先是了解爱国主人公邓稼先，在初步了解人物背景的基础上走入文本，结合具体事例感受邓稼先的人格品质，最后体会人物的情感价值，实现教学逐层深入，有利于学生思维能力的培养和情感的共鸣。

（二）采用多样化教学形式，感悟爱国主义人物形象

1. 合理利用多媒体教学技术

时代在发展，科技在不断进步，教育事业有了更为广阔的天地，丰富多彩的多媒体教学资源为初中语文教学搭建了新的平台。多媒体教学技术因为集具体生动的文字、图片、视频等于一体的优势特点，在初中语文课堂教学中发挥重要作用。为了适应时代发展变化，实现

课堂教学现代化，语文教师必须不断学习新的教学理念和教育技术，利用多媒体教育资源，拓展教学内容和形式，激发学生的学习兴趣。爱国主义人物形象因为明显的时代烙印而不被学生所理解，教学中适当以多媒体图片、视频的形式呈现，使得语文课堂丰富多彩，调动学生的兴趣，拓展相关知识的积累，让学生于无形中接受爱国主义精神的熏陶。

语文教学中多媒体课件的制作，要根据体裁的不同选择不同的侧重点。例如，散文诗词课的教学重点应放在朗读上，让学生在反复熟读的基础上感受语言文字的情感韵味。因此，教师在制作散文类课文的课件时应该注重朗读指导，借助网络了解各种形式的朗读音频或视频，选择适宜的内容，将其插入到教学课件中，通过创设情境，拉近学生与人物的距离，感受作者蕴含其中的情感内涵。对于小说、戏剧等文本内容较多的课文来说，教师在课件制作中应该插入相关的图片或影像资料，相对于枯燥的文字更能吸引学生的阅读兴趣，并且让学生通过视觉体验想象人物形象所处的具体环境。

2. 编排课本剧，开展体验式教学

课本剧，顾名思义就是将教科书中的有关课文，改编为适合学生表演的戏剧，通常来源于语文课本中的散文、诗歌、小说、戏剧等，加以改编，以话剧的形式，将它们的内容再现于舞台。课本剧力求与原作的语言动作和故事情节相贴合，塑造有代表性的人物角色，表达文章的主题思想，以舞台表演的形式呈现作品的内涵。初中语文课本剧的编排，更多地体现学生在课堂中的主体性，可以帮助学生突破时空的界限，在有限的时间、空间里把学生带入到课堂的教学情境中，切身体会人物心理活动，在想象中激活学生的审美思维，提升审美能力。初中语文教材中选取的爱国主义人物形象教学具有鲜明的主题思想，人物形象鲜活有个性，以课本剧的形式进行教学体验，能够让学生跨越时代的界限，拉近与爱国主义人物的距离，深入体会爱国主义人物的精神情怀。

课本剧的编排，首要考虑的就是要忠于原文。可以按照原文进行排演，也可以在原文主题思想的基础上进行恰当的修改，使得人物语言、性格更加鲜活，或是把几组爱国主义人物形象进行整合编排，深化主题，这需要同学们集中智慧，碰撞出思想的火花，塑造出更加丰富、立体的人物形象。课本剧的编排，需要教师做好引导工作。在编排课本剧之初，教师可以提供或者引导学生先了解爱国主义人物形象相关的背景知识，让学生走进人物、读懂人物，感受爱国人物内心活动。在排练的过程中，教师需要引导学生学习相应的表演技术，包括人物语言、动作、表情等。同时，要给学生留一定自由发挥的空间，让他们自己去想象心目中的爱国主义人物形象。课本剧的编排，也要注重多元评价。在对课本剧进行评价时，评价主体可以是教师，也可以是学生；评价的内容可以是表演本身，也可以是创新之处等。

3. 开展爱国主义人物形象综合性学习活动

在新的课程理念指导下，语文综合性学习活动应运而生，它强调学生综合学习能力的培养。在综合性学习活动中，学生能够利用现有的知识体验，使学习与生活的联系更密切，锻炼听、说、读、写的能力。全面开展爱国主义人物形象综合性学习活动，也是对教学形式的丰富和拓展，为爱国主义人物形象教学进一步完善提供实践指导。

综合性学习活动实践性强，开展爱国主义人物形象综合性学习实践活动，能够充分调动学生参与的积极性。如在国庆节，教师可以设置"新中国成立××周年"爱国主题综合性学习活动；定期以爱国主义人物形象某一类（如艰苦奋斗、以身许国型的爱国主义人物形象）为专题举办读书交流会，由爱国主义人物形象联系到时代发展，分享阅读体验；在学习某位爱国主义人物形象后开展主题演讲比赛，颂扬爱国主义精神，坚定理想信念；在年级范围内举办爱国主义人物知识竞赛和征文比赛，帮助学生拓展相关知识。此外，教师还可以通过"1+X"的阅读方法，引导学生阅读作家相关作品或同类爱国主题作品，全面、多角度去了解爱国主义人物形象，在爱国主义精神的引领下树立正确的价值观。

如在进行当代人物传记《邓稼先》一课教学时，学生了解到他为了国家核武器事业所做出的巨大贡献，被他的"鞠躬尽瘁，死而后已"深深折服。可以将同时代的课文《太空一日》《我一生中的重要抉择》以专题的形式进行比较整合，他们是属于艰苦奋斗、以身许国型的爱国形象，联系时代主题分享阅读感受。邓稼先、杨利伟、王选他们同样是国家科研事业发展的开拓者和奠基人，不同的是在各自的领域中艰苦奋斗，并且取得了优异的成绩，相同的是他们都共有一个名字，那就是"爱国人物"，他们把国家命运看得高于个人命运，为了国家的繁荣富强甘于奉献、无私无畏。也可以"艰苦奋斗、以身许国"为主题进行演讲比赛或者征文比赛，通过引导学生对当代爱国主义人物形象的分享交流，发现爱国人物身上可贵的可供学习的优秀品质，能够深刻体会不同行业先辈们的爱国情怀，树立良好的学习榜样，践行新时代奋斗精神。

开展爱国主义实践活动，践行爱国主义人物精神。建构主义理论认为："教师要成为学生建构知识的积极帮助者和引导者，应当激发学生的学习兴趣，引发和保持学生的学习动机。"[①] 新时期的师生关系需要重新定位，打破传统以教师为主导的课堂教学模式，将课堂由课内转向课外，充分尊重学生的主体性地位。爱国主义人物形象的教学应当走出校园，以实践活动的方式，充分发挥学生的自主性，把课堂所学知识应用于实践，在实践中不断拓展延伸，在开阔视野的同时，培养学生探索知识的积极性，形成良好的学习习惯，树立终身学习的意识。教师在开发爱国主义人物形象教学资源时要善于利用当地的特色资

---

①徐斌艳，吴刚，高文. 建构主义教育研究［M］. 北京：教育科学出版社，2008：187.

源,带领学生在实践中感受爱国主义精神。如安排爱国主义人物纪念馆参观活动,近距离地接触爱国人物的相关资料,在真实情境中感知爱国精神;开展社区志愿服务活动等,让学生在基层服务中体会爱岗敬业的精神,更好地理解语文教材中的爱国主义人物形象的爱国品质和爱国行为。通过社会实践活动,将课本中的爱国主义人物精神品质真正落到实处,在做中学,以实践的方式强化爱国主义情感的渗入。

(三) 重视爱国主义人物形象的工具性价值

1. 注重爱国主义人物形象细节分析

细节是一部作品中塑造人物形象不可或缺的要素,是一篇文章中的典型存在,能够增强场景的画面感,表现丰富且复杂的人物形象,帮助刻画人物角色的个性与品质。细节描写就是"对人物的性格、肖像、语言、行动、心理以及周围环境等所作的细腻、具体的描绘"[①]。文学作品中的爱国主义人物形象的塑造往往借助一定的细节来丰盈人物形象,所以教师在进行爱国人物形象教学时要注重对细节的挖掘,例如,对人物的外貌、语言、动作、神态、性格和特定的自然环境与社会背景等具体细节的描写。通过分析人物的细微之处,进一步了解人物内心的真实感受,多角度挖掘爱国人物形象。分析作品中的细节描写,能够让学生通过品味语言,学习描写方法,从而发挥语文学科的工具性价值。

在细节中体会爱国主义人物形象,要掌握人物的表现手法,比如人物的外貌、语言、心理、行为动作等,通过这些细节描写将爱国主义人物形象呈现在我们眼前,塑造具有强烈个性的爱国主义人物形象,深化情感与主旨。

在细节中体会爱国主义人物形象,同时也要注意刻画人物所处的环境描写。环境包括自然环境和社会环境两个方面。自然环境的描写是外在的,常借助于对外部环境的描写,来渲染特定的故事氛围,烘托爱国主义人物形象的某种特质。社会环境的描写常常揭示了人物角色的时代背景和社会关系,与爱国主义人物形象的个性、命运息息相关。把握好作品中的自然环境和社会环境描写,对于理解作品中的爱国主义人物形象有着至关重要的作用。

《木兰诗》中运用了典型的环境描写。《木兰诗》的故事背景发生在北魏与柔然频繁发生战事的时期。柔然频繁骚扰北魏,导致国家战事不断,百姓生活不得安宁,北魏朝廷急召士兵奔赴战争前线,普通百姓家的成年男子则是征兵的重点对象。木兰家中父亲年迈,弟弟未成年,面对这样的严峻形势,木兰毅然做出替父从军的决定。木兰的举动是对父亲的孝顺,也是在国家危难之际敢于担当、保家卫国的具体表现。通过借助社会环境,

---

[①]许嘉璐. 中国中学教学百科全书(语文卷)[M]. 沈阳:沈阳出版社,1991:585.

学生能够置身其中,深入体会木兰的精神品质,感受她的家国情怀。从"黄河流水"可以看出自然环境的恶劣,从"燕山胡骑"可以看出当时战争环境的紧迫,简短的两句,烘托了自然环境和社会环境的严峻形势,描写了宿营地的空寂荒凉,渲染军旅生活的悲壮气氛,同时也表现了木兰对家乡和亲人的不舍。"朔气""寒光"这两处自然环境描写,写出了北方战场条件艰苦,以此表现木兰的英勇和坚毅。尽管内心矛盾和不舍,木兰依然选择了保家卫国,勇敢奔赴战场,成为一个忠君报国的巾帼女英雄。

2. 迁移运用,活用爱国主义人物形象创作方法

针对文章中爱国主义人物形象的刻画方法进行练习。叶圣陶先生曾经说过:"读人家的文章,要学习别人运用语言的好习惯……要多读,才能广泛地吸取。"① 语文教科书所选的课文,经过编者的精心设计,可供学生练习写作。教师在进行爱国人物形象教学时,应该鼓励学生多读、多写,立足于文本,指导学生练习爱国主义人物形象的刻画方法,包括人物的外貌、动作、神态、语言、性格特点以及特定的自然环境与社会环境、细节描写等。学生将语文课堂所学能够运用到习作练习之中,达到以读促写的目的。

立足文本,在改写、续写中锻炼写作水平。语文教材中所选取的爱国主义人物形象大多来自不同的历史题材故事,教师在进行教学时可以充分利用这些素材。在学习一篇爱国人物形象的课文之后,教师可以布置相关任务,让学生立足于文本对爱国人物形象进行写作训练,以此完善学生对于爱国人物的认知能力,在这个过程中不断地提高个人的写作水平。如在学习《木兰诗》时会发现文中略写了战争生活部分,学生在学习时肯定会存在很多疑惑:木兰作为女子,如何在男子军营中生活?又如何在残酷的战争中存活,并且取得如此多的战争功劳?对此,教师可以让学生发挥想象续写木兰在军营中的生活或内心感受,木兰作为女子,面对一场场残酷的战争肯定是不容易的,学生通过发挥想象写作更能体会木兰身上所具有的英勇、坚毅的英雄品质,加深对人物形象理解的同时也锻炼了写作水平。

四、初中语文教学中爱国主义人物形象教学实例——以《周亚夫军细柳》为例

(一) 教学设计

【教学目标】

1. 熟读课文,积累文言基础字词和作品相关知识,体会文章对比、衬托的写法。
2. 通过表演朗读与小组合作讨论问题,感悟周亚夫严格治军、忠于职守的爱国主义

---

① 叶圣陶. 叶圣陶语文教育论集 [M]. 北京:教育出版社,1980:144.

人物形象。

3. 探讨周亚夫精神的当代意义，激发学生的爱国主义情感。

【教学重点】

积累文言字词，感悟周亚夫严格治军、忠于职守的爱国主义人物形象。

【教学难点】

探讨周亚夫精神的当代意义，激发学生的爱国主义情感。

【课前准备】

1. 设计"学习任务单"，学生根据"学习任务单"提前预习课文，了解文章内容。

2. 分好小组，确定主要人物的饰演者，积极带动学生制作简单的道具，结合课文写剧本，利用课余上演并介绍创作表演的思路，明确人物形象要点。

【课时分配】

一课时

【教学过程】

（一）诗歌导入

教师出示王维的《观猎》：风劲角弓鸣，将军猎渭城。草枯鹰眼疾，雪尽马蹄轻。忽过新丰市，还归细柳营。回看射雕处，千里暮云平。"从王维的还归细柳营到李贺的营门细柳开，从李白的前军细柳北到老舍的羞看细柳营，从古至今，多少诗人都心念细柳营？千百年来，人们都被这位将军所折服。而这都源于司马迁之作。今天，我们就来看看司马迁笔下的这位周将军到底是怎样的人？"

（二）补充常识

在学生完成任务单的基础上进行补充。说明本课节选自《史记》中的《绛侯周勃世家》，接着请学生介绍作者司马迁的生平事迹及其重要创作《史记》的体制与地位。对学生的讲述做出点评，并且进一步补充周亚夫的生平资料。

（三）感知过程

概括层义：借助注释和工具书，了解并概括文章大意。不理解的词语先画出来，之后再由小组讨论疑难问题。全文共分三段：第一段，点明背景；匈奴入侵边境。第二段，周亚夫严格治军。第三段，文帝赞叹周亚夫"真将军"。

在了解文章大意的基础上，组织学生进行句子翻译。小组分工合作，尝试翻译全文。接着PPT上逐次展示五个课文原句检验学习效果。

1. 军中闻将军令，不闻天子之诏。

2. 于是上乃使使持节诏将军。

3. 军士吏被甲，锐兵刃，彀弓弩，持满。

4. 介胄之士不拜，请以军礼见。

5. 天子为动，改容式车。

（四）深入研读

1. 学生分组讨论，合作探究

（1）题目为"周亚夫军细柳"，为何要写霸上、棘门军？

（2）文中哪些地方使用了对比衬托的写法？

（3）周亚夫"真将军"表现在哪里呢？

首先，显示删减版，师生讨论原文与删减版相比有什么效果，引出文章对比衬托的写法。

（删减版："文帝之后六年，匈奴大入边。以河内守亚夫为将军，军细柳：以备胡。上自劳军，上乃使使持节诏将军：'吾欲入劳军。'亚夫乃传言开壁门。至营，将军亚夫持兵揖曰：'介胄之士不拜，请以军礼见。'成礼而去。"）

其次，引导学生画出文中相关句子，师生共同总结汉文帝劳军的情形，列出表格。即从进城形势、军士表现、文帝的不同评价，以及与群臣不同反应之间进行比较。

在梳理表格的过程中，从分析人物对话细节，辨析关键动作"拜"与"揖"，分析句式等方面带领学生细读文本，从而让学生更好体会对比衬托的手法。

最后，指导朗读"嗟乎，此真将军矣！"

2. 表演课本剧

按课前分配的任务进行，结合前面所讲内容，体会说话者的语气，揣摩剧中人物的形象特点，分角色朗读不同人物的语言、注意动作的变化，重点感悟周亚夫的人物形象。

（1）语气指导

先驱曰："天子且至！"（语气傲慢）

军门都尉曰："将军令曰：'军中闻将军令，不闻天子之诏。'"（冷若冰霜、不为所动）

于是上乃使使持节诏将军："吾欲入劳军。"（虽贵为皇帝，语言上却放低姿态、语气平和）

壁门士吏谓从属车骑曰："将军约，军中不得驱驰。"（不畏天子、严守规矩）

至营，将军亚夫持兵揖曰："介胄之士不拜，请以军礼见。"（声音响亮、有礼有节、恪尽职守、刚正不阿）

天子为动，改容式车。使人称谢："皇帝敬劳将军。"（深明大义、宽以待人）

文帝曰："嗟乎，此真将军矣！曩者霸上、棘门军，若儿戏耳，其将固可袭而虏也。至于亚夫，可得而犯邪！"称善者久之。（明辨是非、有帝王之气）

（2）动作指导

"直驰"：快马奔驰，浩浩荡荡。

"骑送迎"：霸上、棘门一味讨好皇帝，全然忽视军中安危。

"被甲"：身披铠甲，岿然不动。

"锐兵刃"：刀出鞘，随时迎战。

"彀弓弩，持满"：指导学生将弓拉满。

两次"不得入"：指导学生持刀拦截，不留情面。

"按辔徐行"：皇帝部队注意按住缰绳，控制住车马，缓慢前进。

"揖"：右手握拳，左手成掌，对右拳或包或盖，身体微向前倾，表情严肃。

"拜"：下跪磕头。

"改容式车"：表情严肃起来，扶着车前横木俯下身子。

"群臣皆惊"：大臣面露惧色，或小声议论，或相互使眼色、观察皇帝反应。

"称善者久之"：天子笑着捋胡须，不住地点头。

（3）情节指导

按照文中故事的情节推进，随汉文帝的视角，先后到霸上、棘门和细柳，根据文中的基调，展开联想，适当补充霸上、棘门军纪涣散的情形，如皇帝来劳军之前，将士打瞌睡、玩牌，皇帝来时慌忙穿上铠甲做戏等。

在不同的地点，播放相应的军营图片作为背景，并播放相关音乐来营造天子劳军的气氛。

（4）总结评价

教师结合文本总结表演的优点及不足，学生推举最佳演员奖、最佳建议奖、最佳团队奖若干，以此激励学生。

（5）小组合作讨论，总结周亚夫的人物形象。

（五）拓展延伸

结合文中的周亚夫人物形象，探讨周亚夫精神在当代社会所具有的精神内涵。

（六）小结作业

回顾文中对比衬托的写法，布置作业：运用本课学习的描写方法，刻画一位生活中的人，要贴近人物形象特性。

（二）教学反思

《周亚夫军细柳》是司马迁《史记》中的一部作品，描写汉文帝巡视细柳军的场面，刻画出了周亚夫严格治军、忠于职守、刚正不阿的"真将军"爱国主义人物形象。对于本节课的教学设计，教学目标设定为体会文章对比、衬托的写法和感悟周亚夫严格治军、忠于职守的爱国精神。

在课堂教学之前，针对教材以及学情的特点设计了"学习任务单"，学生根据"学习任务单"提前预习课文，利用工具书解决基本的文言知识，了解作者和历史背景，对文章内容有一个大致的了解。在课堂教学中用课件展示原文语句，检验学生的预习情况，并及时补充相关知识，巩固学习。任务单和多媒体课件的运用，为本节课教学提供了便利。

本节课抓住文章的重点即探究周亚夫的爱国主义人物形象，通过表演课本剧、填写相关表格、细究文本内容等方面，把握文章的对比、衬托手法，让学生从不同角度感受周亚夫将军的爱国人物形象。在拓展延伸环节，让学生思考当代周亚夫精神的意义，则是引导学生将文章中所学的爱国主义人物形象与当今时代发展相结合。时代在变化，但这种敬业精神是不变的，当代社会各种工作岗位上都不乏周亚夫式的爱国人物，他们为国家和人民默默奉献，是中华民族屹立不倒的精神支柱。教学最后一部分的作业设计是为了训练文中对比、衬托的写作手法，学生课堂写作反馈良好，可以看出学生对于文章重点的把握较好，达到了爱国主义人物形象教学目标。

反思整个教学过程，由于经验不足，此次教学设计中仍存在问题。作为文言文教学，课堂中对于文言文基础知识的巩固不多，未能根据学生的个性学习安排教学，并且课堂时间有限，拓展较少。课本剧的表演对教师的课堂把控能力有很高的要求，在实际的课堂教学过程中，学生缺乏表演能力或者容易笑场，需要教师适时进行具体的指导。

第四节 初中"名著导读"教学中的民族精神培育指向

一、初中"名著导读"教学中的民族精神

（一）新时代学生精神引领的迫切需求

随着数字化时代的高速发展，质量参差的碎片信息层出不穷地堆积在我们视野之中。大众通俗文化在青少年心目中的地位，威胁着各家经典的生存空间，也助推着整体社会文化氛围的异化。不少当代学生精神世界的空虚和价值观的极端割裂，警示着教育工作者应该加强对学生道德品格和精神追求的关注和引导。语文学科因其自身具有工具性和人文性相统一的课程特点，在教学过程中既担负着发展学生认知和技能的责任，也承担了培养学生情感、精神、态度和价值观的重任。初中生处于人生中思想品德与价值观念塑型的关键阶段，也是接受民族精神熏陶的最佳时期，而语文教材中推荐的经典名著正是培养学生精

神素养的有效资源。例如，学生通过学习《红星照耀中国》一书，可以见识中国红军的艰难抗战历史，体悟红军们的坚忍品格和不屈精神，并从中接受民族精神的熏陶，规范自身品行。因此，把握好"名著导读"教学实施过程中的各个细部，积极引导学生感受中华民族的文化精髓，对于学生的人格发展和行为规范具有正向作用。

（二）"名著导读"教学价值

许多学者认为人教版初中语文教材"名著导读"版块具有多元的教学价值，对促进学生提升核心素养和实现全面发展都大有裨益。鲁东大学黄倩的《核心素养目标下的初中语文名著导读教学策略研究》[①]、延安大学赵宁宁的《部编本初中语文教材"名著导读"教学研究》[②] 都指出，名著阅读不但有利于提高学生的阅读、写作能力，而且能够通过阅读"经典"丰富自身文化底蕴。

宁波大学张毓探讨了指向"语言建构与运用"的初中"名著导读"课型的理论基础和实践经验[③]，湖南师范大学的凌智敏在其硕士学位论文中聚焦"名著导读"的语用价值，讨论利用名著促进学生语言积累、建构和运用的可行性[④]。

湖南师范大学的柳成荫探寻了"名著导读"教学的美育价值，并从学生审美体验力、审美评鉴力和审美创造力等方面展开分析[⑤]。此外，王水招和曾宪锋以《艾青诗选》为例开展名著阅读研究，强调学生应在审美情境中收获审美体验，提升审美格调[⑥]。

罗蕾老师的《谈初中名著整本书阅读的思维提升——以〈骆驼祥子〉为例》[⑦]、林赟老师的《在名著阅读教学中培养学生语文思维能力》[⑧] 和柯丽文老师的《在名著阅读教学中促进直觉思维的发展与提升》[⑨] 都主张在"名著导读"教学中实现学生思维的发展与提升。

针对名著的文化价值方面，教师赖火祥撰文提出学习名著的意义不但是让学生掌握知识，更应使学生接受精神熏陶和心性净化，帮助学生形成正确的价值观和人生观[⑩]。张小红主张通过中外名著的学习践行立德树人的根本任务，进一步提升我国文化软实力[⑪]。

---

① 黄倩. 核心素养目标下的初中语文名著导读教学策略研究 [D]. 烟台：鲁东大学，2021.
② 赵宁宁. 部编本初中语文教材"名著导读"教学研究 [D]. 延安：延安大学，2021.
③ 张毓. 指向语言建构与运用的初中语文名著导读课型研究 [D]. 宁波：宁波大学，2019.
④ 凌智敏. 基于语言建构与运用的初中语文名著导读教学研究 [D]. 长沙：湖南师范大学，2020.
⑤ 柳成荫. 初中语文名著导读的优化教学策略研究 [D]. 长沙：湖南师范大学，2020.
⑥ 王水招，曾宪锋. 审美鉴赏与创造视角下的整本书阅读教学指导 [J]. 福建教育学院学报，2021.
⑦ 罗蕾. 谈初中名著整本书阅读的思维提升——以《骆驼祥子》为例 [J]. 语文天地，2021（12）：65~66.
⑧ 林赟. 在名著阅读教学中培养学生语文思维能力 [J]. 文学教育（上），2019（06）：82~83.
⑨ 柯丽文. 在名著阅读教学中促进直觉思维的发展与提升 [J]. 文学教育（上），2019（04）：80~81.
⑩ 赖火祥. 走进文学经典吸纳文化精华——初中生"名著阅读"现状及思考 [J]. 才智，2014（22）：283
⑪ 张小红. 浅析名著导读教学如何提升学生文化传承与理解 [J]. 发展，2020（01）：77~79.

二、指向民族精神培育的初中"名著导读"实施课型及教学策略

(一)"名著导读"基本课型建构

1. 导读起始课

导读起始课是"名著导读"教学的起点,其目的是引起学生阅读名著的兴趣,形成维持学生阅读行为的动机,并引导学生整体感知作品,初步了解所读名著的情况,为后续的"名著导读"教学建立良好的情感基础。

杜威认为,兴趣标志着个人与其行动的内容和结果之间没有距离,兴趣是它们的有机统一的标志[①]。他将兴趣划分为直接兴趣与间接兴趣两种形式,直接兴趣是学习个体面对所学材料或活动过程而直接引起的心理体验,而间接兴趣是由个体期待所激发的,两者间并无绝对界限,可以实现相互转化。当个体对学习活动产生稳定的兴趣时,将有利于推动其主观能动性,获得良好的学习效果。因此,导读起始课应当利用多种途径,寻得学生阅读名著的兴趣点,激发学生的阅读热情。例如,教师可以利用多媒体展示图像、影片、音频等资源,为学生提供所学名著的封面或插图,引导学生从图片中寻找作品的相关线索和信息,推测作品感情基调和情节内容。以《红星照耀中国》为例,教师可以通过展示作者埃德加·斯诺跟随红军采访时拍摄的照片,述说其背后的故事,逐步导出中国共产党及革命战士们的艰难处境,引导学生进入长征年代的特定氛围,初步感受红军战士们的奋斗进取精神。

教师还可以通过创设悬念的方式激发学生兴趣,在课上为学生设置基于文本的"疑点",或截取精彩片段并在关键处留白,让学生带着好奇感和解疑心理走进文本,以此引起学生阅读欲望,使学生带着问题投入阅读,在阅读过程中逐步领会作者创作意图。例如,在《朝花夕拾》的导读起始课中,可以设问"在童年时以百草园为乐的鲁迅,为何在成年后选择学医,并且在求学途中决定弃医从文?请带着疑问,在作品中找出答案",其目的是使学生在寻找答案的过程中,逐步认识鲁迅的思想历程,感受鲁迅对封建社会落后愚昧风气的厌恶和批判,以及字里行间蕴含的爱国精神。诸如此类的悬疑切入方式还有很多,教师可以在充分熟悉名著的基础上,创造性地设计问题,发挥导读起始课的激趣作用。

此外,导读起始课还需为学生提供名著阅读的相关资料,如作者介绍、创作缘由、时代环境以及研究学者、伟人名家对此著作的评论荐语等,使学生全面了解该名著的背景信

[①] 杜威. 学校与社会·明日之学校 [M]. 北京:人民教育出版社,2005:172.

息和作品价值。教师可以利用"名著导读"板块中的名家荐语和作品背景两部分栏目进行介绍，引导学生对所读名著形成初步认知，了解创作环境，还原真实情境。

2. *教读指导课*

就当前教育现状而言，要保障学生课外名著阅读的顺利开展，促进学生在阅读中学习并感悟名著所蕴含的民族精神，离不开教师的示范与指导。因此，教师当在课堂上设置教读指导课，通过选取作品中的经典篇章，示范性地进行精读教学，引导学生掌握阅读方法、解读技巧，以及民族精神的提炼角度与途径。

指向民族精神培育的教读指导课应当穿插于名著导读课程的始终，教师针对作品中一些高度体现民族精神品质的重点章节进行指导，引导学生在阅读名著的同时关注精神层面的生长。教师开展教读指导课，可以根据实际需要，灵活选用单篇教学或群文教学的授课模式，从人物形象塑造的分析、语言情感倾向的品味、叙事详略安排的剖析以及相关文化背景的理解等角度循序渐进地挖掘文本中的民族精神要素，教会学生掌握提炼民族精神的方法，使之具备在课外全书阅读中迁移运用的前提条件。

在采用单篇教学形式时，教师可以参考"名著导读"板块中的"精彩选篇"栏目，直接根据教材推荐的文本，设计指向精神培育的教学方案。例如，在导读《骆驼祥子》一书时，教师不妨依据教材选荐的精读篇目，将该书第一章作为首次"教读指导课"的教学材料。通过引导学生赏析祥子的外号由来、心理描写和肖像描写，结合主人公用三年勤劳付出换取一辆新车的人生经历，体会骆驼祥子的人物形象和生活状态，形成对"勤劳勇敢"精神品质的初步感知。此外，教师也可从自身对名著的理解和思考出发，选取其他精彩篇章用作教学材料。

群文教学的开展，则需要教师发挥教育机智，以"某种民族精神"为原点，辐射性地拣选与之相关的文本素材。这些文本素材可以来源于同一作品的内部，也可以是存在主题关联的多部作品。教师在设计教学时，将基于名著的区域性特点和内部组织结构特色，选择合适的群文类型以组织课堂教学活动。一般而言，为更好地指向中华民族精神的培育，在教学中国名著时，教师可以将目光聚焦于作品内部，通过组合多篇能够呈现同一精神主题的章节，进行教读指导，触发学生的精神感悟。在课时安排和实际学情允许的情况下，中国名著的群文文本可放宽范围，统筹能够体现相同民族精神的国内名著。而在导读外国名著时，应侧重选择中国同类作品作为群文素材，借助国内外著作的横向对比，实现中华民族精神培育目标的落地。这与教师访谈中部分教师的教学思路一致。

3. *专题研讨课*

"专题研讨是课堂教学的一种教学方法，是实际教学中为了突出强调教学内容的基本点、关键点、重点、难点、疑点而采用的一种教学手段。"在传统教育模式的"圈养"下,学生的自主阅读能力普遍不强,信息收集和整合能力较弱,过于依赖教师填鸭式的讲授,对教师掰碎了、嚼烂了的知识不假思索地吞咽,无形中养成了"只知其结果,不问其缘由"的不良习惯。在强调突出学生阅读体验的"名著导读"课程中,教师应关注专题研讨课型的设置,采用学生合作探索,教师辅助引导的形式,让学生在实践中锻炼沟通协作能力和创造性思维,掌握借助多种渠道解决问题的本领。

针对具体的学生研讨方式,建议以小组合作方式进行,尽量弱化个体探究与表态的思想负担。

专题研讨课的开展离不开教师对讨论主题的遴选,教师需要在课前确定好可供学生研究讨论的主题,主题的数量可视班级学生分组情况和课堂容量而定,主题的选择应充分参考教材"名著导读"板块中"专题探究"栏目所列的任务,或积极借鉴学术期刊相关文献,并结合教学需要,将研讨活动最终指向学生民族精神的培育。例如,在九年级下册推荐《儒林外史》的"名著导读"板块中,教材设计了一项"讽刺艺术探究"的专题活动,学生需要根据原著内容,找出作者刻画人物形象时所运用的讽刺手法。其出发点为写作手法的鉴赏和语言艺术的品味,初始目标侧重于"审美鉴赏与创造"层面的实现。教师可以在学生小组间抒发己见、讨论质疑的过程中引发思考,使学生理解作者对"唯利是图、欺世盗名、故作清高"的伪君子形象的讽刺,实则是对其反面形象——淡泊名利、恪守道德、贤良方正——的追求和推崇。在此基础上,教师将"厚德尚志"的民族精神内涵与书中理想相联系,推动学生对该民族精神品质的学习和感悟,将最终目标升华至"文化传承与理解"的高度。

教师还应把握好研讨主题的难易程度和研讨活动的体量大小,将交流性较强、名著理解要求高的研讨主题当堂解决;而对展示性较强、拓展材料收集要求高则倾向于课外探究,课内分享与互评。如前文所提及的"《儒林外史》讽刺艺术探究"专题紧密围绕原著文本,对延伸材料使用要求较低,可利用课内时间实施讨论。此外,教师还可以设计诸如"探究《儒林外史》中的'礼'文化""儒林群丑堕落的因与果"等具有一定工程量难度的专题项目,交由学生在课后以小组合作的方式整理与分析资料,在探索解疑的同时领会"厚德尚志"精神的价值所在,再通过"专题研讨课"加以汇报讨论,实现以小组带动全班的精神对话,丰富学生的精神世界。教师在此过程中应该给予适时适量的指导,并在课堂上有意识地为学生搭建联通知识学习与精神培育的桥梁。

4. 成果展示课

成果展示课应区别于专题研讨课的汇报环节,专题研讨课上的汇报讨论是仅针对"这一专题"的学习结果分享,具有阶段性、局部性的特征。而成果展示课是全局性的,是面向整本名著学习结果的反馈和交流活动。

成果展示课的形式是丰富多样的,教师要善于激励学生运用书面表达、口头表达,乃至创造性劳动的形式,呈现出在阅读完整部名著之后的所得所感,表达出自己的独特体验,展现出对作品中民族精神的真实理解和体悟。例如,教师可以引导学生选择读书报告、故事新编、诗歌写作、主题演讲、微型论文等单向输出的形式生成学习成果,注重学生个性表达和创作;也可以为学生提供辩论比赛、模拟访谈、课本剧表演、刊物制作、文创共造等活动平台,让学生在交互讨论中共同创造学习成果。例如,在阅读完《艾青诗选》一书后,教师可以在成果展示课中启发学生仿照艾青的创作风格,结合新时代背景创作诗歌,赞美祖国、歌颂时代,写出独到视野和真情实感,并朗诵学生代表作品。在此过程中,学生能够在合作交流中深化对相关作品的理解和对民族精神的体会,以集体的导向作用潜移默化地渗透精神培育。

在展示过程中,教师要认真倾听,及时做好听讲笔记。对于学生的讨论和质疑,教师应该做出正确的引导和处理,使课堂行进方向保持以民族精神的培育为落脚点。

展示结束后,教师要积极评价学生作品,肯定优点,指出不足,同时给予合宜的改进建议,鼓励学生继续完善阅读成果。在结课阶段,教师要将现实生活与课程学习结合在一起,维续和强化学生对民族精神的领悟和触动,让学生深刻地感受到这些民族精神的价值,发自内心地意识到民族精神永不过时,它跨越时空延存至今,也将由我们继续传承下去。

(二)"名著导读"的教学策略

1. 关注不同历史语境,理解丰富精神内涵

民族精神是一个内涵丰富、形式多样的精神文明范畴。中华民族在历史发展过程中,顺应不同时代的环境需要,不断自我调整与更新完善,最终集合诸多有利于民族进步壮大的精神状态,根植于中华民族文化的土壤中。民族精神贯穿于民族发展的历史进程,镌刻着时代变迁的独特印记。教师在培育学生民族精神时,要注意联系名著创作的时代背景,还原真实历史语境,向学生呈现富有厚重生命力的精神内涵。

以爱国精神为例,在中国古代文化格局中,爱国精神主要表现为"心怀天下,忠君报国"的理想信念,在当时的历史环境下,传统儒家思想受到推崇和青睐,"天下为公"的责任意识和"尽忠尽义"的道德准则深刻影响着个体价值观念的形成,因此在这一历史阶段,"忠君"和"爱国"相捆绑,"舍生取义"与"先国后家"的思想成为普世道义的砝

码[①]。在步入近代之后,随着世界格局的变化、外来思想的渗入,爱国精神的内涵也应时而变,"救亡图存,追求解放"成为该时期爱国精神的具体表征,维护民族尊严和争取人民解放是无数有识之士共同的志向。如今,爱国精神仍在发展,文化自信、伟大复兴、民族团结等丰富内涵也融入其中。

在教材所推荐的几部名著当中,《水浒传》艺术性地再现了中国历史上宋江起义的全过程,并塑造了一批忠义两全的英雄形象,他们效忠朝廷,为国征战,替民行道,深受传统道德观念的影响,这恰与中国古代爱国精神的内涵所指不谋而合。而《朝花夕拾》与《艾青诗选》两部作品,均流露出了作者对民族现状的担忧,也表达出二人对民族富强的渴望和对祖国早日解放的企盼,不难发现在这一时期,作者们强烈的爱国情怀都有着相似的抒发倾向——"救亡图存,追求解放"。由此可见,名著作为特定时代的文化产物,作品中所蕴含的思想情感势必受到社会环境等因素的影响,表现出同一种精神本质的不同侧面。

因此,教师要使学生有效地学习名著中的民族精神品质,就应当在导读课中及时为学生补充拓展相关的社会背景知识,呈现民族精神在不同历史时期可能存在特殊形式与意义,将文本归置于具体的历史语境中,帮助学生正确理解民族精神的丰富内涵,以便于更好地解读名著、培育精神。

2. 议题统摄组合群文,提炼同质精神要素

在"名著导读"系列课程中,教读指导课这一课型举足轻重。教师主要以单篇精读或群文研讨的模式,教导学生习得阅读方法,积累挖掘作品精神文化的有效经验。

针对群文阅读教学模式,导读中国名著应注意采用议题组元的方式来整合多篇文本。所谓"议题",就是一组选文中所蕴含的可以供师生展开议论的话题。[②] 教师根据教学需要选定一个议题,围绕议题组合一定数量的文本,开展群文阅读教学和集体知识构建。

为保障指向民族精神培育的"名著导读"教学,所选议题旨在引导学生形成高尚的道德情操和民族精神品格。教师可以将名著中的民族精神要素提取出来,设计为核心议题,并在此议题的统摄下组合与之密切联系的文本群。选择文本时,教师既要重视原著内部,也应该突破原著本身,精选丰富的课外读物。

3. 结合时代热点话题,利用精神观照现实

正如顾黄初先生所言:"语文是在生活的广阔天地里频繁运用的重要工具,我们的思

[①] 林丹. 爱国主义的精神内涵与发展变迁 [J]. 文化软实力, 2019, 4 (01): 61.
[②] 王朔, 李爽. 群文阅读实践概述 [J]. 上海教育科研, 2015 (04): 59.

想要向广阔的生活开放，我们的眼光要向广阔的生活审视。"① 语文课程应该与现实生活密切联系，在指向民族精神培育的"名著导读"课程中，教师要时刻关注学生的精神领悟情况，为学生打通课堂与社会的隔墙，消除名著与现实之间的沟壑，拉近学生与名著的距离，使学生尝试用所学知识观察生活，用所悟精神观照现实，促进学生精神世界的丰富，参悟民族精神传承的现实意义。

在强调学生自主合作的专题研讨课型中，教师可以通过设置开放兼容的专题活动，融入当今时代的热点话题，为学生营造贴合社会现实和生活实际的合作探究环境。例如，《西游记》中师徒四人西行取经，历经九九八十一难，道路坎坷曲折，却不畏险阻，迎难而上，表现出了中华民族顽强奋斗的精神品质。教师可以以此为基点，结合新时代抗击新冠疫情的社会背景，设计专题探究活动，引导学生探寻抗疫浪潮中不断涌现的奋斗者和他们身上体现的顽强奋斗精神。

4. 创新语用输出活动，引导抒发正面情感

在传统"名著导读"课程教学当中，不少教师由于应试观念的约束，且对学生心理发展水平特点认识不够深入，导致其未能对学生语用输出活动的设计给予足够的重视，方法的单一难以引起学生的语用兴趣，容易致使教学效果不佳。因此，要切实丰富"名著导读"教学中成果展示课的语用输出活动形式，帮助学生认同和接受所学民族精神，注重引导学生正面抒发对中华民族精神的赞美，展示出热爱中华精神文化的真实情感。

语文课堂要促使静态知识转变为学生的动态语用，首先，教师可以尝试组织丰富多样的语用活动，充分调动学生听、说、读、写的能力。例如，教师在开展《傅雷家书》成果展示课时，可以策划"见字如面"活动，由学生挑选自己感触深刻的一封家书来展示朗读，并尝试为这封家书撰写回信，向傅雷先生表达自己在读信之后的感受和体悟。通过此类活动，学生可以进一步实现从"吸收"到"倾吐"的过程转变，利用语言表达阅读体验。其次，在学生进行展示和交流的过程中，教师应该发挥思想牵引的作用，让学生充分关注言说对象所蕴含的优秀精神品质，积极抒发对中华民族精神的正向情感。

三、指向精神培育的初中"名著导读"教学实践与反思——以《西游记》为例

在综合考虑学生现有认知水平和保障学校原定教学计划的基础上，有教师选择统编版教材七年级上册的《西游记》作为中国作品教学案例进行实践②。在指向民族精神培育的

---

①顾黄初. 顾黄初语文教育文集［M］. 北京：人民教育出版社，1995：35.
②陈浩杰. 指向民族精神培育的初中"名著导读"教学研究［D］. 桂林：广西师范大学，2022：61~69.

"名著导读"教学实践中,《西游记》一书具有独特优势。一方面,《西游记》作为知名度较高、影响力较大的经典作品,绝大部分学生对其故事情节比较熟悉,且较容易产生学习兴趣;另一方面,该书中民族精神呈现的形式较为浅显,学生能够在教师简单引导下领悟相关知识和情感。

《西游记》以华丽瑰奇的想象描写了唐僧师徒四人不远万里到西天取经的艰难历程,将一路上的千难万险形象化为九九八十一难,并以降妖伏魔歌颂了取经人力排艰难、顽强奋进的思想品质。因此,教师将该书的民族精神培育目标设定为帮助学生领悟与习得书中蕴含的顽强奋斗精神,同时简要了解作品中的其他民族精神品格。而在实际教学设计中,可将总目标细化为三个子目标进行落实。其一,立足原著,通过单篇精读、群文阅读和整本阅读的形式,使学生了解原著情节并初步感知顽强奋斗精神的内涵。其二,合作探究,通过专题活动的形式,使学生在研讨文本的同时联系现实认识作品中丰富的精神要素,并加深对顽强奋斗精神的理解。其三,积极输出,通过丰富语用活动引导学生认同和肯定顽强奋斗精神的价值,吸收精神。

在课型安排方面,本次设计采用前文所提出的四个基本课型,即导读起始课、教读指导课、专题研讨课和成果展示课,并将教学周期设定为五周。根据《西游记》的全文字数和学生课后阅读习惯,建议学生三周完成全书阅读,平均每天阅读四至五章内容,第三至四周作为专题研讨周,第五周为成果展示周。

(一) 导读起始课

导读起始课主要旨在利用趣味性的教学活动引起学生的阅读兴趣,唤醒学生的阅读动机,同时教师应为学生提供丰富资料,使学生关注作品创作的历史语境,帮助学生形成对所读名著的初步认知,为学生理解民族精神内涵做好认知铺垫。该教师根据《西游记》作品特色和基本学情,设计了以下教学目标:

a. 了解《西游记》"一波三折"的写作特点。
b. 了解《西游记》的创作背景,结合历史语境感知民族精神要素。
c. 初步形成对"顽强奋斗"精神的认知。

首先,以环环相扣的活动激发兴趣。该教师在导入环节采用音频播放的形式,让学生在《敢问路在何方》的歌曲中营造活跃的课堂氛围,快速唤起学生对《西游记》系列作品的记忆。随后以"数字游戏"的活动延续学生的学习热情,让学生抢答与作品相关的几组数字,将学生注意力从关注视听转移至关注作品内容上。

屏幕显示:"三十六""七十二""八十一""八万四千""十万八千"。

以"数字"为设疑点,提醒学生在目录中寻找一个出现次数最多的"神秘数字",学生在寻找"神秘数字"的过程中快速浏览目录，对全书章节数目和各章标题有了初步的印象。最终学生寻得数字"三"，教师借此引导学生整理带有"三"字的章回标题，并进一步明确作品中运用"重复叙事"手法，目的是实现"一波三折"的效果。

该部分设计主要采用学生喜闻乐见的音乐欣赏和游戏比拼方式导入，能够更好地激活学习兴趣。同时通过环环相扣的趣味活动，学生能够快速地投入课堂学习，并且较为高效地利用课堂时间，实现"激趣"和"导读"的联动。

其次，以丰富翔实的资料透视背景。教师在导读起始课上要注意联系名著创作的时代背景，还原真实历史语境，为学生理解民族精神丰富内涵铺置条件。该教师在本节课中先后为学生展示了《西游记》的创作原型、演变历程、作者身世及时代风貌等，同时提供了不同学者对《西游记》主题的解读线索，促使学生能够从更加宏观、全面的角度审视名著，揣摩作者创作意图和精神表达倾向，引导学生关注与思考作品的精神价值。

最后，以点到为止的收尾留白。导读起始课可以通过"留白"的方式，给学生预留思考空间，让学生在课后继续消化和体悟教师提供的文本资料，也能让课堂产生此时无声胜有声的教学效果。一方面，在课堂尾声处以一则名家荐语将本课的精神学习重点引向"顽强奋斗"这一要素；另一方面，预留充分时间给学生自行体会名家荐语，初步感受《西游记》的精神学习价值，并提醒学生在课外阅读全书时，注意关注著作中的精神要素。同时，布置课后《西游记》阅读任务，简要指导阅读方法，将阅读主场交还给学生。

（二）教读指导课

根据教学需要，可将教读指导课设计为两个课时：第一课时采用单篇教读形式开展，意在指导学生学会"精读"，并掌握提炼民族精神的方法，理解文本中孙悟空身上体现的"顽强奋斗"精神；第二课时采用群文阅读形式进行，意在指导学生学会"跳读"，并通过对比阅读，以议题组合文本，提炼出不同作品中蕴含的相同的民族精神要素，帮助学生在比较归纳中，清楚认识到中华儿女共同具备的"顽强奋斗"精神品质。

在第一次教读指导课时，我们选取了《西游记》第二十七回"尸魔三戏唐三藏"作为教学文本，并将教学目标设计如下：

a. 梳通文本，了解第二十七回"尸魔三戏唐三藏"的主要内容。

b. 学习运用"精读"的阅读方法，采用圈点勾画，评点批注的方式分析"尸魔三戏唐三藏"，掌握通过人物形象分析提炼民族精神的方法。

c. 理解本回情节中孙悟空身上体现的"顽强奋斗"精神。

实施单篇教读，能够起到承上启下的作用，承接与回应导读起始课中的读法指导和精神关注，由浅入深地开启程序更为复杂的群文教学。本课时通过单篇文本的精读，指导学生学习"精读"这一阅读方法和通过人物形象分析提炼民族精神的途径,从环境描写、语言描写和神态描写等角度挖掘暗含在文字背面的民族精神要素。在学生自由阅读选文并完整梳理情节后,首先引导学生圈画文中描写环境景物的句段,启发学生从中品读出西行之路的艰险,侧面反映出师徒四人为达取经目标而攻坚克难、奋勇前行的精神品格。

屏幕显示:峰岩重叠,涧壑湾环。虎狼成阵走,麂鹿作群行。无数獐犯钻簇簇,满山狐兔聚丛丛。千尺大蟒,万丈长蛇。大蟒喷愁雾,长蛇吐怪风。道旁荆棘牵漫,岭上松楠秀丽。薜萝满目,芳草连天。影落沧溟北,云开斗柄南。万古常含元气老,千峰巍列日光寒。

(明确:这部分的环境描写表现了西行之路的艰难,同时写出了亦险亦奇的自然景象,烘托气氛,渲染氛围。)

《西游记》作为一部浪漫主义的长篇神魔小说,教学中应该充分考量小说三要素,即人物、情节和环境。作者在创作时,往往会为人物赋予某种或多种精神品格,并让人物角色在情节推进中通过言行举止将精神品质和内在形象外显出来,以实现主旨思想的表达和传递。对于人物形象的分析应当着眼于故事内容本身,聚焦言语的表达,更需要注意对文本中语言描写、心理描写、动作描写和外貌描写的解读。

因此,在对整体环境有了初步了解后,提示学生将孙悟空三打白骨精时与唐僧的对话描写、动作描写摘取出来,整合朗读、反复揣摩,理解孙悟空在几次受冤被罚后仍坚定信念降妖除魔,护唐僧周全取经的不屈性格和坚忍意志。

通过第一次教读指导课的教学,引导学生在人物的语言和动作描写中,感受到了孙悟空坚定不移的内心世界及其遇到困难从不退缩的高贵品质,并将这种精神最终提炼概括为"顽强奋斗"的民族精神。

第二次教读指导课采用群文教学的形式,教学目标设定为如下三点:

a. 学习运用"跳读"的阅读方法,快速阅读"三调芭蕉扇"的文本内容。

b. 通过《西游记》中"三调芭蕉扇"的相关情节与《山海情》中"种菇致富"的相关情节进行群文对比阅读,提炼出相同的民族精神要素。

c. 理解中华民族儿女共同拥有的"顽强奋斗"精神。

以"顽强奋斗"为议题,将原著中《三调芭蕉扇》的章节与《山海情》一书中《种菇》《菇灾》等章节进行对比阅读。该部分内容为教读指导课的重中之重,按照前文策略所述,将《西游记》名著片段与课外读物《山海情》片段相结合对比,在丰富学生知识面的同时,促进学生以更加全面的视野审视文本所呈现的民族精神要素。本节课主要引导学生利用故事曲线的方法,将两部作品中一波三折的情节直观化地展现出来,如图5-1所示。通过绘图比较,学生能够更加清晰地感受到两组主人公在实现理想目标时都经历了一波三折的阻碍,但他们都没有放弃,而是不断转变方法,突破尝试,最终取得成功。通过这种直观的对比方式，学生能够更好地思考两篇文段的相似之处。

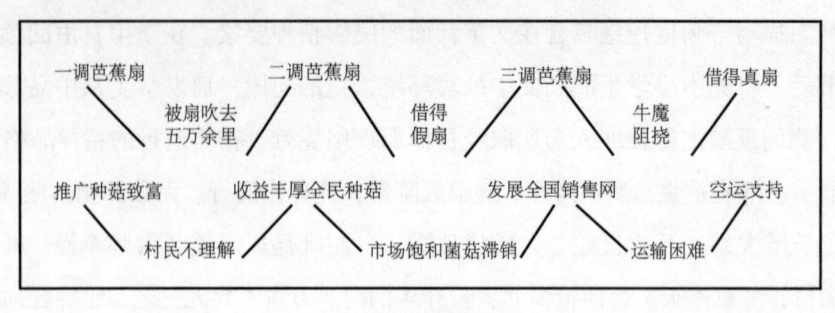

```
一调芭蕉扇      二调芭蕉扇         三调芭蕉扇      借得真扇
    \          /     \          /     \          /
  被扇吹去           借得            牛魔
  五万余里           假扇            阻挠

  推广种菇致富    收益丰厚全民种菇    发展全国销售网    空运支持
    \          /     \          /     \          /
        村民不理解          市场饱和菌菇滞销      运输困难
```

图 5-1 故事曲线图对比

在此基础上，让学生开展小组合作讨论，思考不同文本间能够如此高度相似的原因，并适时为学生提供背景材料作为参考。学生借助作品创作背景、权威评价和学者观点等信息，建立自己的思考体系，从而理解"顽强奋斗"精神的具体内涵，感受中华土地上不同时代人民对奋斗人生的追求。

（三）专题研讨课

专题研讨课主要以小组合作方式进行，鼓励学生发挥信息收集和整合能力，让学生在既定专题中研究讨论。同时，教师要注意将专题项目结合时代热点话题，利用精神观照社会现实。针对专题研讨课，可计划使用两个课时来开展课程。

第一课时由学生自主选择专题，收集相关资料，制作研读报告，并在课堂上逐个进行讲演。本节课的教学目标可设置为：

a. 通过"专题研讨活动"，让学生进一步掌握《西游记》的主题、内容情节、人物形象、艺术特征等，提高学生的信息筛选能力、概括总结能力和语言表达能力。

b. 指导学生倾听专题报告，学会记录要点，养成做听讲笔记的习惯；对不同观点进行质疑，发表自己的见解；培养学生的小组合作能力、语文思维能力。

c. 提炼并感悟《西游记》中丰富多样的民族精神要素及其具体内涵。

在小组报告环节，学生须认真倾听他人发言，做好笔记，在质疑环节针对各小组的报告情况进行观点质询，被质疑小组学生答疑解惑。学生通过这项有工作量要求和交流需要的活动，能够更好地投入到学习中，并在研究相关资料时，加深其对名著的熟悉程度，拓宽视野，使之更加深刻地挖掘作品的民族精神价值。

学生研讨题目示例：

①《西游记》是一部主张"追求自由、反抗压迫"的巨作。

②向《西游记》学习"顽强奋斗"精神。

③从《西游记》看"济世救民"精神。

④《西游记》歌颂"团结协作"的力量。

⑤论《西游记》中的"修身、治国、平天下"。

……

在学生研讨报告后，教师应该趁机将学生的报告主题与现实热点相联系，引导学生用民族精神的视角观察生活、观察社会，充分意识到"中华民族精神就在身边"。

以"顽强奋斗"精神为例，紧跟时事热点，选用袁隆平院士和《感动中国》2020年度人物的光辉事迹作为该民族精神的现实典范，让学生对比《西游记》和现实人物身上体现的"顽强奋斗"精神，究其异同、悟其本质，最终实现民族精神培育。

在第二课时中，通过"创意故事续写活动"，再次将名著内容与时代话题结合，引导学生利用精神观照现实。具体教学目标为：

a. 通过"创意故事续写活动"，指导学生发挥创造性思维，结合教师提供材料，创作微型故事。

b. 联系生活实际，深入感悟"顽强奋斗"精神的深刻内涵。

本堂课使用"三调芭蕉扇"的原著文本，以"吐鲁番的沧桑巨变"为主题，向学生展示当地人民在极端环境下使沙漠变成绿洲的奋斗奇迹。在学生阅读相关拓展材料后，让学生续写《西游记》故事，讲述师徒四人百年后重临火焰山的所见所闻，重点突出火焰山的前后差异，以及中华人民顽强奋斗创造美好生活环境、改善恶劣生态条件的伟大历程。在这个过程中，学生既要发挥自身的想象力融合真实事件和虚构情节，又要充分理解现实素材中蕴含的精神内涵，将民族精神要素与故事情节自然地渗透和融合起来，有利于学生深入学习"这一民族精神"的具体内核和表现形式，实现从精神感悟到精神运用的蜕变。

（四）成果展示课

在最后的成果展示课上，应突出学生的主体地位，使学生在语用活动中相互交流阅读收获，同时，教师应积极引导学生认同中华民族精神，抒发正面情感。因此，本节课的教学目标为：

a. 通过"《西游记》人物小传展示活动"，交流阅读收获，提高学生的语言表达能力和交际能力。

b. 通过学习评价不同的汇报成果，让学生收获启迪，指导自己的学习和生活。

c. 引导学生认同中华民族的"顽强奋斗"精神，抒发正面情感，将"顽强奋斗"树立为自己的精神追求。

在本节课中，我们将"顽强奋斗"设定为学生需要重点理解和内化的精神内容。学生在课前结合自身对《西游记》的理解，选择一个角色为其创作人物小传，并将小传作为汇报成果,可以在一定程度上反映出学生在阅读完整本书后的掌握程度,也能从中窥见学生对名著角色的总体喜好情况。

课堂中还设置了师生共评环节,激发学生的讨论热情,同时利用具有发散空间的学生作品作为民族精神培育的生发点,引发学生思考和讨论。

在课程的最后,顺势以几句中国名人名言强调"顽强奋斗"精神的价值所在,并带领学生齐诵汪国真的诗歌《学会等待》,让学生大声读出"河上没有桥还可以等待结冰,走过漫长的黑夜便是黎明"的攻坚克难、顽强拼搏的精神气概,使整节课在充满激情的朗读声中结束,将对"顽强奋斗"精神的赞美与追崇尽情抒发。

第六章
爱国主义资源融入初中语文教学
——以岭南地区为例

第一节 岭南地区爱国主义资源的界定

一、岭南爱国主义资源的概念界定

"岭南"是"五岭"以南,"五岭"由大庾岭、骑田岭、都庞岭、萌渚岭、越城岭组成,岭南的范围是不断变化的。现在的岭南地区,主要指广东、广西、海南,以及湖南和江西等省的部分地区①。岭南的大部分地区都在广东省内,广东文化是岭南文化的典型代表。因此,本书中的岭南,指的是以广东为代表的岭南地区。

"资源"的定义迄今为止没有统一的论断,不同行业和领域的人都对资源有不同的理解,但人们都认可资源是吸收了之前的成果并进行提高和升华的、是有用的。结合前人对于资源的定义,资源是指在某种特定的社会历史条件下,能够满足人类生存和发展需要,可以被人类开发利用的,并且经由人类劳动而创造出来的各种要素的综合。② 由此引申,本文的爱国主义资源指的是能够被教育主体开发和利用,有助于实现爱国主义教育目标的各种要素的综合。

岭南爱国主义资源,指的就是岭南地区能够被教育主体开发利用,有利于实现爱国主义教育目标的各种要素的综合。这一定义包含两种属性:一种是已经被开发利用成为爱国主义资源的岭南资源,如岭南地区的革命遗址和遗存、红色旅游基地、爱国人士的文学作品,等等;另一种是容易和爱国主义相结合起来的岭南资源,如岭南地区的自然风光、民风民俗、地方方言、地域文化、特色建筑、日常生活的话题等。

---

①周峰. 岭南文化集萃地 [M]. 广州:广东人民出版社, 2016:3.
②袁紫阳. 新时代大学生爱国主义教育资源运用研究 [D]. 南京:南京师范大学, 2021:15.

二、岭南地区爱国主义资源的内容

由于爱国主义有着丰富的内涵，岭南地区的爱国主义资源的内涵和外延也是将近无限大的，因此有必要对岭南爱国主义资源进行分类，大体可以分为以下两部分：

（一）已经被开发利用成为爱国主义资源的岭南资源

岭南地区为中华民族和文化的形成与发展做出了巨大的贡献。尤其是进入近代以来，岭南率先成为反抗帝国主义侵略的战场和民主革命的策源地。在岭南地区发生的为维护国家和民族利益而抗争、带有爱国主义色彩的人、事件和作品，以及有关的纪念馆、博物馆、遗址遗迹等都是岭南爱国主义资源。

在漫长的历史长河里，岭南地区出现了不计其数的保家卫国的仁人志士，他们忠于祖国、热爱人民、关心民生，当国家和民族危难时，他们总是挺身而出，捍卫国家、民族和人民的利益，甚至为此不惜牺牲生命。

如南北朝维护国家领土完整、带领岭南百越人民归顺祖国的冼夫人；明末清初坚决反清而牺牲的"广东三忠"陈邦彦、张家玉和陈子壮；明末清初"岭南三家"——屈大均、梁佩兰、陈恭尹，他们写了许多反映岭南山水地理和社会风貌的诗歌，表达了他们对祖国美丽山水和风土人情的热爱和自豪，表现了他们强烈的中华民族意识和热情的爱国主义精神；再如清末以来的救亡图存的思想和政治运动中涌现热爱祖国和人民、为了保卫祖国和人民不怕流血牺牲的仁人志士，如朱次琦、洪秀全、康有为、梁启超、孙中山、刘师复、吴沃尧、彭湃、杨殷、邓发，等等，他们都在各自的领域为国家和民族利益做出自己的努力。

还有一些岭南地区的爱国斗争，如捍卫国家主权的三元里抗英；林则徐在广州的禁烟斗争；推翻清王朝统治的广州起义和黄花岗起义；南京条约签订后持续十多年的广州人反入城群众性反英活动，等等。另外，一些时期采取的教育办学形式也可体现爱国主义，如洋务运动时岭南地区兴办新式教育和新式学堂、组织留学生派遣等方式，师夷长技以制夷，大革命时期孙中山先生创办的黄埔军校等，体现了岭南渴望自强来保家卫国。

由于岭南地区在近代以来反抗外敌侵略、救亡图存、进行革命和建设运动很多，为了铭记历史和先驱，岭南地区建成了许多爱国的纪念馆、博物馆和革命遗址遗迹等。据《广东革命史迹通览》统计，广东革命史迹有1012处。2021年6月23日，广东公布了《广东省革命文物名录》，革命文物的数量在全国排在前面，广东还新命名了一批爱国主义教育基地，目前现存的爱国主义教育基地总数达到了140个，展现了岭南地区丰富的爱国主义资源。

（二）容易和爱国主义结合起来的岭南资源

爱国即热爱祖国、热爱家乡、热爱自己成长的环境里的一切。因为爱国和爱家乡是紧密联系在一起的，因而学生了解自己的家乡、热爱自己的家乡，有助于使学生产生热爱祖国的情感。岭南地区景色优美、历史悠久、文化繁盛，有着丰富的资源，这些资源容易和爱国主义结合起来，融入语文教学中，有助于激起学生对祖国大好河山的热爱，增强学生对祖国和民族的认同感，同时能丰富语文课程资源，拓宽视野，提高语文素养，达到语文教学和爱国主义教育的双重目标。

岭南地区自然风光秀丽，钟灵毓秀、山川秀美、河流纵横，风景名胜众多。有罗浮山、西樵山、阴那山、丹霞山、鼎湖山等著名山岳，其中丹霞山是世界自然遗产，在语文教学中，引导学生感受岭南地区自然风光的优美，能够让学生热爱家乡和祖国的自然风光。岭南还有着被列为世界文化遗产的开平碉楼，以及许多国家级非物质文化遗产，如粤剧、粤曲、粤绣、潮剧、蜈蚣舞等，让学生去了解这些岭南文化遗产，能够让学生热爱祖国文化，传承和弘扬中华民族优秀文化。

岭南地区历史悠久，有着独特的人文景观。在饮食方面，岭南有着肴馔文化、酒文化和茶文化，其中"粤菜"融会中西，是中国八大菜系之一，语文教学中融入这些饮食文化，能让学生更了解地方文化，增强学生对地域文化的认同感和自豪感。在民俗方面，岭南地区有龙舟、舞狮、武术、沙湾飘色、花市文化等，其中龙舟、舞狮、武术作为岭南的民俗文化，人们参与其中能够强身健体，身体强健才能更好地保卫祖国，而且在历史发展过程中，也出现了许多爱国主义人物和事件，如扶贫济世的集武术和舞狮为一体的一代宗师黄飞鸿。在建筑方面，岭南有"岭南四大园林""广东骑楼""开平碉楼"等，同样，这些资源都极容易和爱国主义联系在一起，学生了解地方的建筑文化，也有助于增强学生对地域文化和祖国文化的热爱。

第二节 岭南爱国主义资源融入初中语文教学的可行性分析

一、爱国主义资源融入初中语文教学的理由

（一）实现教育目的的需要

我国目前教育目的的总体要求是："为社会主义现代化建设服务，为人民服务，与生

产劳动和社会实践相结合，造就有理想、有道德、有文化、有纪律的德智体美劳全美发展的社会主义建设者和接班人。"[①] 这就要求把学生培养成热爱祖国和人民、热爱中国共产党和社会主义的人才。要实现这些目标，不仅需要各学科教学的协同努力，进行学科融合，还需要往外扩展教学资源，以实现教育目的，岭南地区丰富的爱国主义资源融入初中语文教学有助于实现教育目的。

语文课程目标中指出：在语文学习过程中，培养爱国主义、集体主义、社会主义思想道德和健康的审美情趣，发展个性，培养创新精神和合作精神，逐步形成积极的人生态度和正确的世界观、价值观。因此，进行爱国主义教育是语文课程的教育目标之一。而岭南地区蕴含着丰富的爱国主义资源，将其融入语文教学中，也有助于实现语文课程的目标。

（二）开展课程思政的必要

"课程思政"是以构建全员、全程、全课程育人格局的形式，将各类课程与思想政治理论课同向同行，形成协同效应，把"立德树人"作为教育根本任务的一种综合教育理念[②]。课程思政要求将学校的学科教学与思想政治教育相结合，坚持把立德树人作为核心，在传授学科专业知识的基础上，把政治、道德、价值观等文化意识形态教育融入教学活动中，在语文这门蕴含较多德育因素的课程也应渗透思想政治、伦理道德和价值观等意识形态的教育。

2019年中共中央和国务院办公厅联合印发了《关于深化新时代学校思想政治理论课改革创新的若干意见》，该意见明确指出："大中小学开设思政课要循序渐进，初中阶段主要是打好学生的思想基础，高中阶段主要是提升学生的政治素养。"[③] 对初中阶段课程思政建设提出建议。初中生正处于世界观、人生观、价值观发展和形成的关键阶段，打好学生的思想基础尤其重要。然而在当今复杂的社会环境中，初中生由于身心发展尚未成熟、思想敏感、情感脆弱，因此容易受到社会不良因素的侵扰。如受西方文化的入侵，学生崇尚外国文化和过"洋节"，轻视中国传统文化和节日。受享乐主义、拜金主义、极端的个人主义的社会不良风气的影响，部分学生出现以自我为中心、盲目攀比、奢侈浪费的情况。网络不良信息的传播，容易扭曲学生的价值观，使得学生缺乏坚定的理想信念和爱国信仰。因此，语文课程要进行思想政治教育，引导学生树立正确的世界观和价值观，使学生认同和认识中华民族优秀传统文化，并立志为祖国做贡献，培养学生的爱国主义精神。

---

①全国十二所重点师范大学联合编写．教育学基础[M]．北京：教育科学出版社，2014：7．
②高德毅，宗爱东．课程思政：有效发挥课堂育人主渠道作用的必然选择[J]．思想理论教育导刊，2017，(01)：31-34．
③中办、国办联合．关于深化新时代学校思想政治理论课改革创新的若干意见[N]．新华社，2019-8-14 (6)．

语文课程要开展课程思政，不应该只依赖教材和课堂中的资源，也应该充分利用地方的爱国主义资源，使地方的爱国主义资源成为语文课程思政建设的助力。

地方的爱国主义资源包括了传统文化、自然风景、民风民俗等，将其融入语文教学中，有助于加强学生对家乡文化的了解，从而由热爱家乡文化产生热爱祖国文化的情感，实现对传统文化的继承与发扬，厚植为中华民族伟大复兴做贡献的理想信念。岭南地区蕴含丰富的爱国主义资源，将岭南地区丰富的爱国主义资源融入语文学科教学当中，是响应国家和党中央关于开展"课程思政"的需要，有助于培养热爱中华文化、具有理想信念和爱国情怀的学生。

（三）落实《义务教育语文课程标准》的要求

首先，从《义务教育语文课程标准（2022年版）》关于爱国主义内容的表述来看，它强调了爱国主义是语文教育的重要目标，要求"继承和发扬中华优秀文化传统和革命传统，体现社会主义核心价值体系的引领作用，突出中国特色社会主义共同理想，弘扬以爱国主义为核心的民族精神和以改革创新为核心的时代精神"[1]。在总体目标中提道，"在语文学习过程中，培养爱国主义、集体主义、社会主义思想道德和健康的审美情趣"[2]。因此，语文教学要进行爱国主义教育，岭南的爱国主义资源可以作为爱国主义教育资源融入语文教学中，培养学生形成爱国主义思想和情感。

其次，从课程标准关于语文课程资源的表述来看，它表明各地蕴藏着多种语文课程资源。要求学校要有强烈的资源意识，认真分析本地和本校的特点，充分利用已有的资源，积极开发潜在的资源。因此，岭南地区丰富的爱国主义资源融入语文教学是落实课程标准的要求，学习岭南地区爱国先驱的英勇事迹，感悟岭南地区的自然人文之美，领略岭南文化的博大精深，有助于落实课程标准的要求，培养出热爱祖国和民族、具有爱国主义精神的学生。

最后，从课程标准的课程基本理念来看，岭南爱国主义资源融入语文教学是在落实课程标准的基本理念。课程标准倡导"自主、合作、探究的学习方式"的基本理念，这要求语文教学要以学生为主体，从学生自身的发展规律出发，激发学生的问题意识，注重学生的生活与语文的联系。虽然教科书当中也存在岭南爱国主义资源，但岭南爱国主义资源大多都以课外资源为主，这对学生的综合能力要求相对较高。因此，岭南爱国主义资源适合学生用自主、合作、探究的学习方式进行了解和探索，了解和探索岭南爱国主义资源的过程也有助于激发学生的兴趣，加强学生生活与语文的联系。

---

[1]中华人民共和国教育部. 义务教育语文课程标准（2022年版）[S]. 北京：北京师范大学出版社，2012：3.
[2]中华人民共和国教育部. 义务教育语文课程标准（2022年版）[S]. 北京：北京师范大学出版社，2012：6.

此外，课程标准倡导"构建开放而有活力的语文课堂"的基本理念，这要求学生在语文学习过程中，密切关注社会的发展，拓宽语文学习的领域，要求语文课程根据地区和学校特点，开发相应的课程资源。岭南爱国主义资源融入语文教学正是落实"构建开放而有活力的语文课堂"的理念，有助于教学不局限于教材和课堂，丰富课程资源，使课堂开放且具有活力，有助于让学生学习到更多的知识，开阔视野，提高语文综合运用的能力，也有助于学生了解地方的文化、地方的爱国主义人物、事迹和文学作品，增强学生的文化认同，传承优秀文化，培养学生的爱国主义精神。

二、岭南爱国主义资源融入初中语文教学的可行性

（一）教科书中存在岭南爱国主义的内容

教科书是教学的主要凭借，在学校学科教学中尤其重要。语文学科是工具性和人文性的统一，教科书的编写也兼顾到了语文学科这两个属性，教科书的内容既包括了提高学生听、说、读、写能力的语文知识，也包括了价值观等意识形态的内容。

部编版初中语文教材由阅读、写作实践、综合性学习、名著导读、活动·探究、课外古诗词诵读七个板块组成。经过分析，部编版初中语文教材阅读板块选文和综合性学习板块中存在关于岭南的内容，其中的一部分是涉及爱国主义的。如岭南人卢荻所写的《风雨吟》，把"风""雨"比喻成当时中国的苦难，显示了作者对国家和民族命运的焦虑，但作者敢于像"舵手"一样乘风破浪，表达了作者对祖国的强烈责任感。

教科书当中还存在着较多爱国主义内容，这也为岭南爱国主义资源融入教师教学和学生学习提供了可行性。教科书当中有许多爱国主义的典型人物，如毛泽东、朱德、梁启超、闻一多、鲁迅，等等。也有许多爱国主义的篇章，有热爱祖国的，如端木蕻良《土地的誓言》抒发了作者对故乡的眷恋以及表达誓死保卫故土完整的誓言，艾青《我爱这土地》借小鸟的形象抒发诗人视死如归的爱国之情；有热爱祖国自然风光的，如光未然的《黄河颂》对祖国的母亲河——黄河大加赞颂，展现了黄河的磅礴气魄和中华民族的豪迈精神，展现了中华人民的坚毅与勇敢；有表现中华传统文化的，如《核舟记》，一枚小小的桃核再现了苏东坡游赤壁的故事，显示了我国古代杰出的工艺美术……这些内容都是爱国主义的主题，便于与岭南当地的爱国主义资源融合，融合之后，有助于拓展语文教材内容，丰富语文课程资源。

(二) 语文课程便于结合岭南爱国主义资源

1. 从岭南爱国主义资源的角度来看

岭南爱国主义资源是优质的语文教育资源。岭南在历史发展过程中，涌现了许多可歌可泣的爱国主义人物和事迹，留下了大量红色文化遗迹遗存、纪念馆、博物馆、烈士陵园等爱国主义教育基地资源，还有许多爱国主义文学作品。语文教学现在回归"一纲一本"，对课程资源的丰富性提出了新的要求，岭南地区丰富的爱国主义资源正好可以作为语文的教育资源，将其合理地融入语文教学中，能够丰富语文课程资源，拓宽语文教学渠道，有助于建设开放、富有活力的语文课程。

在语文学科教学中，教师对地方的爱国主义资源较为熟悉，也比较方便将其融入语文教学中，教师可以在教学活动中融入岭南爱国主义资源进行补充，帮助学生深入理解教材文本，也可以增强学生对家乡文化的了解，增强文化自信和情感认同。教师也可以在开展综合性学习活动时，带领学生在岭南地区进行参观、调查和访问，丰富语文教学的活动形式，也能够在锻炼学生听、说、读、写四项语文基本素养的同时，对学生进行价值观意识形态的教育，培养学生的爱国主义精神，进行爱国主义教育。

2. 从语文课程的角度来看

第一，语文课程具有人文性。这要求学校和教师重视学生人文精神的培养，而培养学生人文精神的核心是培养学生以爱国主义为核心的民族精神。语文学科作为重要的交流工具，能够传承人类文明和中华传统文化，学生学习语文知识的过程也是学习和继承中华优秀传统文化的过程。所以语文课程本身就要培养学生的爱国精神，要进行爱国主义教育，岭南爱国主义资源作为爱国主义教育资源的一部分，便于在语文课程中融入。

第二，语文课程是实践性课程。这要求教师要想办法为学生创造语文实践的机会，让学生投身到实践中运用语文知识和锻炼听、说、读、写的能力。地方的文化资源贴近现实、亲近师生生活，容易引起师生的共鸣，学生在平时的生活中，也比较容易结合岭南的爱国主义资源进行实践，培养学生的语文实践能力。

第三，语文课程是综合性课程。语文教材包罗万象，涉及政治、人文、地理、民俗、文化等各类知识和内容，而且语文课程作为学习和使用祖国语言文字的课程，在真实的社会生活中语文学习资源和实践机会都比较多。岭南爱国主义资源是岭南学生比较容易接触到的资源，而且资源种类丰富，这些资源能和语文课程中的各类知识和内容进行融合，尤其是综合性学习活动，由于其学习内容、学习实践和空间存在开放性，即不以课本作为获取语文知识的唯一来源，不以教室作为语文教学的唯一地点，不以课堂的 45 分钟作为唯一的教学时间，所以更便于融合岭南爱国主义资源。

第三节　初中语文教材中岭南爱国主义资源的内容

在初中语文教材中，有不少涉及岭南的内容，也有很多蕴含爱国主义内容的文章，教学中如果能够留意到，并有意识地加以开发和利用，有助于语文教学目标的实现，同时也有助于让岭南的学生从了解家乡到热爱家乡，从热爱家乡到热爱祖国。因此，本节对部编版初中语文教材蕴含的岭南内容、岭南爱国主义内容以及爱国主义内容进行整理和归纳，发现这些内容主要集中在阅读和综合性学习两大板块，所以本节主要是列出了阅读和综合性学习两大板块的爱国主义相关内容。

一、阅读板块中的岭南内容及爱国主义精神

（一）教材阅读板块中的岭南相关内容

部编版初中语文教材中，有涉及岭南的内容。本书深入挖掘教科书提到的岭南内容，不仅是课文本身的内容，还查询了课文的作者。所谓"知人论世"，指的是知道作者的生平和写作背景，更有利于掌握文章的重点和思想。本研究对课文的作者以及课文的内容进行分析和统计，情况如下：

表 6-1　教材选文作者是岭南人①

类别	作者	籍贯	课文位置	课文
作者是岭南人	梁启超	广东	七（下）第四单元	《最苦与最乐》
			九（上）第二单元	《敬业与乐业》
	卢荻	广东	九（下）第一单元	《风雨吟》
	何冀平	广西	九（下）第五单元	《天下第一楼》

如表 6-1 所示，岭南人写的文章有梁启超的《最苦与最乐》《敬业与乐业》、卢荻的《风雨吟》以及何冀平的《天下第一楼》。

但经过仔细分析，发现一些作者虽然不是岭南人，但曾经到过岭南，并且在岭南留下了一些事迹和作品，有些作品是带着爱国主义色彩的，可以作为岭南爱国主义资源与语文课内课文的教学结合起来。到过岭南并有事迹和作品留下的作者情况如下：

---

①周宇欣. 岭南爱国主义资源在初中语文教学中的融入研究［D］. 广州：广州大学，2022：31~34.

表6-2 教材选文的作者到过岭南①

作者	教材选文	课文位置	在岭南的事迹及作品
鲁迅	《从百草园到三味书屋》	七（上）第三单元	鲁迅1927年在广州中山大学任职，2月在香港演说《无声的中国》《老调子已经唱完!》；3月在黄花街去岭南大学演讲；4月到黄埔政治学校演讲。同月营救被捕学生失败，辞去中山大学的职务。7月在广州的学术讲演会上演讲《读书杂谈》《魏晋风度及文章与药及酒之关系》。
	《阿长与〈山海经〉》	七（上）第三单元	
	《藤野先生》	八（上）第二单元	
	《社戏》	八（下）第一单元	
	《中国失掉自信力了吗》	九（上）第五单元	
	《孔乙己》	九（下）第二单元	
张孝祥	《观月记》	八（上）第三单元	张孝祥在广西桂林任过职，写下一些反映他壮志未酬的爱国之情的诗作，还写下了体现广西美丽山水的作品。他在桂林创作的诗文，被人刻石留存下来，现存19篇，这些桂林石刻诗文反映了张孝祥强烈的爱国主义和壮志未酬的思想。
苏轼	《记承天寺夜游》	八（上）第三单元	苏轼曾被贬岭南惠州和儋州，在岭南写下一些诗词。如《寓居合江楼》《题广州清远峡山寺》《题寿圣寺》歌颂岭南的山川风物、名胜景观；《和陶劝农》两首、《过黎君郊居》歌颂岭南人民；此外，他还心系人民，造福岭南人民，如解决广州民众饮水问题，督促惠州建造水磨，等等。
	《水调歌头》	九（上）第三单元	
	《江城子·密州出猎》	九（下）第三单元	

如表6-2所示，我们可以看到鲁迅、张孝祥以及苏轼都是曾经到过岭南的，而且留下了不少宝贵的作品，这些都可以作为岭南爱国主义资源与语文教学相结合。除此之外，教科书中有一些课文提到了岭南，有些课文是以岭南为写作背景创作的，情况见表6-3：

---

① 周宇欣. 岭南爱国主义资源在初中语文教学中的融入研究[D]. 广州：广州大学，2022：31-34.

表 6-3　教材选文内容中的岭南元素①

类别	作者	选文位置	选文	主题
以岭南为题材背景的课文	陈毅	九（下）第一单元	《梅岭三章》	这组诗写作的背景是陈毅在广东南雄梅关的战斗故事，作者虽然身处险境，但仍然决心投身革命，并对革命的胜利充满信心。
	文天祥	九（下）第六单元	《过零丁洋》	宋末文天祥在广东五坡岭被元军俘虏后，在伶仃洋（广东珠江口）触景生情，表现了诗人的民族气节和爱国精神。
课文涉及岭南	杨振宁	七（下）第一单元	《邓稼先》	课文中提到"法国强占广东广州湾，'租借'99年。英国强占山东威海卫与香港新界，分别'租借'25年和99年。"
	光未然	七（下）第二单元	《黄河颂》	这首诗表达抗日救亡的主题，诗人赞颂了黄河的磅礴气魄和中华民族的豪迈精神，展现了中华人民的坚毅与勇敢。由冼星海（祖籍广东番禺）谱曲后，这部音乐作品传播到全国各地，激发了中国军队和人民的抗日热情。
	鲁迅	七（下）第三单元	《阿长与〈山海经〉》	提到"长毛"和"洪秀全"。长毛指太平天国的军队恢复了蓄发不剃的传统，用来抵抗清朝剃发留辫的律令，所以当时被称为"长毛"。洪秀全是广东花县人，太平天国运动的领袖。

如表 6-3 所示，把岭南作为题材背景的选文有两篇，分别是陈毅的《梅岭三章》和文天祥的《过零丁洋》。《梅岭三章》是陈毅在被国民党围困的险境下，依然相信革命必胜，表现了作者的革命乐观主义精神，激励了后人为中华民族的伟大复兴而奋发图强。《过零丁洋》是文天祥在零丁洋（广东珠江口）被敌人抓获后囚禁在船上时创作的爱国绝唱，表现了诗人的民族气节。

课文提到岭南的主要有《邓稼先》里面提到的法国强占广东广州湾，"租借"99年，英国强占香港新界，"租借"99年。这是知识背景，可以提醒学生岭南的土地也曾被敌人

---

① 周宇欣. 岭南爱国主义资源在初中语文教学中的融入研究 [D]. 广州：广州大学，2022：31~34.

践踏，使学生铭记历史，更加爱国。《阿长与〈山海经〉》提到"长毛"和"洪秀全"，这是太平天国对抗清朝腐败统治的见证，而太平天国革命运动的领袖又是岭南人，了解历史和爱国先驱也可以激励学生。此外，光未然的《黄河颂》借赞颂黄河的磅礴气魄和悠久历史，展现了中华民族的豪迈精神和中华人民的坚毅与勇敢。这首诗由广东人冼星海谱曲后，快速传播到全国各地，激发了人们的抗日热情。

（二）教材阅读板块选文中体现的爱国主义内容

由于课文是课堂教学的主要内容，是教师传授语文学科知识、培养语文能力、进行思想道德教育的凭借。因此，对课文所蕴含的爱国主义内容进行归纳和分析显得尤为重要。本研究将教材阅读板块课文中的爱国主义内容归类为：热爱祖国文化，热爱祖国自然风光，爱国思乡、反对侵略，批判丑恶、追求美好，了解爱国先驱，感悟爱国情怀，并在每个类别划分不同的维度，以求对部编版初中语文教材中的爱国主义内容进行更加深入和全面的了解。

1. 热爱祖国的文化

爱国主义表现为热爱祖国的文化，分为四个维度，分别是传统美德、传统风俗和技艺、传统建筑。传统美德包括了仁、义、礼、智、信、孝、悌等美德，还包括修身、齐家、治国方面的内容，如《陈太丘与友期行》强调"礼"和"信"的重要性，；《散步》表达了我国尊老爱幼的传统美德和中年人的责任感。

学生了解祖国传统节日风俗和传统技艺，就容易产生热爱祖国传统节日和传统技艺的感情，从而对民族文化产生自豪感，如《社戏》《安塞腰鼓》；学生了解和熟悉我国的传统建筑，能增加学生对民族文化的了解，也容易增强学生的文化自信，如《中国石拱桥》《苏州园林》。

2. 热爱祖国的自然风光

我国风景优美，多名山大川，了解和热爱祖国的自然风光是爱国的一种体现，学习赞美祖国自然风光的课文，有助于让学生产生对祖国的自豪感，并产生保护祖国山河、捍卫祖国国土的理想。如《壶口瀑布》赞颂了孕育中华儿女的黄河，也借壶口的黄河赞扬了中华民族勇往直前的奋斗气势。

3. 爱国思乡，反对侵略

爱国情怀主要分为爱国情和思乡情。热爱祖国可以表现为关心祖国和民族的命运、关心人民的生活、为祖国的成功兴奋、渴望收复山河、为祖国建功立业等。思念家乡表现为对自己家乡的怀念，课文多以旅居在外的游子或是边疆战士在外触景生情为主题，如《次北固山下》《天净沙·秋思》《夜上受降城闻笛》等。教材当中也设置了一些反对外敌侵略的课文，如抗日的抒情诗《黄河颂》、鼓舞人民奋起抗战的《中国人失掉自信力了吗》等。

4. 批判丑恶，追求美好

教材课文当中存在一些批判社会丑恶现实，追求和歌颂美好的课文，批判社会现实，说明能够对国家和社会中存在的不完美进行思考，并且渴望祖国和民族拥有更好的未来，这是爱国主义的体现。

（三）阅读板块岭南选文体现的爱国主义

岭南人梁启超的《最苦与最乐》，从最苦和最乐两方面来论述人生的责任，指出不负责任是人生最大的苦，尽责任则是人生最大的乐，提出人生在世，必须对家庭、社会、国家以及自身尽到应尽的责任。这种提倡对家庭、社会、国家负责是中华传统美德的体现，也体现了爱国主义。另一篇课文《敬业与乐业》，梁启超一开始就引经据典，点明了"敬业乐业"的主旨，论述敬业与乐业的重要性。社会主义核心价值观也包括了"敬业"这一层面，敬业乐业都是为社会和国家做贡献，因此也是爱国主义的体现。

岭南人卢荻的《风雨吟》写于1941年12月，当时中华民族遭受苦难、社会动荡不堪，诗人借狂风暴雨象征了"人生"的坎坷与磨难和当时的中国社会的苦难，表现了诗人对国家民族命运的忧虑，表达了诗人愿以天下为己任的勇气和责任感与克服困难的广阔胸怀，这是爱国主义的高度体现。

岭南人何冀平的《天下第一楼》描写了烤鸭店"福聚德"从清朝到民国的曲折发展过程，赞颂了卢孟实、玉雏姑娘、罗大头等人的聪明、上进与务实精神，批判了不务正业的不良习气和黑暗的腐朽势力。批判黑暗丑恶的社会，歌颂美好的人和事也体现了爱国主义。

陈毅的《梅岭三章》，作者把自己在广东南雄梅关的战斗作为写作的背景，作者虽然身处险境，但仍然决心投身革命，并对革命充满信心，表达了作者的革命乐观主义精神，以及作者为了国家和民族敢于牺牲的奉献精神，这种精神正是爱国主义的体现。

文天祥的《过零丁洋》写于宋末，是诗人被元军俘虏在经过伶仃洋（广东珠江口）时触景生情所作，表现了诗人舍生取义的民族气节和志向。这种忠于祖国，宁死而不投降不叛国的民族气节和志向，把个人命运和国家命运紧密联系在一起，是爱国主义的高度体现。

二、综合性学习板块中的爱国主义内容

部编版初中语文教材每册书都有综合性学习，一共有15个综合性学习，其中有8个是存在爱国主义内容的，经分析和归纳，得出下表：

表 6-4　综合性学习版块中的爱国主义内容①

单元	主题	爱国主义内容
七（上）二	有朋自远方来	热爱传统美德
七（下）二	天下国家	热爱祖国
七（下）四	孝亲敬老，从我做起	热爱传统美德
八（上）二	人无信不立	热爱传统美德
八（上）六	身边的文化遗产	热爱祖国历史遗产
八（下）二	倡导低碳生活	热爱祖国自然
八（下）六	以和为贵	热爱传统美德
九（上）二	君子自强不息	热爱传统美德

如表 6-4 所示，将教材中综合性学习涉及爱国主义的内容的类别划分为热爱中华优秀传统美德、热爱祖国、热爱祖国历史文化遗产、热爱祖国自然四类。

正如前文提及，中华优秀传统美德除了包括仁、义、礼、智、信、孝、悌等美德，还包括修身、齐家、治国方面的内容。因此"有朋自远方来""孝亲敬老，从我做起""人无信不立""以和为贵""君子自强不息"可以归类为热爱传统美德。"身边的文化遗产"是要求学生了解身边的文化遗产，从而产生热爱文化遗产的情感，保护文化遗产的想法，因而归类为热爱祖国历史遗产。"倡导低碳生活"要求学生低碳生活，保护环境，这也是热爱祖国自然的体现，因此归类为热爱祖国自然。"天下国家"要求培养具有"家国情怀"的学生，这个范围比较大，可以培养学生热爱祖国传统美德、热爱祖国历史遗产、热爱祖国自然等，只要是有助于培养学生家国情怀的内容都可以用来教学，因而对该专题不做细分的归类。

对综合性学习板块的爱国主义内容进行归纳，有助于判断哪个综合性学习适合与岭南爱国主义资源相结合，从而更好地在综合性学习教学融合岭南爱国主义资源，开展实践活动，增强语文课堂的活力和实效性，拓宽学生视野，达到语文教学和爱国主义教育的目标。

---

①周宇欣. 岭南爱国主义资源在初中语文教学中的融入研究［D］. 广州：广州大学，2022：4-36.

第四节　岭南爱国主义资源融入初中语文教学的策略

一、阅读选文教学中的融入策略

（一）根据选文，针对融入

1. 直接运用已有的岭南爱国主义资源

在教学中，对于教材中岭南相关爱国主义课文，可以将岭南爱国主义资源作为知识点直接融入，拓展课堂内容，进行爱国主义教育。如教学《风雨吟》，作者是岭南人卢荻，就可以在教学时明确岭南人卢荻的简介和写作背景，减少学生和作品之间的隔阂，让学生更容易体会到作者对体会诗人面对抗战时的决心、面对困难的勇气与责任、为国奉献的爱国情怀，同时也让学生对自己家乡的爱国先驱和爱国往事有更深的了解，增强对地方文化的自信心和自豪感。对于如何直接运用教科书中已有的岭南爱国主义资源，下面以《风雨吟》的教学设计为例，尝试对此策略进行说明，并提供参考。

案例设计：《风雨吟》

1. 教学目标：

根据写作背景，把握诗歌的主旨和情感。

2. 教学思路：

教学时教师向学生补充作者的生平和写作背景，感受岭南人卢荻的爱国情怀。

3. 教学预设：

（1）导入：同学们，上节课我们学习了陈毅元帅在岭南梅岭的奋战，今天我们要学习一位岭南诗人的诗歌，同学们知道是谁吗？（卢荻）作者作为一个岭南人，他对岭南的"风雨"应该很熟悉。我们一起来看看当时作者眼中的"风雨"是怎样的吧！（多媒体展示《风雨吟》的写作背景）

（2）细读感悟：

师：了解写作背景后，我们知道诗人处于民族危难之际，那么诗人他是怎么用语言表达他的情感的呢？诗歌中的"风雨"有哪些含义？

（明确："风雨"不仅是指自然界中的风雨，也指当时的中国社会所承受的苦难；对于"我"这样一个"年轻"的"舵手"来说，也象征着"人生"的坎坷与磨难。如何理解"年轻舵手的心"？

明确：面对苦难的祖国，"我"就像一个缺乏经验的年轻舵手，不知道如何把握方向。在担忧中国社会前途和民族命运的同时，也激发了"我"强烈的责任感和使命感。）

师：写出这样对国家、民族充满责任感和使命感诗篇的卢荻，他不仅是诗人，也是一个忠实的爱国者。（补充作者生平）

（3）小结：作为诗人，我们的岭南先辈抒写爱国诗篇。抛开诗人身份，他勇于参加革命，并一直担任国家重要委员，为祖国和民族做出贡献，作为岭南儿女，我们要学习先辈的爱国之情，努力为祖国做贡献。

案例反思：

《风雨吟》是岭南人卢荻所写的诗，学习本篇课文重点是理解诗歌的主旨和作者对祖国、民族、社会的情感。由于学生是岭南人或者身处岭南地区，对于熟悉的事物有天然的亲近感，所以从导入开始，可以明确卢荻是岭南人，有助于拉进作者和学生的距离，激起学生的兴趣。在分析了诗歌的意象后，学生都已经了解了诗人的情感，但还不够，所以补充诗人的生平，突出诗人参加革命、为国奉献的爱国情怀，使学生得到爱国主义熏陶，同时深化对诗歌情感的理解。

2. 针对性融入岭南爱国主义资源

新课程改革要求教师从"教教材"改变为"用教材教",梳理教材的爱国主义内容,将岭南爱国主义资源有针对性地融入阅读选文的教学中。一方面,可以使教材得到创造性运用,为教材内容教学提供更丰富的素材,丰富课程资源,拓宽学生的阅读视野。另一方面,也可以打通学生和教材的隔阂,将学生的生活和语文联系在一起,激发学生的语文学习兴趣,培养学生对家乡的热爱和自豪感。

对于教材中涉及爱国主义的选文,我们可以对其进行归类,根据部编版语文教材阅读选文的内容,找到与岭南爱国主义资源的契合点,有针对性地融入相对应的岭南爱国主义资源。如爱国思乡类的课文,可以寻找爱国思乡的岭南人、岭南人爱国思乡的事迹和文学作品;热爱祖国自然风光的课文,可以补充岭南的自然风光、名胜古迹,如学习了《记承天寺夜游》可以补充苏轼被贬岭南惠州和儋州在岭南写下的一些诗词,如《寓居合江楼》《〈四月十一日初食荔枝〉题广州清远峡山寺》,这不仅能让学生对古代词人苏轼更亲近,而且还能了解到岭南的自然风光和名胜古迹,由风景美和建筑美唤醒学生对自己的家乡的热爱,从而由热爱家乡产生热爱祖国的情感;热爱祖国文化的课文,可以补充岭南文化的知识,如民风民俗、传统技艺、传统建筑等,如学习了《安塞腰鼓》后,可以让学生去了解瑶鼓、小瑶鼓、英歌舞、钱鼓等岭南特色舞蹈,传承岭南文化,增强认同感;学习了《苏州园林》,可以补充岭南园林的知识,也可以推荐《浅谈岭南园林》对比阅读,或者鼓励学生去实地游览清晖园、可园、余荫山房和梁园四大岭南园林,这能更好地让学生了解岭南园林的建筑特点及建筑美、激发学生对园林文化的喜爱和欣赏,也能传承岭南本土文化。

对于单独选在一个单元的爱国主义单元,如七年级下册的"家国情怀"单元和九年级下册的"爱国诗歌"单元,教师可以从整体上进行单元阅读教学,让学生更好地感悟家国情怀。"家国情怀"单元选入的课文有热爱祖国大好河山的《黄河颂》;热爱祖国语言文化的《最后一课》;热爱家乡的土地和人民的《土地的誓言》。教师可以依据"家国情怀"这个单元主题,选择关于"家国情怀"的优秀岭南作品让学生进行阅读,如岭南作家黄谷柳的《虾球传》、欧阳山的《三家巷》《苦斗》等爱国作品。对于教材中分散的涉及爱国主义内容的课文,教师可以将其整合起来,再进行主题阅读教学。如岭南人卢荻写的《风雨吟》、梁启超写的《敬业与乐业》《最苦与最乐》和陈毅的《梅岭三章》,都涉及了岭南,但老师和学生未必能留意到岭南,因此可以进行"岭南爱国名人""岭南爱国诗文"的单元阅读教学。

（二）创设情境，自然融入

"建构主义者提出了情境性认知的观点，强调学习、知识和智慧的情境性，认为知识是不可能脱离活动情境而抽象存在的"。① 在教学阅读选文时，采用多种手段和方式融入岭南爱国主义资源，有助于创造一个良好的阅读教学情境，有助于达到较好的教学效果。

1. 语言融入

学生认知活动的特点是由感性上升到理性的。在教学活动中，教师的教学语言是最常使用的教学手段，借助教学语言融入岭南爱国主义资源，有助于学生更深入地理解教材选文，同时也有助于培养学生的爱国主义精神。所以教师可以通过语言讲解在实际的教学过程中融入岭南爱国主义资源。

教师可以用创新性的导入语吸引学生的注意力，而融入岭南地区的名人事迹、自然景色、风土民情等的导语，可以让学生有熟悉感，更易于教学。如在教学《女娲补天》时，教师可以用故事的形式讲述岭南的一些神话传说，如同为女神仙的广州增城何仙姑的传说，这能营造良好的教师教学和学生学习情境，激发学生的兴趣，使学生贴近文本。这也更能让学生感受到神话传说的魅力，从而认同和热爱家乡文化。

教师也可以用提问的方式融入岭南爱国主义资源，帮助学生在教师的指导下循序渐进地理解文本的内涵。如教学《过零丁洋》，可以提问"作者被俘虏后，经过我们广东伶仃洋看到的景色是怎样的"，引导学生分析诗句"山河破碎风飘絮，身世浮沉雨打萍"，学生了解到诗人当时身心都处于一个恶劣的环境中，但是诗人仍然没有向敌人投降屈服，而是发出了"人生自古谁无死，留取丹心照汗青"的壮志，表达了诗人的拳拳爱国之心。接着教师可以继续提问："千百年前，文天祥在的伶仃洋上留下了令人动容的爱国绝唱，如今的伶仃洋又是怎样的呢？"

引导学生了解现在的伶仃洋已经修起了虎门大桥，周边经济快速发展。让学生知道虽然伶仃洋和过去相比已经发生了翻天覆地的变化，但是文天祥在这里抒发的爱国热情始终是不会消失的，呼吁学生在和平年代，认真学习，以后为祖国的繁荣富强做出贡献。

2. 多媒体融入

信息科学技术在进步，教师也要与时俱进。教师可以借助现代化的教学设备，在阅读教学中融入岭南爱国主义资源，调动学生的多重感官学习内容，使课堂更加多样化和更富有趣味。但需要注意的是，无论是多媒体的使用，还是岭南爱国主义资源的融入都是作为辅助性的手段和材料，不能本末倒置。

---

① 张大均. 教育心理学 [M]. 北京：人民教育出版社，2011：96.

运用多媒体融入岭南爱国主义资源可以利用图像来进行展示。观看图片是一种模象直观方式，能够调动学生的形象思维，有利于学生的理解和技艺。比如教学《苏州园林》时，可以在教学中插入苏州园林和岭南园林的照片进行对比，在视觉上对学生产生冲击力，让学生更好地理解苏州园林的特点，体会到中国园林的建筑美，产生对祖国的热爱之情。

运用多媒体融入岭南爱国主义资源还可以运用影像来呈现。观看影像也是一种模象直观方式，但与图片展示相比，影像是将学习内容以立体的形式呈现，更能调动学生的视觉和听觉，调动学生感性认知，促进学生对知识的理解。如教学《梅岭三章》可以播放《梅岭盛开自由花》，让学生看到已经种遍自由花朵的梅岭，更能让学生感知到我们如今的幸福生活，是先辈们抛头洒热血换来的，让学生更能体会到作者陈毅的革命豪情和爱国热情，也能使学生产生珍惜现在的生活，努力学习，争取为祖国效力的爱国感情。

（三）把握时机，适时融入

"教学时机就是在既定的教学时间内，针对具体的课堂情境而产生的一种有利于教学的关键时刻。"[①] 教师在选文教学环节融入岭南爱国主义资源的时机会对学生的学习岭南爱国主义资源的兴趣产生影响，也会对整体的阅读教学效果和爱国主义教育效果产生影响。教师在选文教学中抓住时机融入资源要有一个标准，即把岭南爱国主义资源融入教学中既要自然，又要在教学中发挥最大的作用。

因此，教师要明确不同的时间点融入岭南爱国主义资源的主要作用，然后把握住时机，合理有效地融入。

1. 课前融入，激发兴趣

建构主义理论认为，学习的过程是学习者建立在已有的知识结构、认知能力和经验基础上的。因此语文教学要重视学生已有的知识经验，把岭南爱国主义资源融入语文教学时，应注意把其作为学生语文知识与能力的新的增长点，帮助和引导学生把自身熟悉的文化知识与经验和语文学习联系起来，从而获得新知识，便于学生解决问题。

在课前融入时，岭南爱国主义资源主要是作为作者生平、写作背景、写作风格、文学作品等资料的补充，如教学《风雨吟》有必要补充岭南人卢获的生平和写作背景，从而激起学生的兴趣，理解卢获诗歌当中对祖国和民族前途的忧虑，体会诗人勇往直前的勇气，同时也加深学生对家乡名人的了解，从而使学生对家乡文化产生自豪感。

导入是课堂教学的开头，尤其重要。学生对自己生活的家乡比较了解，所以导入时融

---

① 李娟. 教学时机, 教学的实践智慧 [J]. 教育科学论坛, 2015, 331 (1): 25~27+4.

入与选文内容相关的岭南爱国主义资源，容易让学生在生活和课文之间建立联系，激起学生学习的兴趣，为课文的学习做准备。比如教学文天祥的《过零丁洋》，可以这样设计导入："同学们，你们知道伶仃洋在哪里吗？没错，就在我们的广东珠江口。你们知道哪些关于伶仃洋的知识呢？它的地理位置很重要，周边有深圳、珠海、广州、东莞等经济发达地区；它在鸦片战争前曾被英美侵略者强占……说到这里，老师感觉大家都很气愤，看来大家都是爱国的好学生。其实啊，早在千百年前就有一位诗人在这里抒发了令人动容的爱国绝唱，今天，让我们来一起学习文天祥的《过零丁洋》吧！"

2. 课中融入，助力解读

维果斯基认为学生有两种发展水平：一种是现有的发展水平；另一种是在教师的指导下可以达到的更高水平。两者之间的距离就是"最近发展区"，因此教学要为学生营造"最近发展区"搭建支架，帮助学生进步和发展。而"在学生疑惑时展开恰当的教学，让学生主动地学习，抓住教学的良好时机"①。所以教师要认真备课，了解选文当中提及岭南的要素，选文的爱国主义内容和涉及岭南地区的爱国主义内容，并且要观察在教学过程中学生困惑的知识点，抓住机会，搭建支架，补充资源并且加以指导，解决学生的疑惑，让学生对文本的理解更深入。

在课中融入岭南爱国主义资源，可以在学生有疑惑时进行补充相关资料，助力学生解读文本。如教学毛主席的《消息二则》时，由于时代久远，学生对红军革命抗战的事迹可能不太能深入理解其内涵，这时可以通过一些具体事例来帮助学生理解。教师可以通过介绍适量的岭南革命抗战历史、红军在岭南的一些事迹以及在其中展现出来的爱国主义精神，如湘江战役，它是红军在长征途中，在广西北部的湘江地区上发生的，这是关乎红军生死存亡的一战，教师可以通过讲述红军在湘江战役的具体事件，来帮助学生理解红军的精神，也可以通过视频或者图像配合讲述来进行，让学生更能够体会到当时的情境，这样学生就比较容易理解和体会毛主席文章的用意和所表达出的情感了。再如《阿长与〈山海经〉》中提到"长毛"和"洪秀全"。学生可能对"长毛"不太了解，那教师就可以补充太平天国运动的相关资料，让学生明白"长毛"是恢复了蓄发不剃的传统，了解岭南地区的爱国先驱洪秀全，以增加对作者所处年代的理解，有助于帮助学生解读文本，也培养了学生的爱国主义精神。

此外，教师还可以通过比较阅读在课中融入岭南爱国主义资源。教师可以把教科书中的阅读选文与岭南爱国主义资源有关的两篇或多篇文章相联系，用比较、对比、类比、对照等方法开展阅读，让学生在比较不同的文本中加深对文本内容的理解。需要注意的是，

---

①张晓华.把握语文课堂教学的最佳时机［J］.教学与管理，2018，747（26）：40~41.

比较阅读融入的岭南爱国主义作品应该与教材的文本内容密切联系，学生在进行对比阅读时，也应该以教材的文本为基础，运用所学的方法从多个角度来阅读岭南爱国主义作品，找出相同与不同之处，从而深入理解课文，提高阅读的质量。

比较阅读可以是同一题材内容的对比阅读，如在教学《济南的冬天》，可以将《岭南之冬》作为对比阅读，让学生在比较阅读中找出济南冬天和岭南冬天的异同点，更能了解济南冬天的特征，体会作者对济南冬天的怀念，也让学生体会到岭南冬天的生机、温暖和斑斓，激发学生对岭南的喜爱之情。

比较阅读也可以是同一文体的对比阅读，《女娲补天》的文体是神话传说，在教学中就可以引入岭南的神话传说作品作为对比阅读，如可以让学生讲《南越志》中记录的悦城龙母的传说，在对比阅读中深入体会神话传说的魅力。

比较阅读还可以是同一作者的对比阅读，如在教学苏轼的《记承天寺夜游》时可以把苏轼被贬岭南惠州和儋州在岭南写下的一些诗词进行对比，如《寓居合江楼》《〈四月十一日初食荔枝〉题广州清远峡山寺》，走进作者的生平，探讨其思想和写作风格有无变化，同时学生也可以了解到岭南的自然风光和名胜古迹，从而由热爱家乡产生热爱祖国的情感。

3. 课后融入，拓宽视野

大语文教育要求把语文与社会生活联系起来，打通课内和课外、校内和校外、学科之间的联系，还要求学语文和学做人结合起来。岭南爱国主义资源可以在语文教学课后进行融入，这能够把课内和课外、校内和校外联系起来，帮助学生巩固语文知识和拓宽阅读视野，而且学生在课后了解岭南爱国主义资源，可以不受课堂时间的限制，有助于学生了解到更多岭南爱国人物、事迹和作品，厚植爱国主义情怀，将学语文和学做人紧密结合。具体来说，教师可以分析教材中的爱国主义内容或者是根据学生感兴趣的知识点，收集相关的岭南爱国主义资源，并使其和教材内容、课堂教学内容相联系，从而使学生巩固课堂所学到的知识，扩大阅读面。

比如七年级下册第二单元的主题是家国情怀，选入了《黄河颂》《最后一课》《土地的誓言》和《木兰诗》，学生学习了这些作品后，对爱国情怀有自己的理解，教师可以依据学生的学情补充岭南爱国名士的作品，利用多媒体插入相关的图片、视频和音频或者文本材料，作为拓展阅读在本单元课文教学后进行讲解，巩固知识，激发学生的爱国主义情感。

教师还可以将岭南爱国主义资源作为阅读素材融入语文阅读教学。"'群文阅读'是在较短的单位时间内，针对一个议题，以学生为主导，进行多文本的阅读教学。"① 岭南丰富的爱国主义资源为学生提供了阅读的素材，有利于学生完成阅读量的目标。岭南本土的文学作品或多或少都反映着当地的民风民俗、民族文化，将这些本土文学作品和教材内阅读选文组合在一起集中进行研究和探讨，有助于取得良好的教育效果。在群文阅读中融入岭南爱国主义文学作品，还能增加学生对家乡文化的了解，使学生热爱家乡。

如《社戏》这篇课文描写的"社戏"是浙江地区人民在秋收或春种时，通过演戏来祭祀土地神，祈求来年风调雨顺。教师可以以祭祀民俗为议题，选择描写岭南祭祀民俗的作品让学生进行阅读，也可以将"戏"作为议题，选择介绍岭南戏剧的作品，如介绍粤剧的《南国红豆》、介绍地方戏种的《岭南人文图说之三十九——西秦戏》《岭南人文图说之四十——正字戏》《白字戏》，还可以将"民俗"作为议题，选择介绍岭南民俗的文章，如秦牧的《花城》介绍逛花市的岭南民俗文化。这可以让学生明白百里不同风，千里不同俗，激发学生的爱国热情。

二、综合性学习教学中的融入策略

部编版初中语文教材每一册都安排了综合性学习，由于语文是一门综合的学科，这使得在综合性学习中融入岭南地区爱国主义资源十分便利，本节基于教材现有的体现爱国主义的综合性学习专题，探讨将岭南爱国主义资源融入综合性学习的策略。

（一）根据专题，选择资源

陈鹤琴在课程论上，提出"书本上的知识是间接的、死的，大自然、大社会才是我们活的书，直接的书"②。主张学生在自然和社会的接触和实践过程中获得知识和经验。因此，语文教学可以融入岭南爱国主义资源，让岭南的学生在其最熟悉的自然和社会的环境中去运用语文知识、锻炼语文能力，获得新的知识和能力。

前面整理归纳了教材的综合性学习，得出八个包含爱国主义内涵的综合性学习专题，这些专题的类别主要有热爱中华优秀传统美德、热爱国家、热爱祖国历史文化遗产、热爱祖国大好河山。这些爱国主义专题和岭南爱国主义资源高度契合。教师可以根据专题目标，遵循语文性、主体性和开放性的融入原则，选择与教材学习内容有相同之处的岭南爱国主义资源，将岭南爱国主义资源融入专题中，使岭南爱国主义资源融入语文综合性学习既符合专题学习目标，提高学生运用祖国语言文字的能力，又有利于激发学生的爱国情感。

---

① 蒋军晶. 让学生学会阅读——群文阅读这样做 [M]. 北京：中国人民大学出版社，2016：4.
② 陈鹤琴. 活教育 理论与实践 [M]. 上海：华华书店，1949：45.

部编版七年级上册《天下国家》的主题目标是培养爱国情怀，教师可以引导学生结合岭南爱国主义资源，让学生收集岭南地区的爱国名人逸事及爱国名言和爱国诗歌，如南北朝维护国家领土完整的冼夫人、明末清初坚决反清而牺牲的"广东三忠"、进行百日维新的梁启超、建立中华民国的孙中山等都可以和"天下国家"的主题结合。

（二）创设情境，利用资源

语文综合性学习具有综合性，体现了"大语文观"教育思想，重视将语文学习与生活实践进行联系和结合，使学生在现实生活中运用语文知识，锻炼语文能力，提高综合素质。但由于课时有限或者其他的限制，所以可能难以每次都让学生在实际的情境中开展活动。但通过创设情境，即使学生不在真实的生活情境中进行活动，学生的学习都会更具有趣味性，也更容易激活学生的生活经验，加强语文学习和学生实际生活的联系，开展有效的语文综合性学习。

利用岭南爱国主义资源创设学习情境可以从两方面进行：第一，是利用岭南爱国主义资源创设综合性学习的真实情境，让学生在其生活的真实情境中，学习和运用语文知识，提高能力；第二，是创设虚拟的岭南生活情境，可以利用文字、图片或者多媒体等手段再现，引导学生聚焦活动，以较低的时间成本和风险系数开展活动，也让学生感知家乡，提高学生对家乡的认同感和信任感，进而由爱家乡之情产生爱国之感。

在实际的综合性学习教学中，创设虚拟情境和真实情境可以交叉进行。如八年级上册的《身边的文化遗产》，开展这一综合性学习专题，可以在上课之时创设虚拟情境，让学生想象自己家乡有什么文化遗产，从日常十分熟悉事物的入手，比如家乡饮食、服饰、传统技艺，等等。通过问题设置情境，引发学生的思考。也可以播放岭南文化遗产宣传短片，让学生在良好的情境中感受家乡的文化，认同和热爱家乡文化，学习完课堂教学的知识内容之后，再让学生走进真实的生活情境中，参观和考查学生生活的岭南地区的文化遗产，加深对家乡文化遗产的了解，增强对家乡文化的自信心和自豪感。

（三）知行合一，活化资源

陈鹤琴的"活教育"思想，在方法论上主张"做中学，做中教，做中求进步"，提倡学生在实践中积极主动地学习知识。陶行知的"生活教育"理论，认为生活即教育，因此他提出了"教学做合一"的教学论思想。这两位学者的观点，都说明实践的重要性。因此，岭南爱国主义资源融入教学中，也需要让学生将学到的知识运用到生活实践中去。现代社会科学技术的发展，使得初中生的参与意识越来越强烈，语文综合性学习与社会生活密切联系，能够满足初中生参与讨论社会问题的渴望和越来越强烈的社会责任感。

语文综合性学习也指向了活动实践,即把所学到的知识运用到实践中去。在开展综合性学习时,教师应该让学生"动起来",鼓励学生根据学习任务在生活中收集岭南相关资料,帮助学生理解知识,在综合性活动过程中,设置让学生"做起来"的活动,在课内鼓励学生自主设计活动,探索运用知识的平台和方式,同时要让学生不只在课内实践,还要在课余时间去进行活动和实践,将岭南爱国主义资源和生活里的热点现象结合起来,积极参与当代社会,独立分析资料、分析社会文化现象,活化岭南爱国主义资源,体会其中的爱国精神和民族精神,增强文化自信,激励学生产生社会责任意识。

参考文献

[1] 许纪友．语文教学的哲学与诗意［M］．合肥：安徽师范大学出版社，2022．

[2] 王荣生．语文教学之学理［M］．北京：商务印书馆有限公司，2022．

[3] 李秀梅．新时代爱国主义教育研究［M］．北京：企业管理出版社，2022．

[4] 陈海亮．语文教学不难［M］．北京：中国国际广播出版社，2021．

[5] 倪文锦．语文教学反思论［M］．济南：山东教育出版社，2021．

[6] 万生更．新时代爱国主义教育知识［M］．北京：台海出版社，2021．

[7] 林旭．语思中学语文教学研究与实践［M］．广州：华南理工大学出版社，2021．

[8] 孙善丽．语文教学方法创新与文学艺术思维培养［M］．长春：吉林人民出版社，2020．

[9] 任光霞．小学语文课程与教学研究［M］．长春：吉林人民出版社，2020．

[10] 曲保华，李娜，王蓓．打造小学语文高效课堂［M］．长春：吉林人民出版社，2020．

[11] 江洪春．江洪春论小学语文教学［M］．济南：济南出版社，2020．

[12] 张茂全．中学语文教学研究［M］．西安：西北大学出版社，2020．

[13] 刘金生，张莉敏，杨兰萍．初中语文教学课堂设计探究［M］．长春：吉林人民出版社，2020．

[14] 田宝富，黄万强．讲给中学生的爱国课新时代爱国主义教育读本［M］．济南：济南出版社，2020．

[15] 刘国正，曹明海．语文教学的"实"与"活"［M］．济南：山东教育出版社，2020．

[16] 谭维河．中学语文教学与实践探索［M］．北京/西安：世界图书出版公司，2019．

[17] 饶满萍．小学语文教学设计与实施［M］．成都：西南交通大学出版社，2019．

[18] 侯文杰，杨永庆，马迎新．语文教学与阅读写作［M］．江苏凤凰美术出版社，2019．

[19] 童然．人教版初中语文战争题材选文的编制和教学策略探究［D］．苏州大学，2019．

[20] 廖娅晖．小学语文教学设计［M］．北京：中国铁道出版社，2019．

[21] 何更生．新编语文教学论［M］．合肥：安徽师范大学出版社，2019．

[22] 杨秋玲．语文阅读教学反思［M］．成都：电子科技大学出版社，2017．

[23] 中小学学科教学渗透法治教育课题组．中小学多学科协同实施法治教育教学指导用书小学语文［M］．北京：中国民主法制出版社，2017．

[24] 贾龙弟．语文教学本体论［M］．杭州：浙江大学出版社，2017．

[25] 王生强．小学语文教学中培养学生爱国情怀的策略——《圆明园的毁灭》教学设计例谈［J］．第二课堂（D），2023，1100（2）：34．

[26] 于丽．小学语文教学中渗透爱国主义教育策略探究［D］．喀什：喀什大学，2021．

[27] 张喜红．浅谈初中语文古诗词中蕴含的爱国主义精神［J］．试题与研究，2023，1129（10）：57~59．

[28] 刘紫涵．在语文教学中渗透爱国主义教育［J］．第二课堂（D），2023，1096（1）：29．

[29] 李颖．人教本初中语文乡土文化选文研究［D］．桂林：广西师范大学，2022．

[30] 张美乐．小学语文教材中爱国主义教育内容及教学现状研究［D］．昆明：云南师范大学，2022．

[31] 苟蓉．小学语文课堂渗透爱国主义教育的现状及推进策略研究［D］．贵阳：贵州师范大学，2022．

[32] 朱传娜．高中语文教学中渗透爱国主义教育研究［D］．喀什：喀什大学，2021．

[33] 张亚雯．人教版高中语文教材中爱国主义教育的教学策略研究［D］．重庆：西南大学，2021．

[34] 顾惠．苏教版高中语文（必修、读本）教材中的爱国主义教育内容研究［D］．苏州：苏州大学，2009．

[35] 刘长俊．爱国主义教育在中小学语文课堂中的实施策略［C］．教育部基础教育课程改革研究中心．2021年基础教育发展研究高峰论坛论文集．［出版者不详］，2021：2．

[36] 王晓琳．杭州爱国主义教育基地资源在初中语文教学中的运用探析［D］．伊犁：伊犁师范大学，2021．

[37] 刘云湘．改革开放以来中小学语文教材中的诗歌作品选编研究［D］．长沙：长沙理工大学，2019．

[38] 全晓洁．中小学教科书优秀传统文化道德形象的价值传承研究［D］．重庆：西南大学，2019．

[39] 田蜜. 初中语文教学中的传统文化教育研究［D］. 南昌：江西科技师范大学，2017.

[40] 徐佳. 人教版初中语文国学内容选编研究［D］. 淮北：淮北师范大学，2017.

[41] 李明健. 社会主义核心价值观在初中语文教科书中的渗透研究［D］. 沈阳：沈阳师范大学，2016.

[42] 陈阳春. 人教版初中语文教科书道德教育内容研究［D］. 成都：四川师范大学，2016.

[43] 马彪. 中小学语文教学中融入社会主义核心价值体系教育的探究［J］. 新课程（下），2014，306（6）：221.

[44] 颜筠. "化知为德"：论中小学语文教学中的德育渗透［D］. 武汉：湖北大学，2012.

[45] 陈文焕. 中小学语文教学中爱国主义教育的着眼点［J］. 教育评论，1990（5）：55~56.